COURS

THÉORIQUE ET PRATIQUE

DE LANGUE LATINE.

TOME PREMIER.

Cette nouvelle édition est en deux volumes, qui se vendent séparément.

Le tome premier contient la GRAMMAIRE.

Le tome second, *sous presse*, contient les EXERCICES.

PARIS. — IMPRIMERIE DE FAIN, RUE RACINE, N°. 4,
PLACE DE L'ODÉON.

COURS

THÉORIQUE ET PRATIQUE

DE LANGUE LATINE,

PAR

C. DE BLIGNIÈRES,

MAÎTRE DE PENSION.

SECONDE ÉDITION.

GRAMMAIRE.

PRIX : BROCHÉ OU CARTONNÉ 2 FR. 50 C.
BROCHÉ, PAR LA POSTE, 3 FR.

A PARIS,

CHEZ { DELALAIN, libraire, rue des Mathurins - Saint-
Jacques, n°. 5 ;
MAIRE - NYON, libraire, quai Conti, n°. 13;

ET CHEZ L'AUTEUR, RUE DE CLICHY, N°. 37,
CHAUSSÉE-D'ANTIN.

1826.

ERRATA ET ADDITIONS.

Pag. 13, lig. 5. *Drachma* est de la première déclinaison et non de la troisième. Il fait au génitif *drachmæ*. La drachme valait 90 centimes de notre monnaie, et non 17.

Pag. 19, 2e. col., lig. 25, *Calx, cis*, f., chaux, *ajoutez : m.* Talon.

Pag. 25, lig. 32. Alius, a, um, *lisez :* Alius, a, ud.

Pag. 30, lig. 26, après *la sienne*, ajoutez : *leur, le leur.*

Pag. 31, lig. 20, *ajoutez :* Déclinez de même *Iste, a, ud*, celui-là, celle-là, cela.

Pag. 34, *ajoutez à la note ce qui suit :*
Plusieurs mots en *us*, dérivés du grec et féminins dans cette langue, le sont aussi en latin ; tels sont : *diphtongus*, diphtongue ; *abyssus*, abîme ; *crystallus*, cristal ; *periodus*, période ; *methodus*, méthode ; etc. *Operæ*, manœuvriers ; *custodiæ*, sentinelle ; *excubiæ*, *vigiliæ*, patrouille, guet, quoiqu'éveillant l'idée d'êtres mâles, sont du féminin. *Mancipium*, esclave, qui se dit d'un homme et d'une femme, et *scortum*, femme débauchée, sont du neutre.

Pag. 41, lig. 7, *ajoutez :* sal, m. et n., fait aussi à l'ablatif *sale.*

Ibid. lig. 23, *ajoutez : Araris*, la Saône, qui fait à l'accusatif *Ararim*, fait à l'ablatif plutôt *Arare* qu'*Arari. Vectis*, levier, fait *vecti* ; *canalis*, canal, *canali* ; *strigilis*, frottoir, *strigili.*

Pag 42, lig. 30, *ajoutez :* le génitif pluriel des adjectifs et des participes en *ns* fait souvent, par syncope, *ûm* au lieu de *ium. Adolescentûm* pour *adolescentium*, *precantûm* pour *precantium.*

Pag. 57, 2e. col., lig. 23, tremper, *lisez :* tempérer.

Pag. 76, lig. 4, qui a convenu, qui est convenu, *lisez :* qui est convenu, dont on est convenu.

Pag. 100, dernière ligne, des buissons, *lisez :* de buissons.

Pag. 122, lig. 20. *Effacez* (Voyez XX, XXII, XXIII, XXVII.)

Pag. 152, lig. 3, Les verbes *accidit, evenit, contigit, lisez :* les verbes *accidit, evenit, contingit.*

Pag. 213, lig. 3 : 17 et 29, toujours, *lisez :* ordinairement.

Pag. 254, lig. 13, l'ingratitude, *lisez :* l'orgueil.

AVANT-PROPOS.

JE ferai, le plus succinctement possible, l'exposé du plan que j'ai suivi dans ce *Cours de langue latine*.

Pour entendre une langue, il faut connaître, 1o. quel est le sens attaché à chaque mot, c'est l'objet de la *nomenclature*; 2°. quelles sont les idées accessoires qu'ajoutent à la signification primitive des mots les formes déclinatives et conjugatives qu'on nomme *inflexions*; 3°. quelles sont les raisons qui forcent les mots à prendre telle ou telle forme, telle ou telle place, c'est ce qu'enseigne la *syntaxe*. La division la plus naturelle d'une méthode pour apprendre la langue latine semble donc être celle-ci : *nomenclature — inflexions — syntaxe*.

La nomenclature (1) et les inflexions forment la première partie. La seconde partie a pour objet la syntaxe.

« Les règles d'une langue, a dit Dumarsais, ne doi-
» vent se tirer que de cette langue même; » adoptant ce principe incontestable, j'ai pris le latin pour base, et réunissant tous les faits syntaxiques propres à la langue latine, j'ai partagé la syntaxe en quatre livres, cadre qui embrasse toutes les règles.

Un mot peut s'accorder avec un autre en genre, en nombre, en cas ou en personne; de là la syntaxe de concordance qui forme le livre premier.

Quatre sortes de mots admettent des régimes ou complémens, les substantifs, les adjectifs, les verbes et les prépositions; de là la syntaxe de régime ou de complément : c'est le deuxième livre.

Jusqu'ici je ne considère que les propositions simples; il me reste à montrer comment les propositions s'enchaînent

---

(1) Je me suis borné aux racines; une nomenclature complète aurait excédé les bornes que je me suis prescrites dans cet ouvrage. J'en ai fait l'objet d'un volume séparé que je me propose de publier sous le titre de *Racines latines, avec leurs composés et leurs dérivés, suivies d'un Index*. J'y ai classé par familles

dans le discours ; comment s'indique leur dépendance à l'égard les uns des autres ; à quels signes on reconnaît la proposition subordonnée ; et quelles sont les différentes formes qu'elle prend : c'est l'objet du troisième livre. C'est là que je traite du fameux *que retranché*, que j'appelle *proposition infinitive* à cause du mode auquel on en met le verbe, et de l'*ablatif absolu* que je regarde comme une *proposition adverbiale*; *proposition*, parce que j'en vois une partout où il y a un jugement, et *adverbiale*, parce que, comme un adverbe, elle exprime une circonstance de temps.

Il y a des règles qui ne se rapportent ni à la syntaxe de concordance, ni à la syntaxe de complément, ni à la dépendance des propositions. Ce sont celles qui regardent l'emploi de certains mots, de certaines locutions ; elles forment le quatrième livre, qui, traitant spécialement des différences qu'offrent les deux idiomes, est intitulé : *Idiotismes*. Il termine la syntaxe latine, mais non la tâche que je me suis imposée.

Comme on se propose non-seulement d'entendre le

---

tous les mots de la langue latine employés par les bons auteurs, mettant en gros caractères et en tête de chaque famille le mot primitif. Un exemple suffira pour donner une juste idée de ce travail, et pour en faire apprécier l'importance.

AGER, *gri*, *m.* champ, terre labourable, pays.

AG-ELLUS, *i*, *m.*, *diminutif*, petit champ.
AGR-ARIUS, *a*, *um*, qui concerne les champs.
AGR-ESTIS, *e*, champêtre, rustique.
SUB-AGR-ESTIS, *e*, qui sent le village, a des manières rustiques.
AGR-OSUS, *a*, *um*, riche en fonds de terre.
AGRI-COLA, *æ*, *m.*, (*colo*), agriculteur, laboureur.
AGRI-CULTURA, *æ*, *f.*, agriculture.
PER-AGR-ARE, *actif*, parcourir, traverser en voyageant.
PER-AGR-ATIO, *onis*, *f.*, action de voyager, voyage.
PER-EGR-È, *adv.*, dans un pays étranger, en voyage.
PER-EGR-INUS, *a*, *um*, étranger, qui voyage ou demeure en pays étranger.
PER-EGR-INARI, *dép.*, voyager hors de son pays.
PER-EGR-INATIO, *onis*, *f.*, voyage en pays étranger.
PER-EGR-INATOR, *oris*, *m.*, voyageur.
PER-EGR-INABUNDUS, *a*, *um.* qui voyage, court dans les pays étrangers.
PER-EGR-INITAS, *atis*, *f.*, condition d'étranger, manières étrangères.

Un index, dans lequel sont rangés alphabétiquement tous les composés et tous les dérivés disséminés sous les primitifs, termine l'ouvrage et le rend propre à servir de dictionnaire dans les premières classes.

latin, mais encore de l'écrire, un rudiment complet doit contenir une méthode pour la composition ; c'est la matière du cinquième livre. Là j'entre dans une nouvelle voie, je prends le français pour base, je passe en revue toutes les difficultés qui pourraient arrêter les élèves dans la composition des thêmes, et j'indique par quels équivalens on rend les principaux gallicismes.

J'ai mis en tête de chaque règle un exemple qui servira à la rappeler : toutes les fois que j'ai pu emprunter cet exemple à Lhomond, je l'ai fait. Ces exemples sont consacrés par l'usage, et seront des points de reconnaissance pour les maîtres qui ont appris et enseigné le Rudiment de Lhomond. Tous les exemples que j'ai ajoutés ont été puisés aux belles sources de la latinité.

La syntaxe est précédée d'une introduction partagée en deux chapitres. Dans l'un je donne une analyse de la proposition ; l'autre, sous le titre de *Syntaxe élémentaire*, offre en quelques pages le plan et le résumé des trois premiers livres de la Syntaxe latine : j'y ai réuni toutes les règles de syntaxe dont l'application est perpétuelle, et sans la connaissance desquelles on ne pourrait expliquer la phrase la plus simple.

La différence des caractères distingue ce qui est élémentaire de ce qui est destiné aux élèves plus avancés ; ce qu'on doit voir dans une première année, de ce qu'on peut renvoyer à une seconde.

Je n'ai encore fait connaître que la partie théorique de mon cours : il me reste quelques mots à dire de la partie pratique que je vais livrer à l'impression sous le titre d'*Exercices*. A chaque règle de la Grammaire j'ai adapté une version et un thême. La correspondance des règles et des exercices est indiquée par des numéros identiques. Les exemples qui forment le cours de versions ont été puisés dans les bons auteurs, et pourront donner aux élèves le goût de la belle latinité. Presque tous offrent quelque chose d'instructif et d'intéressant, et sont remarquables soit à cause de la pensée, soit à cause de l'expression. Mon choix est tombé, autant qu'il a été possible, sur ces traits saillans qu'on est bien aise de trouver, et qu'on a le désir de retenir, et sur ces pensées religieuses et morales qui abondent dans les écrits de Cicéron.

Le choix des exemples, pour le cours de thêmes, a été fait avec le même soin et dans le même esprit.

Dans la première édition de cet ouvrage, qui a paru le 1er. mai 1825, j'avais placé chaque exercice au-dessous de la règle à laquelle il se rapporte; et, afin de ne faire qu'un volume, je n'avais point donné de thêmes. J'espère avoir rendu plus complet ce Cours de Langue latine, et je crois aussi lui avoir donné une forme plus appropriée aux besoins de nos classes.

La Grammaire latine – allemande de Broëder m'a été d'un grand secours, elle m'a épargné beaucoup de recherches. Des amis m'ont donné d'utiles conseils et je dois, à cet égard, des remercîmens particuliers à M. Charma.

Six mois après la 1re. édition de mon ouvrage, M. Lefranc a publié une Grammaire latine qui a avec la mienne de très-nombreux points de ressemblance. Je n'en conclus point du tout que l'un des livres ait été consulté pour faire l'autre, je désire seulement que le public, qui s'occupe de grammaire, sache que je suis le premier en date.

J'acquitte une dette de reconnaissance, et je remplis même un devoir de justice, en faisant hommage de mon livre à la mémoire de l'ABBÉ GAULTIER, dont je m'honore d'avoir été l'élève. J'ai emprunté à sa Méthode latine l'idée de distribuer les racines en listes de noms et de verbes pour chaque déclinaison et chaque conjugaison, la distinction du *radical*, de la *caractéristique* et de la *désinence personnelle* dans les verbes et presque tout ce qui regarde la formation des composés et des dérivés. Mais ce n'est pas tout ce que je lui dois, et j'aime à reconnaître ici que, si je n'avais pas été formé à l'excellente école de cet ami de l'enfance, si je n'avais pas eu l'avantage de travailler long-temps sous les yeux de ce savant modeste qui consacra toutes ses veilles à l'amélioration de l'enseignement élémentaire, il ne me serait probablement pas venu dans l'esprit de publier ce livre, et bien sûrement je n'y aurais pas mis l'ordre, la clarté, la méthode que peut-être on y reconnaîtra.

COURS
THÉORIQUE ET PRATIQUE
DE
LANGUE LATINE.

PREMIÈRE PARTIE.
NOMENCLATURE ET INFLEXIONS.

La Nomenclature est la connaissance des mots.

Les mots sont ou PRIMITIFS, comme, *currere*, courir; *gratus*, reconnaissant; ou DÉRIVÉS, comme, *cursor*, coureur; *gratè*, avec reconnaissance; ou COMPOSÉS, comme, *concurrere*, courir ensemble; *ingratus*, ingrat.

On appelle PRIMITIF, RADICAL OU RACINE tout mot qui en forme d'autres : *currere* et *gratus* sont des mots radicaux.

La langue latine a environ deux mille radicaux.

On distingue ordinairement dans la langue latine neuf sortes de mots, savoir : le Substantif, l'Adjectif, le Pronom, le Verbe, le Participe, la Préposition, l'Adverbe, la Conjonction, l'Interjection.

Ces neuf sortes de mots peuvent se réduire à trois grandes classes :

1°. Les *Noms* comprenant le substantif, l'adjectif et le pronom ; ce sera l'objet du premier livre.

2°. Les *Verbes*, qui feront le sujet du deuxième livre.

3°. Les *Invariables*, savoir : la Préposition, l'Adverbe, la Conjonction et l'Interjection ; matière du troisième livre.

Le Participe, qui tient tout à la fois de la nature du nom et de celle du verbe, n'a point été regardé comme une espèce particulière de mot, mais comme un mode du verbe.

On entend par INFLEXIONS les formes variables qui expriment des idées accessoires de genre, de nombre, de cas, dans les noms ; de nombre, de personne, de temps, dans les verbes.

Chaque paradigme sera suivi d'une liste de mots radicaux, parmi lesquels on pourra choisir des noms à décliner et des verbes à conjuguer.

Le quatrième livre traitera de la formation des composés et des dérivés.

LIVRE PREMIER.

NOMS.

Le substantif, l'adjectif, le pronom et le participe sont susceptibles de genres, de nombres et de cas.

La langue latine, outre le masculin et le féminin, admet un troisième genre appelé neutre qui comprend tous les noms qui ne sont ni masculins ni féminins.

Le latin, comme le français, a deux nombres, le singulier et le pluriel.

Les noms reçoivent en latin différentes terminaisons suivant la manière dont ils sont employés dans le discours. Ces terminaisons s'appellent *cas*.

On compte six cas, savoir : le *Nominatif*, le *Génitif*, le *Datif*, l'*Accusatif*, le *Vocatif*, l'*Ablatif*.

Décliner un nom, c'est le faire passer par ses douze formes, ou par ses six cas du singulier et par ses six cas du pluriel.

Il y a en latin cinq déclinaisons, c'est-à-dire, cinq manières différentes de décliner les noms. On les distingue par la terminaison du génitif. Dans la première déclinaison, il est terminé en Æ ; dans la seconde en I ; dans la troisième en IS ; dans la quatrième en US ; dans la cinquième en EI.

Tout nom est formé de deux éléments : le *radical*, et la *terminaison*. Le radical se trouve dans le génitif en retranchant la terminaison. Tous les cas, excepté le nominatif et le vocatif du singulier, se forment du génitif : ainsi, lorsqu'un nom reçoit un accroissement de syllabes au génitif, il le conserve à tous les cas qui en dérivent. *Liber* fait au génitif *libri*, *homo* fait *hominis*; les radicaux *libr* et *homin* se représenteront à chaque cas, excepté au nominatif et au vocatif du singulier.

L'article, les prépositions, la disposition des mots dans la phrase indiquent dans la langue française, où les noms ne varient pas, les rapports que les latins marquent par les différentes désinences du même mot.

CHAPITRE PREMIER. Déclinaison des substantifs.

§ 1. *Substantifs de la première déclinaison.*

Cette déclinaison comprend des noms masculins ou féminins dont le génitif singulier est terminé en Æ, et le génitif pluriel en ARUM.

	Singulier.			Nom féminin.		Pluriel.	
N.	Ros	A	*la* rose.	Ros	Æ	*les*	*roses.*
G.	Ros	Æ	*de la* rose.	Ros	ARUM	*des*	*roses.*
D.	Ros	Æ	*à la* rose.	Ros	IS	*aux*	*roses.*
Ac.	Ros	AM	*la* rose.	Ros	AS	*les*	*roses.*
V.	Ros	A	*ó* rose.	Ros	Æ	*ó*	*roses.*
Ab.	Ros	â	*de la* rose.	- Ros	IS	*des*	*roses.*

Substantifs radicaux de la première déclinaison.

Le signe * indique les mots qu'on ne peut décliner ou conjuguer qu'après avoir vu les suppléments aux deux premiers livres. Le signe † précède les mots hors d'usage, mais qui en forment d'autres fort usités.

Féminins.

Academia, æ, *académie, gymnase.*
Ærumna, *affliction, peine.*
Ala, *aile d'oiseau, d'armée.*
Alea, *jeu de dés, hasard.*
Alga, *algue (plante marine).*
Amphora, *vase à deux anses.*
Amygdala, *amandier, amande.*
Anchora, *ancre de navire.*
Ancilla, *servante, suivante.*
Ansa, *anse, manche.*
Aqua, *eau.*
Aquila, *aigle.*
Ara, *autel.*

Arca, æ, *coffre, cassette.*
Area, *aire d'une grange, tout lieu vide.*
Arena, *sable, rivage, arène.*
Argilla, *argile, terre à potier.*
Arista, *barbe de l'épi, épi.*
Ascia, *hache, doloire.*
Aula, *cour.*
Aurea, *têtière de cheval.*
Avena, *avoine, chalumeau.*
Bacca, *baie; tout menu fruit.*
Barba, *barbe.*
Bellua, *bête féroce, brute.*
Bestia, *bête féroce; bête.*

Bractea, æ, *lame de métal.*
Bruma, *solstice d'hiver, hiver.*
Bucca, *creux de joue, joue.*
Bulla, *bulle, bouteille d'eau.*
Calumnia, *calomnie.*
Camera, *voûte, chambre.*
Canna, *canne, roseau, flûte.*
Capsa, *coffre, tablette, sac où les écoliers mettent leurs livres.*
Carina, *carène, navire.*
Catena, *chaîne, fers, menottes.*
Caterva, *troupe de soldats, foule.*
Causa, *cause, prétexte, procès.*
Cavilla, *plaisanterie, chicane.*
Cella, *cellier, office.*
Cera, *cire.*
Charta, *papier, écrit, lettre.*
Cista, *panier, corbeille, boîte.*
Cithara, *luth, harpe.*
Cochlea, *limaçon, escargot.*
Cœna, *repas du soir, souper.*
Coma, *chevelure, crinière.*
Comœdia, *comédie.*
Concha, *conque, coquille.*
Copula, *lien, union, courroie.*
Corona, *couronne, assemblée.*
Cortina, *chaudière, trépied.*
Costa, *côte (partie du corps).*
Coxa, *cuisse, hanche.*
Crepida, *sandale, pantoufle.*
Creta, *craie.*
Crista, *crête, huppe, panache.*
Crusta, *croûte, enduit, crépi.*
Culpa, *faute, offense, délit.*
Cura, *soin, peine, sollicitude.*
Curia, *curie, sénat, barreau.*
Cymba, *bateau, nacelle.*
Epistola, *épître, lettre.*
Esca, *aliment, appât.*
Faba, *fève (légume).*
Fabula, *ce qui se dit, fiction, fable, pièce de théâtre.*
Fama, *renommée, bruit, réputation.*
Femina, *femme, femelle.*
Fenestra, *fenêtre, créneau.*
Fera, *bête sauvage.*

Fibula, æ, *agraffe, boucle.*
Fistula, *chalumeau, canal.*
Flamma, *flamme, feu.*
Forma, *forme, figure, beauté.*
Formica, *fourmi.*
Funda, *fronde, tramail, filet.*
Furca, *fourche, potence.*
Galea, *casque.*
Gemma, *pierre précieuse, bourgeon de la vigne, perle.*
Gleba, *motte de terre, glèbe.*
Gloria, *gloire, renom.*
Gula, *gosier, gourmandise.*
Gutta, *goutte.*
Hasta, *lance, pique, encan.*
Hedera, *lierre (arbrisseau).*
Herba, *herbe, gazon.*
Historia, *histoire.*
Hora, *heure, saison, temps.*
Industria, *industrie, adresse.*
Insula, *île.*
Ira, *colère, ressentiment.*
Janua, *porte.*
Juba, *crinière.*
Lachryma, *larme.*
Lagena, *bouteille.*
Lana, *laine.*
Lancea, *lance, pique.*
Larva, *spectre, fantôme.*
Libra, *livre, poids, balance.*
Lima, *lime.*
Linea, *fil, corde, ligne, limite.*
Lingua, *langue.*
Lira, *sillon.*
Luna, *lune.*
Lympha, *eau (poétique).*
Lyra, *lyre.*
Machina, *machine, artifice.*
Macula, *tache, note.*
Mala, *joue, mâchoire.*
Mamma, *mamelle.*
Margarita, *perle.*
Massa, *masse, bloc.*
Materia, *matière, sujet.*
Matuta, *l'aurore (poétique).*
Menda, *faute, tort.*
Mensa, *table où l'on mange.*
Meta, *borne, fin.*
Mola, *meule, gâteau au sel.*
Mora, *retard, délai.*

Mulcta *et* multa, æ, *amende.*
Musa, *muse, air.*
Musca, *mouche.*
Nausea, *nausée.*
Nebula, *brouillard.*
Norma, *règle, modèle.*
Noverca, *belle-mère, marâtre.*
Nympha, *nymphe, divinité.*
Occa, *herse de laboureur.*
Ocrea, *botte.*
Olea, *olivier, olive.*
Olla, *pot, marmite.*
Ora, *bord, borne, rivage.*
Ostrea, *huître.*
Palæstra, *lutte, gymnase.*
Palea, *paille, chaume.*
Palma, *paume (de la main), palmier, datte, palme.*
Papula, *pustule, bube.*
Parma, *bouclier ovale de cuir.*
Patera, *coupe, tasse.*
Patina, *plat.*
Pausa, *pause.*
Penna, *grande plume, aile.*
Penula, *manteau, casaque.*
Pera, *sac, besace.*
Perna, *jambon.*
Persona, *masque, personnage.*
Pertica, *perche (mesure d'arpenteur).*
Petra, *pierre, roche.*
Pharetra, *carquois.*
Pila, *balle à jouer.*
Pila, *grand mortier, pilier.*
Pinna, *grosse plume d'oiseau, aigrette, nageoire, créneau de muraille.*
Pituita, *pituite.*
Plaga, *plaie, blessure, fléau.*
Planta, *plante.*
Pluma, *plume, poil follet.*
Pœna, *peine, châtiment.*
Popina, *taverne, cabaret.*
Porta, *porte.*
Præda, *proie, butin.*
Prora, *proue.*
Pruina, *gelée blanche, neige.*
Pugna, *bataille, combat.*
Purpura, *pourpre.*
Pyra, *bûcher.*

Rana, æ, *grenouille.*
Rapa, *rave, (plante).*
Rheda, *calèche, litière.*
Rima, *fente, crevasse.*
Ripa, *rive, bord.*
Rixa, *débat, querelle.*
Rosa, *rose, rosier.*
Rota, *roue.*
Ruga, *ride.*
Sagina, *nourriture qui engraisse, embonpoint.*
Sagitta, *flèche, trait.*
Satyra, *satyre.*
Scala, *échelle, escalier.*
Scena, *ombrage d'un bois, ramée, scène, partie d'un théâtre.*
Schola, *école.*
Scintilla, *étincelle.*
Semita, *sentier, trace, sillon.*
Sera, *serrure, cadenas.*
Serra, *scie.*   [maux.
Seta, *soie, poil de certains animaux.*
Sica, *poignard.*
Silva, *forêt.*
Spelunca, *antre, caverne.*
Spica, *épi.*
Spina, *épine, pointe, dard.*
Spuma, *écume.*
Squama, *écaille.*
Stella, *étoile.*
Stilla, *goutte qui tombe.*
Stipula, *paille, chaume.*
Taberna, *échoppe, cabaret.*
Tabula, *ais, planche.*
Tæda *et* teda, *pin, sapin; torche ; (poétique) noces.*
Tænia, *bande, ruban.*
Terebra, *tarière.*
Terra, *terre, contrée.*
Tessera, *pièce de rapport, dé à jouer, mot du guet.*   [quille.
Testa, *vase de terre cuite, co-*
Tibia, *os de la jambe, flûte.*
Toga, *robe longue, paix.*
Tragœdia, *tragédie.*
Trutina, *balance, trébuchet, jugement.*
Tuba, *trompette.*
Tunica, *tunique.*

Turba, æ, *trouble, bruit, foule.*
Turma, *escadron.*
Ulula, *hibou, chouette.*
Umbra, *ombre, ombrage.*
Uncia, *once.*
Unda, *onde, flot, foule.*
Urna, *urne, cruche, vase.*
Uva, *raisin, grappe de raisin,*
   vigne, vin.
Vagina, *gaîne, étui.* [génic.
Vena, *veine, source, mine,*

Verbena, æ, *verveine.*
Vesica, *vessie, cloche.*
Via, *voie, route, voyage,*
   moyen. [ferme.
Villa, *maison de campagne,*
Viola, *violette.*
Vipera, *vipère.*
Virga, *verge, baguette.*
Vita, *vie.*
Vitta, *bandelette.*
Zona, *ceinture, zone.*

Masculins.

Pirata, æ, *pirate, corsaire.*
Poeta, *poëte.*
Propheta, *prophète.*

Verna, æ, *esclave né dans la*
   maison de son maître.

Féminins qui ne s'emploient qu'au pluriel.

Cunæ, arum, *berceau, langes.*
Epulæ, *mets, nourriture, re-*
   pas.
Feriæ, *jours de repos, fêtes.*
Minæ, *menaces, créneaux de*
   muraille.
Nugæ, *badineries, sornettes.*

Palpebræ, arum, *paupières.*
Scopæ, *balai.*
Tenebræ, *ténèbres, nuit.*
Tricæ, *cheveux, bagatelles.*
Valvæ, *battants de porte ou de*
   fenêtre.

§ II. *Substantifs de la deuxième déclinaison.*

Cette déclinaison comprend des noms masculins, féminins et neutres dont le génitif singulier est terminé en I et le génitif pluriel en ORUM.

Nom masculin terminé au nominatif en US.

Singulier.				Pluriel.			
N.	Domin	US	*le seigneur.*	Domin	I	*les*	*seigneurs.*
G.	Domin	I	*du seigneur.*	Domin	ORUM	*des*	*seigneurs.*
D.	Domin	O	*au seigneur.*	Domin	IS	*aux*	*seigneurs.*
Ac.	Domin	UM	*le seigneur.*	Domin	OS	*les*	*seigneurs.*
V.	Domin	E	*ô seigneur.*	Domin	I	*ô*	*seigneurs.*
Ab.	Domin	O	*du seigneur.*	Domin	IS	*des*	*seigneurs.*

Substantifs radicaux de la deuxième déclinaison qui se déclinent sur Dominus.

Masculins.

Abacus, i, *table, buffet.*
Acervus, *monceau, tas.*
Angelus, *ange.*

Alveus, i, *lit d'une rivière, con-*
   duit, ruche.
Angulus, *angle, coin.*

Animus, i, *âme, esprit, courage.*
Annulus, *anneau, bague.*
Annus, *an, année.*
Armus, *épaule (des animaux).*
Autumnus, *automne.*
Avus, *aïeul.*
Bacchus, *Bacchus, vin, vigne.*
Bajulus, *porte-faix.*
Barrus, *éléphant.*
Bombus, *bourdonnement.*
Bulbus, *bulbe, ognon.*
Caballus, *mauvais cheval.*
Cachinnus, *ris immodéré.*
Calamus, *roseau, flûte, flèche, plume à écrire, tuyau de blé.*
Calathus, *panier, coupe.*
Camelus, *chameau.*
Caminus, *fournaise, fourneau, cheminée.*
Campus, *champ, plaine, arène.*
Carduus, *chardon.*
Carrus, *chariot.*
Catinus, *plat, petit bassin.*
Chorus, *chœur.*
Cibus, *aliment, mets.*
Cincinnus, *boucle de cheveux.*
Circus, *tour, cercle, cirque.*
Cirrus, *boucle de cheveux, frange.*
Clavus, *clou, cheville, nœud des arbres, gouvernail.*
Clivus, *colline, tertre, pente.*
Clypeus, *bouclier rond et creux.*
Contus, *longue perche, aviron pour conduire un vaisseau, ou pour sonder.*
Crocus, *safran.*
Cumulus, *monceau, tas.*
Cuneus, *coin.*
Curcullus, *cornet de papier.*
Cyathus, *coupe, tasse.*
Cygnus ou Cycnus, *cygne.*
Digitus, *doigt.*
Dolus, *dol, mauvaise foi, ruse.*
Dominus, *maître, seigneur, monsieur.*
Dumus, *buisson.*
Equus, *cheval.* [*l'est.*
Eurus, *Eurus, le vent d'est,*
Famulus, *serviteur.*

* Filius, i, *fils.*
Fiscus, *panier à argent, fisc.*
Floccus, *flocon, un rien.*
Focus, *foyer, âtre, maison.*
Fucus, *bourdon, guêpe, fard, déguisement.*
Fumus, *fumée.*
Fundus, *fond, fonds de terre.*
Fungus, *champignon.*
Furnus, *four, fournaise.*
Gallus, *coq.*
Gladius, *épée, glaive.*
Globus, *boule, globe, foule.*
Gyrus, *tour, rond, cercle.*
Hædus, *bouc, chevreau.*
Hamus, *hameçon, croc.*
Hariolus, *devin.* [*soir.*
Hesperus, *Vesper, l'étoile du*
Hinnus, *mulet, mule.*
Hircus, *bouc (animal).*
Hortus, *jardin.*
Humerus, *épaule (de l'homme).*
* Jocus, *jeu, raillerie.*
Juncus, *jonc.*
Lacertus, *partie du bras depuis le coude jusqu'au poignet, nerf, force; lézard.*
Lanius, *boucher.*
Laqueus, *lacet, piége, fraude.*
Lectus, *lit.*
Limbus, *bord, frange.*
Limus, *limon, boue.*
* Locus, *lieu, rang, naissance, occasion.*
Lucus, *bois sacré.*
Lychnus, *lampe.* [*cien.*
Magus, *mage, docteur, magi-*
Malleus, *marteau, maillet.*
Mendicus, *mendiant.*
Modus, *manière, moyen, mesure, borne.*
Morbus, *maladie.*
Mucus, *morve.*
Mundus, *monde, univers.*
Murus, *mur, rempart.*
Muscus, *mousse.* [*boyau.*
Nervus, *nerf, force, corde à*
Nidus, *nid.* [*nuée.*
Nimbus, *pluie soudaine, orage,*
Nodus, *nœud, difficulté.*

Numerus, i, *nombre, cadence.*
Nummus, *pièce de monnaie, écu.*
Oculus, *œil, bourgeon de vigne.*
Pagus, *village, hameau.*
Palus, *poteau, pieu.*
Pampinus, *pampre.*
Pannus, *drap, étoffe.*
Pilus, *poil.*
Populus, *peuple, foule.* [*lat.*
Pugnus, *poing, poignée, pugi-*
Pullus, *petit d'un animal, pou-*
    lain. [*raisin.*
Racemus, *grappe ou grain de*
Radius, *rayon, rais de roue, baguette.*
Ramus, *rameau.*
Remus, *rame, aviron.* [*cusé.*
Reus, *défenseur en justice, ac-*
Rhonchus, *ronflement.*
Rivus, *ruisseau, canal.*
Rogus, *bûcher.*
Rubus, *buisson.*
Saccus, *sac, bourse,*
Scopulus, *rocher, écueil.*
Servus, *esclave, serviteur.*
Somnus, *sommeil, songe.*

Sonus, i, *son, bruit, ton.*
Stimulus, *aiguillon, pointe.*
Stomachus, *estomac, colère, chagrin.*
Succus, *suc, sève, chyle.*
Sulcus, *sillon, raie, ride.*
Surculus, *rejeton, greffe.*
Susurrus, *murmure des feuilles, des ruisseaux.*
Talus, *talon, osselet, dé.*
Terminus, *terme, borne, fin.*
Tornus, *tour, machine.*
Torus, *lit* (poétique).
Triumphus, *triomphe.*
Truncus, *tronc d'arbre.*
Tumulus, *éminence, tombeau.*
Turdus, *grive,* (oiseau.)
Tyrannus, *roi, monarque, ty-ran.*
Urceus, *cruche, vase.*
Uterus, *ventre.*
Vallus, *pal, pieu, rempart.*
Ventus, *vent, trouble, rumeur.*
Vicus, *quartier d'une ville, bourg.*
Villus, *poil de bête.*

Ne s'emploient qu'au pluriel.

Cancelli, orum, *barreaux, balustrade.*

Lumbi, orum, *reins, dos.*

Féminins.

Æsculus, i, *sorte de chêne.*
Alnus, *aune* (arbre).
Alvus, *ventre, intestins.*
Arbutus, *arbousier* (arbre).
Biblus, *papyrus* (arbre d'É-gyte), *livre.*
* Carbasus, *lin très-fin, voile de navire.*
Cedrus, *cèdre* (arbre).
Cerasus, *cerisier* (arbre).
Citrus, *citronnier* (arbre).
Cornus, *cornouiller* (arbre).
Corylus, *coudrier* (arbre).
Cupressus, *cyprès* (arbre).
Fagus, *hêtre* (arbre).

Ficus, i, *figuier* (arbre), *figue.*
Fraxinus, *frêne* (arbre).
Humus, *terre, sol.*
Laurus, *laurier* (arbre).
Malus, *pommier* (arbre).
Morus, *mûrier* (arbre).
Myrtus, *myrte* (arbrisseau).
Pinus, *pin* (arbre).
Pirus, *poirier* (arbre).
Populus, *peuplier* (arbre).
Prunus, *prunier* (arbre).
Sambucus, *sureau* (arbre).
Ulmus, *orme, ormeau* (arbre).
Vannus, *van à vanner.*

Nom masculin de la deuxième déclinaison dont le nominatif et le vocatif singuliers sont terminés en er.

	Singulier.			Pluriel.		
N.	Puer	l'	enfant.	Puer ɪ	les	enfants.
G.	Puer ɪ	de l'	enfant.	Puer ORUM	des	enfants.
D.	Puer o	à l'	enfant.	Puer ɪs	aux	enfants.
Ac.	Puer UM	l'	enfant.	Puer os	les	enfants.
V.	Puer	ô	enfant.	Puer ɪ ô	enfants.	
Ab.	Puer o	de l'	enfant.	Puer ɪs	des	enfants.

Substantifs radicaux de la seconde déclinaison qui se déclinent sur Puer (1).

Ager , agri, *champ, terre la-bourable.*
Aper, pri, *sanglier.*
Auster, tri, *le vent du midi.*
Coluber, bri, *couleuvre , serpent.*
Culter, tri, *couteau.*
Faber, bri , *tout ouvrier qui emploie le marteau.*
Gener, eri, *gendre.*
Liber, bri, *livre.*
Puer, eri, *enfant, jeune garçon, petit laquais.*
Socer, eri, *beau-père.*
Vir , iri, *homme fait, mâle* (2).

Nom neutre de la deuxième déclinaison.

Nominatif, accusatif et vocatif terminés au singulier en um, et au pluriel en *a*.

	Singulier.			Pluriel.		
N.	Templ UM	le	temple.	Templ A	les	temples.
G.	Templ ɪ	du	temple.	Templ ORUM	des	temples.
D.	Templ o	au	temple.	Templ ɪs	aux	temples.
Ac.	Templ UM	le	temple.	Templ A	les	temples.
V.	Templ UM	ô	temple.	Templ A	ô	temples.
Ab.	Templ o	du	temple.	Templ ɪs	des	temples.

Substantifs radicaux neutres qui se déclinent sur Templum.

Ævum, i, *âge, vie.*
Allium , *ail (plante).*
Argentum, *argent (métal).*
Armentum, *troupeau de gros bétail.*
Arvum, *terre labourée, champ.*
Astrum, *astre, constellation.*
Aurum, i, *or (métal).*
* Auxilium, *aide , secours.*
* Balneum, *bain, salle de bains.*
Balsamum , *baume.*
Basium , *baiser.*
Bellum , *guerre.*
Brachium , *bras.*

(1) Quelques noms en *er* conservent au génitif et aux autres cas l'e devant le r, comme *puer, socer* ; GEN. *pueri, soceri.* D'autres rejettent l'e par contraction, comme *ager, culter, liber* ; GEN. *agri, cultri, libri.*

(2) *Vir* et ses composés *lævir, duumvir,* etc.; sont les seuls noms de cette déclinaison qui se terminent en *ir*.

* Calamistrum, i., *fer à friser.*
Castrum, *fort, forteresse.*
Cerebrum, *cerveau, cervelle.*
Cilium, *cil (poil des paupières).*
* Cœlum, *ciel, air, climat.*
Cœnum, *boue, fange.*
Collum, *cou.*
Corium, *cuir, peau.*
Cribrum, *crible, tamis.*
Cuprum, *cuivre (métal).*
Damnum, *dommage, tort.*
Dolium, *barrique, tonneau, muid.*
Emporium, *foire, marché.*
Exemplum, *exemple, modèle.*
Fanum, *temple.*
Fascinum, *charme, maléfice.*
Fastigium, *faîte, hauteur, fin.*
Fatum, *destin, sort.*
Fenum, *foin.*
Ferrum, *fer (métal).*
Flagrum, *fouet dont on châtiait les esclaves.*
Folium, *feuille.*
Forum, *marché, place publique, barreau.*
Frenum, *frein.*
Fretum, *détroit, bras de mer.*
Frumentum, *blé, froment.*
Frustum, *morceau, pièce.*
Granum, *grain, graine.*
Graphium, *poinçon, burin, pinceau.*   [mie.
Gymnasium, *gymnase, acadé-*
Gypsum, *plâtre.*
Hordeum, *orge, grain.*
Horreum, *grenier, grange.*
Jugulum, *gorge, gosier.*
Jugum, *joug, esclavage, sommet.*
Labium et labrum, *lèvre, bord de quoi que ce soit.*
Lethum, *mort.*
Licium, *trame, fil de la trame.*
Lignum, *bois.*
Lilium, *lis.*
Linum, *lin.*

Lolium, i, *ivraie.*
Lorum, *courroie, rênes, câble.*
Lucrum, *gain, profit.*
Lustrum, *sacrifice expiatoire après une revue ou un dénombrement ; lustre, espace de cinq ans (1).*
Luteum, *guède, pastel, (plante).*
Lutum, *boue, fange.*
Membrum, *membre, partie.*
Metallum, *métal.*
Minium, *vermillon.*
Monstrum, *monstre, prodige.*
Mustum, *moût, vin doux.*
Negotium, *affaire, charge, travail; négoce.*
Nitrum, *nitre, sorte de salpêtre.*
Oppidum, *ville, fort, place fermée.*
Obsonium, *provision de mets, bonne chère.*
Ostium, *porte, embouchure.*
Ostrum, *pourpre, couleur de pourpre.*
Otium, *oisiveté, repos, loisir.*
Ovum, *œuf.*
Pabulum, *pâture, fourrage.*
Pallium, *manteau grec.*
Paludamentum, *cotte d'armes.*
Pastinum, *houe (instrument d'agriculture.')*
Pilum, *pilon, javelot.*
Plaustrum, *char, chariot.*
Plumbum, *plomb (métal).*
Pomum, *toute sorte de fruits d'arbre.*   [terre.
Prædium, *héritage, fonds de*
Prælium, *bataille, combat.*
Præmium, *profit, prix, salaire.*
Pratum, *pré, prairie.*
Pretium, *prix, récompense.*
Probrum, *crime honteux, infamie.*
Prodigium, *prodige.*
Rostrum, *bec d'oiseau, éperon de navire.*
Sabulum, *sable, sablon.*

____

(1) Le dénombrement se faisait d'abord de cinq ans en cinq ans.

Sagum, i, *saie, hoqueton.*
Sarmentum, *sarment, pampre.*
Saxum, *pierre, rocher.*
Scamnum, *marche-pied, banc.*
Sceptrum, *sceptre, royauté.*
Scortum, *cuir, peau, femme débauchée.*
Scutum, *écu., bouclier long.*
Seculum, *siècle.*
Sevum et sebum, *suif.*
Signum, *signe, signal, présage, prodige, statue, étendard.*
Solum, *sol, terre.*
Spatium, *lice, espace, grandeur, loisir.*
Spolium, *dépouille, butin.*
Stadium, *stade, espace de cent vingt pas géométriques.*
Stagnum, *étang.*
Stannum, *étain (métal).*

Stuprum, i, *action de corrompre une fille ou une veuve.*
Suffragium, *suffrage.*
Temetum, *vin.*
Tergum, *dos.*
Theatrum, *théâtre, spectacle.*
Tignum, *poutre, solive.*
Tympanum, *tambour.*
Velum, *voile, tenture, voile de navire.*
Venenum, *venin, poison, teinture, philtre.*
Venum, *vente.*   [*proverbe.*
Verbum, *mot, terme, verbe,*
Vestigium, *trace, vestige, piste.*
Vexillum, *étendard, drapeau.*
Vinum, *vin.*   [*blâme.*
Vitium, *défaut, faute, vice,*
Vitrum, *verre brut.*

Ne s'emploient qu'au pluriel.

Arma, orum, *armes.*
Elementa, *éléments, rudiments.*
Evangelia, *sacrifices en action de grâce pour de bonnes nouvelles.*

Fraga, orum, *fraises (fruit).*
Lamenta, *lamentations.*
Veterina, *bêtes de somme, de trait.*

Masculins ou neutres.

Acinus et Acinum, i, *grain ou pepin.*
Baculus et Baculum, *bâton à s'appuyer.*   [*cée.*
Caduceus et Caduceum, *cadu-*
Callus et Callum, *cal, durillon.*
Cubitus et Cubitum, *coude, coudée.*

Modius et Modium, *mesure, boisseau.*
Nasus et Nasum, *nez.*
Pileus et Pileum, *bonnet.*
Puteus et Puteum, *puits.*
Sibilus et Sibilum, *sifflement.*
Viscus et Viscum, *glu.*

Féminins ou neutres.

Buxus et Buxum, *buis.*

Papyrus et Papyrum, *arbrisseau d'Égypte.*

Neutres terminés en *us* au nominatif.

Pelagus, i, *la pleine mer.*
Virus, *toute humeur visqueuse, poison, teinture.*

Vulgus, i, *vulgaire, populace, multitude. (Il est aussi masculin.)*

§ III. *Substantifs de la troisième déclinaison.*

Cette déclinaison comprend des noms masculins, féminins et neutres, dont le génitif singulier est terminé en IS et le génitif pluriel en UM ou en IUM. Exemples :

	Singulier.			Nom masculin.			Pluriel.	
N.	Sermo		le discours.	Sermon	ES		les	discours.
G.	Sermon	IS	du discours.	Sermon	UM		des	discours.
D.	Sermon	I	au discours.	Sermon	IBUS		aux	discours.
Ac.	Sermon	EM	le discours.	Sermon	ES		les	discours.
V.	Sermo		ô discours.	Sermon	ES		ô	discours.
Ab.	Semon	E	du discours.	Sermon	IBUS		des	discours.

Nom féminin.

N.	Av	IS	l' oiseau.	Av	ES		les	oiseaux.
G.	Av	IS	de l' oiseau.	Av	IUM		des	oiseaux.
D.	Av	I	à l' oiseau.	Av	IBUS		aux	oiseaux.
Ac.	Av	EM	l' oiseau.	Av	ES		les	oiseaux
V.	Av	IS	ô oiseau.	Av	ES		ô	oiseaux.
Ab.	Av	E	de l' oiseau.	Av	IBUS		des	oiseaux.

Nom neutre.

N.	Corpus		le corps.	Corpor	A		les	corps.
G.	Corpor	IS	du corps.	Corpor	UM		des	corps.
D.	Corpor	I	au corps.	Corpor	IBUS		aux	corps.
Ac.	Corpus		le corps.	Corpor	A		les	corps.
V.	Corpus		ô corps.	Corpor	A		ô	corps.
Ab.	Corpor	E	du corps.	Corpor	IBUS		des	corps.

Autre nom neutre.

N.	Cubile		le lit.	Cubil	IA		les	lits.
G.	Cubil	IS	du lit.	Cubil	IUM		des	lits.
D.	Cubil	I	au lit.	Cubil	IBUS		aux	lits.
Ac.	Cubile		le lit.	Cubil	IA		les	lits.
V.	Cubile		ô lit.	Cubil	IA		ô	lits.
Ab.	Cubil	I	du lit.	Cubil	IBUS		des	lits.

Les noms de cette déclinaison sont *parisyllabiques* ou *imparisyllabiques*. Les parisyllabiques ont au génitif le même nombre de syllabes qu'au nominatif ; les imparisyllabiques ont plus de syllabes au génitif qu'au nominatif. *Avis* et *cubile* sont parisyllabiques, *corpus* et *sermo* sont imparisyllabiques.

Substantifs radicaux de la troisième déclinaison (1).

a, atis.

* Aroma , ătis , n. *aromate , parfum.*
* Drachma , n. , *drachme, monnaie attique valant 17 cent. de notre monnaie.*
* Stigma , n. , *flétrissure faite avec un fer chaud.*

e, is.

Mare , n. , *mer.*
Rete , n. , *rets , filet , piège.*

o, onis.

Aquilo , ōnis , m. *aquilon, bise.*
Carbo , m. *charbon.*
Caupo , m. *cabaretier.*
Harpago , m. *croc , harpon.*
Helluo , m. *glouton , débauché.*
Histrio , m. *comédien, histrion.*
Latro , m. *voleur, brigand.*
Leno , m. *marchand d'esclaves, corrupteur de la jeunesse.*
Leo , m. *lion.*
Mucro , m. *pointe , épée.*
Pavo , m. *paon.*
Petaso , m. *jambon.*   [raut.
Præco , m. *crieur public , hé-*
Pulmo , m. *poumon.*
Religio , f. *religion , piété.*
Seditio , f. *sédition , émeute.*
Sermo , m. *langage , discours , conversation.*
Spado , m. *eunuque.*
Stolo , m. *rejeton inutile.*
Tiro , m. *nouveau soldat, apprenti (2).*

Exception.

Car o , nis, f. *chair des animaux et des fruits.*

o, inis.

Arundo , ĭnis , f. *roseau , flûte.*
Caligo , f. *obscurité , ténèbres.*
Cardo , m. *gond, pôle , climat.*
Cartilago , f. *cartilage.*
Formido , f. *peur, crainte.*
Fuligo , f. *suie , noir de fumée.*
Grando , f. *grêle.*   [sonne.
Homo , c. *homme, femme, per-*
Imago , f. *image , représentation.*
Margo , f. *bord.*   [thode.
Ordo , m. *ordre , suite , mé-*
Propago , f. *provin de vigne, race , lignée.*
Turbo , m. *tourbillon , toupie.*
Virgo , f. *vierge , jeune fille.*

c, cis.

Halec , n. *et* halex , f. ēcis , *hareng ; sorte de sauce.*

c, ctis.

Lac , ctis , n. *(sans pluriel), lait.*

l, lis.

* Sal , ālis , n *et* m. *sel , raillerie , agrément.*
* Sol , ōlis , m. *soleil.*

Exceptions.

Fel , fellis , n. *fiel.*
Mel , mellis , n. *miel.*

---

(1) Afin de présenter le tableau complet des diverses terminaisons de cette déclinaison au nominatif et au génitif , nous avons été obligés d'insérer dans cette liste quelques noms propres , quelques mots qui ne sont pas racines , et enfin quelques adjectifs.

(2) Les noms de peuples terminés en *o* , ont *onis* , bref : *Macedo , onis; Saxo , onis.*

an, anis.

Titan, ēnis, m. *Titan, fils du Ciel et de la Terre;* (poét.) *le soleil.*

Exception.

Pan, ānos, m. *Pan, dieu des bergers.*

en, inis.

Agm en, ĭnis, n. *troupe en marche.*
Bitumen, n. *bitume.*
Cacumen, n. *sommet, faîte.*
Carmen, n. *vers, poésie, poëme.*
Crimen, n. *accusation, crime.*
Examen, n. *essaim d'abeilles; examen.*
Fulmen, n. *foudre, feu du ciel.*
Germen, n. *germe, semence.*
Gluten, n. *colle, glu.*
Gramen, n. *gazon, verdure.*
Limen, n. *seuil d'une porte, entrée.*
Nomen, n. *nom, renom, dette.*
Omen, n. *présage, augure.*
Semen, n. *semence, race.*
Stramen, n. *paille, chaume, litière.*

en, enis.

Lien *et* splen, ēnis, m. *rate.*
Ren, m. *reins.*

in, inis.

* Delphin, īnis, m. *dauphin* (poisson).

on, onis.

* Agon, ōnis, m. *jeu public.*
* Canon, ŏnis, m. *règle, mesure, ordre.*

on, ontis.

* Horizon, ontis, m. *horizon.*

* Xenophon, ontis, m. *Xénophon* (1).

ar, aris.

Jubar, ăris, n. *éclat des astres, clarté.*
Pulvinar, āris, n. *oreiller.*

Exceptions.

Far, farris, n. *fleur de farine.*
Hepar, ătis, n. *foie.*

er, eris.

Acer, ĕris, n. *érable (arbre).*
Aër, m. (s. pl.) *air, vent.*
Æther, m. (s. pl.) *l'air le plus pur, le ciel.* [pierres.
Agger, m. *amas de terre ou de*
Anser, m. *oie, oison.*
Asser, m. *ais, soliveau (plus usité au pluriel.)*
* Carcer, m. *prison.*
Later, m. *brique, tuile.*
Mulier, f. *femme.*
Papaver, n. *pavot.*
Passer, m. *moineau, passereau.*
Piper, m. *poivre.*
Tuber, n. *bosse, tumeur.*
Uber, *mamelle, pis, abondance.*
Ver, n. *printems.*
Verber, n. (2) *fouet, verges.*
Vesper, m. *soir.*

er, ris.

Frat er, ris, m. *frère, allié.*
Imber, m. *grande pluie, eau de pluie.*
Mater, f. *mère.*
Pater, m. *père.*
Uter, m. *outre.*
Venter, m. *ventre.*

Exceptions.

Iter, ĭtĭnĕris, n. *voyage.*
Jupiter, Jŏvis, m. *le souverain des dieux.*

---

(1) Les noms en *in* et en *on* sont tous des mots grecs.
(2) On ne trouve de ce nom au singulier que le génitif *verberis*, et l'ablatif *verbere*; le pluriel a tous ses cas.

or, oris.

Arbor *et* Arbos, ŏris , f. *arbre.*
Color *et* Colos, ōris, m. *couleur.*
Cruor, m. *sang qui coule d'une blessure , ou déjà caillé.*
Honor *et* Honos , m. *honneur.*
Labor *et* Labos, m. *peine , travail.*
Lepor *et* Lepos , m. *agrément , grâce.*
Marmor, n. *marbre.*
Odor, m. *odeur, pressentiment.*
Olor, m. *cygne.*
Prætor, m. *préteur.*
Rumor, m. *rumeur, bruit.*
Sopor, m. *sommeil profond.*
Soror, f. *sœur.*
Uxor, f. *épouse.*
Vapor, m. *vapeur, fumée.*

Exception.

Cor, cordis , n. *cœur.*

ur, uris.

Fur, fūris, m. *voleur de nuit, valet.* [*la farine.*
* Furfur, ŭris, n. *son, reste de*
Guttur , ŭris, n. *gosier, gorge.*
Murmur, ŭris, n. *murmure.*
Sulphur, ŭris, n. *soufre.*
Vultur, ŭris , m. *vautour.*

ur, oris.

Eb ur, ŏris, n. *ivoire.*
Femur, n. *cuisse.*
Robur , n. *rouvre, sorte de chêne, force.*
Jec ur, ŏris *et* ĭnŏris, n. *foie.*

as, atis.

Æst as , ātis, f. *l'été.*
Calamitas, f. *calamité, malheur.*
Voluptas, f. *volupté, plaisir.*

as, antis.

Adam as, antis, m. *diamant* (1).
Gigas , m. *géant.*

as, adis.

Hebdom as , ădis, f. *semaine.*
Lamp as, ădis, f. *flambeau, lampe* (2).
Vas, ădis, m. *caution, répondant.*

Exceptions.

As , assis, m. *as , livre romaine , sou.*
Mas , măris, m. *mâle, viril.*
* Vas, āsis, n. *vase, vaisseau.*

es, is.

* Æd es *ou* Ædis, is, f. *temple.*
Clades, f. *désastre.*
Crates, f. *claie.*
Fames , f. *faim, famine.*
Fid es, is, f. *et* fides, ium, pl. *instrument de musique à cordes.* [*ruption.*
Lues, f. *contagion, peste , cor-*
Moles , f. *masse énorme, môle , difficulté.*
Nubes , f. *nuage , nue.*
Palumbes , c. *pigeon ramier.*
Proles , f. *race, lignée, enfant.*
Pubes , f. *jeunesse.*
Rupes , f. *roche, rocher.*
Sepes, f. *haie.* [*corruption.*
Tabes , f. *liquéfaction , pus ,*
Vates , c. *prophète , devin , poëte.*

es , edis.

Hær es , ēdis, c. *héritier.*
Merc es, f. *prix, récompense.*
Pes, pĕdis, m. *pied.*
Præs, prædis, c. *caution , répondant.*

es, etis.

Abi es , ĕtis, f. *sapin.*

---

(1) Masculins grecs.
(2) Féminins grecs.

Ari es, ĕtis, m. *bélier.*
Pari es, ĕtis, m. *mur, muraille.*
Qui es, ētis, f. *repos, sommeil.*
Seg es, ĕtis, f. *blé non coupé,*
    moisson.

es, idis.

Obs es, ĭdis, m. *ôtage.*
Præses, m. *celui qui préside.*

es, itis.

Cesp es, ĭtis, m. *gazon.* [*rade.*
Comes, c. *compagnon, cama-*
Gurges, m. *gouffre, abîme.*
Hospes, c. *hôte, qui loge ou est*
    logé.
Limes, m. *sentier, limite.*
Miles, m. *soldat.*
Veles, m. *vélite.*

Exceptions.

Bes, bessis, m. *les deux tiers de*
    la livre romaine.
Æs, æris, m. *cuivre, airain.*
Cer es, ĕris, f. *Cérès, déesse des*
    blés.

is, is.

Amn is, is, m. *fleuve, rivière.*
Amussis, f. *cordeau, ligne.*
Anguis, c. *serpent, couleuvre.*
Apis *et* apes, f. *abeille.*
Auris, f. *oreille.*
Avis, f. *oiseau.*   [*planche.*
Axis, m. *essieu, pôle, ais,*
Canis, c. *chien, chienne.*
Cannabis, f. *chanvre.*
Civis, c. *citoyen.*
Classis, f. *classe, rang, flotte.*
Clavis, f. *clef.*
Collis, m. *colline, coteau.*
Corbis, f. *corbeille.*
Crinis, m. *cheveu, poil, crin.*

Cutis, is, f. *cuir, peau.*
Ensis, m. *épée.*
Fascis, m. *faisceau, charge.*
Febris, f. *fièvre.*
Finis, m. f. *fin, terme, cause.*
Follis, m. *soufflet.*
Funis, m. *câble, corde.*
Fustis, m. *bâton à battre les*
    criminels.
Hostis, c. *étranger, ennemi.*
Ignis, m. *feu.*
Mensis, m. *mois.*
* Navis, f. *navire.*
Orbis, m. *cercle, roue, multi-*
    tude, univers.
Ovis, f. *brebis.*
* Panis, m. *pain.*
Pellis, f. *peau.*
Pestis, f. *désastre, fléau, peste.*
Piscis, m. *poisson.*
Postis, m. *poteau, porte.*
Ratis, f. *radeau, navire.*
* Securis, f. *hache, cognée.*
Sentis, m. *buisson épineux.*
* Sitis, f. *soif, avidité, ardeur.*
Sodalis, m. *compagnon.*
* Sordis, f. (1) *saleté, ordure.*
Testis, f. *témoin.*
* Turris, f. *tour.*
* Tussis, f. *toux.*
Unguis, f. *ongle.*
Vallis, f. *vallée.*
Vermis, m. *ver, vermisseau.*
* Vestis, f. *vêtement, habit.*
Vis, vis, f. (2) *force, violence,*
    propriété, abondance.
Vitis, f. *vigne, cep.*

is, idis.

Cusp is, ĭdis, f. *pointe, trident.*
Lapis, f. *pierre, borne, mille.*
Pyramis, f. *pyramide.*
Pixis, f. *boîte.*
* Tigr is, ĭdis *et* is, f. *tigre.*

---

(1) On ne trouve de ce nom au singulier que le génitif, l'accusatif et l'ablatif. Le pluriel est plus usité et a tous les cas.

(2) Ce nom n'a que quatre cas au singulier, *vis, is,* (*m, i.* Le pluriel *vires* a tous les cas.

is, itis.

Lis, lītis, f. *procès, débat.*

is, eris.

Cin is, ĕris, m. *cendre.*
Pulvis, m. f. *poussière.*

Exceptions.

Sangu is, ĭnis, m. *sang.*
Gl is, īris, m. *loir (animal.)*

os, oris.

Fl os, ōris, m. *fleur.*
*Mos, m. *coutume, usage, com-*
  plaisance.
* Os, n. *bouche, langage, visage.*
* Ros, m. *rosée.*

os, otis.

C os, ōtis, f. *rocher, caillou,*
  pierre à aiguiser.
Dos, f. *dot, avantage, qualité.*
Nepos, m. *petit-fils, débauché.*

os, ois.

* Her os, ois, m. *héros.*

Exceptions.

* B os, ŏvis, c. *bœuf, vache.*
Cust os, ōdis, m. *garde, gardien.*
Os, ossis, n. *os, ossement.*

aus, audis.

Frau s, dis, f. *fraude, tromperie.*
Laus, f. *louange, gloire, mérite.*

us, eris.

Ac us, ĕris, n. *paille.*
Fœdus, n. *alliance, traité.*
Funus, n. *funérailles, trépas.*
Genus, n. *race, espèce, sorte.*
Glomus, n. *pelote, peloton.*
Latus, n. *côté, flanc.*
Munus, n. *don, charge, devoir.*
Olus, n. *légume.* [*ploi.*
Onus, n. *charge, fardeau, em-*
Opus, n. *ouvrage, travail, art.*
Pondus, n. *poids, fardeau.*
Rudus, n. *décombres, plâtras.*
Scelus, n. *crime.*
Sidus, n. *constellation, astre.*

Ulcus, n. *ulcère.*
Venus, f. *Vénus, amour, beauté.*
Viscus, n. *entrailles.* (Le plu-
  riel *viscera* est plus en usage.)
Vulnus, n. *plaie, blessure.*

us, oris.

Corp us, ŏris, n. *corps.*
Fœnus, n. *usure.*
Frigus, n. *froid, frais.*
Lepus, m. *lièvre.*
Littus, n. *rivage de la mer.*
Nemus, n. *bois, forêt.*
Pecus, n. *troupeau, bétail, bre-*
  bis; sot. [*rage.*
Pectus, n. *poitrine, cœur, cou-*
Pignus, n. *gage, preuve, signe.*
Stercus, n. *fumier, ordures.*
Tempus, n. *temps, saison,*
  occasion.

us, udis.

Pal us, ūdis, f. *marais.*
* Pec us, ŭdis, f. *toute bête qui*
  paît et se laisse conduire.

us, utis.

Sal us, ūtis, f. *salut.*
Virtus, f. *vertu, courage.*

us, uris.

Cr us, ūris, n. *jambe.*
* Jus, n. *droit, équité, justice.*
* Jus, n. *jus, sauce.*
* Mus, m. *rat, souris.*
* Pus, n. *pus.*
* Rus, n. *campagne, champ.*
Tellus, f. *terre, sol, pays.*
* Thus, n. *encens.*

us, uis.

Grus, ŭis, f. *grue.*
Sus, c. *porc, cochon.*

Exceptions.

Pessin us, untis, f. *Pessinonte,*
  ville.
Trip us, ōdis, m. *trépied.*

bs, bis.

Chal ybs, ybis, m. *acier, épée.*

I *

Pl ebs , ēbis, f. *populace , menu
  peuple.*
Tr abs, ăbis, f. *poutre, vaisseau.*
Ur bs, bis, f. *ville, Rome.*

Exception.

Cæl ebs, ĭbis, c. *célibataire.*

ms , mis.

Hiems, hiĕmis, f. *hiver, orage.*

ls , ltis.

Pul s, tis, f. *bouillie, purée.*

ns , ntis.

Clien s, tis, c. *client.*
Dens, m. *dent, croc.*   [*gine.*
Fons, m. *fontaine, source , ori-*
Frons, f. *front, hardiesse.*
Gens, f. *nation, famille, espèce.*
Lens, f. *lentille.*   [*mémoire.*
Mens, f. *âme, esprit, dessein,*
Mons , m. *mont , montagne.*
Pons, m. *pont.*

ns , ndis.

Frou s , dis , f. *feuille d'arbre ,
  feuillage.*
Glans , f. *gland.*
Lens, f. *lente, œuf de vermine.*

rs , rtis.

* Ar s , tis , f. *art, science, arti-
  fice.*
* Fors, f. *hasard, sort, fortune.*
Mars, m. *Mars, guerre.*
Mors, f. *mort, trépas.*
* Pars , f. *partie, portion, côté.*
Sors, f. *sort, état, sang.*

Exceptions.

Concor s, dis, *qui vit en bonne
  union ; et les autres composés
  de cor en cors ; discor s, dis ,
  discordant ; vecor s , dis ,
  pervers.*

ps , pis.

* D aps, ăpis, f. *mets, viande.*
* Ops, ŏpis, f. *pouvoir, aide.*

St ips , ĭpis , f. *la plus petite
  monnaie des Romains.*
Stir ps, pis, f. m. *tronc d'arbre,
  souche, race.*

Exception.

Gry ps, phis, m. *gryphon.*

eps , ipis.

* Ad eps , ĭpis, m. f. *graisse,
  embonpoint.*   [*prince.*
Princeps , c. *le premier , le*

eps , ipitis.

Anc eps, ĭpĭtis, *douteux ; biceps,
  à deux têtes, et autres adjectifs dérivés de* caput.

Exception.

Auc eps, ŭpis, m. *oiseleur.*

ut , itis.

Cap ut, ĭtis, n. *tête, chef, origine, chapitre.*

ax , acis.

F ax, ăcis, f. *flambeau, torche.*
Forn ax, ācis, f. *fournaise ,
  fourneau.*
P ax, ācis, f. *paix, calme.*

Exception.

Astyan ax, actis, m. *fils d'An-
  dromaque.*

ex , icis.

Ap ex , ĭcis, m. *crête d'oiseau,
  aigrette, cime, faîte.*
Carex, f. *glaïeul, jonc pointu.*
Caudex , m. *tronc d'arbre ,
  souche.*
Codex , m. *tronc d'arbre , ta-
  blette enduite de cire, registre,
  livre relié à notre manière.*
Cortex, m. f. *écorce.*
Frutex , m. *arbrisseau, bran-
  chage.*
Ilex, f. *yeuse ou chêne-vert.*
Index, m. *délateur, signe, table.*
Murex , m. *pourpre.*
Pulex, m. *puce (insecte).*

Ramex , m. *branche d'arbre coupée.*
Silex, m. f. *caillou.*
Sorex, m. *souris.*
Vindex, c. *vengeur, vengeresse.*

ex, ecis.

* F ex, ēcis, f. *lie, marc.*
Prex, *inusité;* prec i, em, e *et* prec es, um, f. *prières.*
* Nex, ēcis , f. *mort violente.*
Verv ex, ēcis , m. *mouton.*

ex, egis.

Gr ex, ĕgis , m. *troupeau, compagnie.*
L ex, ēgis, f. *loi, condition.*
R ex, ēgis, m. *roi.*

Exceptions.

Rem ex, ĭgis, m. *rameur, forçat.*
Senex , senis, m. *vieillard.*
* Supel lex, ectilis, f. *meuble.*

ix, icis.

Cerv ix , īcis , f. *chignon du cou, cou, tête.*
Cicatr ix , īcis, f. *cicatrice.*
Fil ix, ĭcis , f. *fougère.*
Forn ix, ĭcis, m. *voûte; mauvais lieu.*
L ix, ĭcis, f. *cendre du foyer, lessive.*
P ix, ĭcis, f. *poix.*
Rad ix, īcis , f. *racine, rave.*
Sal ix, ĭcis, f. *saule.*

Exceptions.

N ix, ĭvis, f. *neige.*
Str ix, ĭgis, f. *spectre, fantôme.*

ox, ocis.

V ox, ōcis , f. *voix, mot.*
Atrox , ōcis, *atroce;* ferox , ōcis, *féroce;* vel ox, ōcis, *prompt à la course. (Adjectifs.)*

Exceptions.

N ox, octis , f. *nuit.*
Allobr ox, ŏgis, m. *Allobroge.*

ux, ucis.

Cr ux, ŭcis, f. *croix, gibet, peine.*
* Fau x, cis, f. *gorge, gosier.*
L ux, ūcis, f. *lumière, jour.*
N ux, ūcis, f. *noyer, noix.*

Exceptions.

Conj ux, ŭgis, c. *époux, épouse.*
Frux, *inusité;* frug is, i, em, e, et frug es , um, f. *biens ou fruits de la terre.*

yx, ycis.

Bomb yx, ycis, m. *ver à soie.*

yx, ygis.

Cocc yx, ygis, m. *coucou, oiseau.*
Phr yx, ygis, c. *Phrygien.*

yx, ychis.

On yx , ychis , m. *ongle;* f. *onyx (pierre precieuse.)*

lx, lcis.

* Cal x, cis, f. *chaux.*
Falx, f. *faux, serpe, coutelas.*

nx, ncis.

Lan x , cis, f. *bassin, plat, assiette.*
Lynx , m. *lynx (animal).*

Exceptions.

Phalan x, gis , f. *phalange.*
Sphinx, f. *sphinx.*

rx, rcis.

* Ar x, cis, f. *hauteur, forteresse.*
* Merx, f. *marchandise.*

§ IV. *Substantifs de la quatrième déclinaison.*

Cette déclinaison comprend des noms masculins et féminins dont le génitif singulier est terminé en US, et le génitif pluriel en UUM. Elle comprend aussi des neutres en U qui ne sont déclinables qu'au pluriel.

	Singulier.		Nom féminin.	Pluriel.		
N.	Man	us	*la* main.	Man	us	*les* mains.
G.	Man	ûs	*de la* main.	Man	uum	*des* mains.
D.	Man	ui	*à la* main.	Man	ibus	*aux* mains.
Ac.	Man	um	*la* main	Man	us	*les* mains.
V.	Man	us	ô main.	Man	us	ô mains.
Ab.	Man	u	*de la* main.	Man	ibus	*des* mains.

Substantifs radicaux de la quatrième déclinaison.

Masculins.

Æstus, ûs, *chaleur, flux et reflux, passion violente.*
* Arcus, *arc.*
* Artus, uum, (*sans singulier*) *les membres du corps.*
Astus, *ruse, fourberie.*
Cestus, *ceinture, ceste.*
Fastus, *faste, fierté.*
Fluctus, *flot, vague, trouble.*
Fœtus, *portée des animaux.*
Fructus, *fruit, gain, profit, production.*

* Lacus, ûs, *lac, bassin.*
Luxus, (*sans pluriel*) *luxe, luxure.*
Metus, (*sans pluriel*) *crainte.*
* Portus, *port de mer, asile.*
Ritus, *cérémonie, usage.*
Ructus, *rot, rapport.*
Singultus, *sanglot, hoquet.*
Sinus, *sein, refuge, golfe, pli, détour.*
Tumultus, *tumulte, trouble.*
Vultus, *visage.*

Féminins.

Acus, ûs, *aiguille, poinçon.*
Anus, *vieille femme.* [*mille.*
* Domus, ûs, *et* i, *maison, fa-*

* Quercus, ûs, *chêne.*
* Tribus, *tribu.*

Nom neutre de la quatrième déclinaison.

	Singulier.			Pluriel.		
N.	Corn	u	*la* corne.	Corn	ua	*les* cornes.
G.	Corn	u	*de la* corne.	Corn	uum	*des* cornes.
D.	Corn	u	*à la* corne.	Corn	ibus	*aux* cornes.
Ac.	Corn	u	*la* corne.	Corn	ua	*les* cornes
V.	Corn	u	ô corne.	Corn	ua	ô cornes.
Ab.	Corn	u	*de la* corne.	Corn	ibus	*des* cornes.

Substantifs radicaux neutres de la quatrième déclinaison.

Cornu, *corne, arc, cornet, trompe, clairon, aile d'armée.*
Genu, *genou.*

Gelu, *gelée, glace* (*sans plur.*)
* Veru, *broche, dard.*

§ V. *Substantifs de la cinquième déclinaison.*

Tous les noms de cette déclinaison ont le génitif singulier en EI. Ils sont du féminin, excepté *dies* qui est des deux genres.

	Singulier.				Pluriel.		
N.	Di	ES	*le jour.*	Di	ES	*les jours.*	
G.	Di	EI	*du jour.*	Di	ERUM	*des jours.*	
D.	Di	EI	*au jour.*	Di	EBUS	*aux jours.*	
Ac.	Di	EM	*le jour.*	Di	ES	*les jours.*	
V.	Di	ES	*ô jour.*	Di	ES	*ô jours.*	
Ab.	Di	E	*du jour.*	Di	EBUS	*des jours.*	

Substantifs radicaux de la cinquième déclinaison.

Féminins.

Acies, ei, *tranchant ou pointe, vue pénétrante, armée en bataille.*
Caries, *carie, pouriture.*
Fides, *foi, fidélité, confiance.*
Glacies, *glace, glaçon.*
Pernicies, *perte, ruine, calamité.*

Rabies, *rage, fureur.*
Res, *chose, affaire, fait, exploit, patrimoine.*
Sanies, *sang corrompu.* [rence.
Species, *forme, image, appa-*
Spes, *espérance, espoir.*

Le génitif, le datif et l'ablatif pluriel de cette déclinaison ne sont guère usités que dans les noms *dies* et *res.*

§ VI. *Tableau des désinences des cinq déclinaisons.*

Singulier.

	1re.	2e.		3e.	4e.		5e.	Articles.
N.	A	US, ER, UM			US,	U	ES	*le, la*
G.	Æ	I		IS	ûs,	U	EI	*de, du, de la,*
D.	Æ	O		I	UI,	U	LI	*à, au. à la,*
Ac.	AM	UM		EM	UM,	U	EM	*le, la.*
V.	A	E, ER, UM			US,	U	ES	
Ab.	À	O		É	U		E	*de, du, dela.*

Pluriel.

	1re.	2e.		3e.	4e.		5e.	Articles.
N.	Æ	I,	A	ES, A, IA	US,	UA	ES	*les*
G.	ARUM	ORUM		UM, IUM	UUM		ERUM	*des*
D.	IS	IS		IBUS	IBUS		EBUS	*aux*
Ac.	AS	OS,	A	ES, A, IA	US,	UA	ES	*les*
V.	Æ	I,	A	ES, A, IA	US,	UA	ES	
Ab.	IS	IS		IBUS	IBUS		EDUS	*des.*

REMARQUE. Dans toutes les déclinaisons, les datifs et ablatifs pluriels sont semblables Il en est de même des vocatifs et nominatifs pluriels.

Dans les noms neutres, le nominatif, l'accusatif et le

vocatif, tant du singulier que du pluriel, sont toujours semblables, et ces trois cas au pluriel sont terminés en A.

CHAPITRE II. Déclinaison des adjectifs.

§ 1er. *Première et seconde déclinaisons.*

Adjectifs terminés en US pour le masculin, en A pour le féminin, en UM pour le neutre; et qui se déclinent comme *dominus, rosa, templum.*

Bonus, Bona, Bonum, *Bon.*

Singulier.

N.	*m.*	Bon	US	*f.* Bon	A	*n.* Bon	UM
G.		Bon	I	Bon	Æ	Bon	I
D.		Bon	O	Bon	Æ	Bon	O
Ac.		Bon	UM	Bon	AM	Bon	UM
V.		Bon	E	Bon	A	Bon	UM
Ab.		Bon	O	Bon	A	Bon	O

Pluriel.

N.	Bon	I	Bon	Æ	Bon	A
G.	Bon	ORUM	Bon	ARUM	Bon	ORUM
D.	Bon	IS	Bon	IS	Bon	IS
Ac.	Bon	OS	Bon	AS	Bon	A
V.	Bon	I	Bon	Æ	Bon	A
Ab.	Bon	IS	Bon	IS	Bon	IS

Adjectifs radicaux qui se déclinent sur Bonus, a, um.

Acerbus, a, um, *âpre, prématuré.*
Æmulus, *égal, pareil, rival.*
Æquus, *uni, égal, juste.*
Albus, *blanc, favorable.*
Altus, *haut, profond.*
Amarus, *amer, fâcheux.*
Amœnus, *agréable à la vue.*
Apricus, *exposé au soleil et à l'abri du vent.*
Aptus, *propre, convenable.*
Arctus, *étroit, serré.*
Arduus, *escarpé, difficile.*
Assus, *rôti.*
Austerus, *dur, austère.*
Balbus, *bègue.*
Barbarus, *étranger, barbare.*
Blandus, *caressant, flatteur.*
Bonus, *bon, vertueux, propice.*

Brutus, a, um, *brute, insensible.*
Cæcus, *aveugle, obscur.*
Cæruleus et cærulus, *de couleur bleue, de mer.*
Cæterus, *le reste, ce qui reste.*
Calvus, *chauve.*
Canus, *qui a les cheveux blancs.*
Carus et charus, *cher.*
Castus, *chaste, intègre.*
Cavus, *creux, profond.*
Certus, *certain, informé, déterminé à.*
Clarus, *clair, illustre.*
Claudus, *boiteux.*
Commodus, *commode, utile.*
Continuus, *continu, continuel.*
Coruscus, *qui se balance, brillant.*
Crassus, *gros, épais, fertile.*

Creperus, a, um, *douteux.*
Crispus, *crépu, ondé.*
Crudus, *encore sanglant, cru,*
   prématuré, dur.
Cunctus, *tout entier.*
Curtus, *court.*
Curvus, *courbé, voûté.*
Densus, *épais, fréquent.*
Dignus, *digne, capable.*
Dirus, *cruel, affreux, sinistre.*
Dubius, *douteux, difficile.*
Durus, *dur, sans art, sévère.*
Ebrius, *ivre.*
Exiguus, *petit, exigu.*
Facetus, *enjoué, facétieux.*
Facundus, *éloquent.*
Fatuus, *fat, sot, fade.*
Faustus, *heureux.*
Fecundus, *fécond.*
Fessus, *fatigué.*
Festus, *de fête, heureux.*
Firmus, *ferme, fort, constant.*
Flaccus, *qui a les oreilles pen-*
   dantes.
Flavus, *jaune, blond.*
Fœdus, *sale, honteux, horrible.*
Fuscus, *sombre, noirâtre.*
Geminus, *jumeau, double.*
Gnarus, *qui sait, connaît.*
Gratus, *agréable, reconnais-*
   sant.
Hibernus, *d'hiver.*
Hispidus, *velu, hérissé, âpre.*
Idoneus, *propre, convenable.*
Invitus, *qui fait à regret.*
Jejunus, *à jeun.*
Jucundus, *agréable, aimable.*
Lætus, *joyeux, abondant.*
Lævus, *qui est à gauche, mal-*
   adroit. [digue.
Largus, *copieux, riche, pro-*
Lascivus, *folâtre, lascif.*
Lassus, *las.*
Latus, *large, étendu.*
Laxus, *large, lâche.*
Lentus, *flexible, lent, calme.*
Limpidus, *limpide.*
Limus, *oblique, de travers.*
Lippus, *chassieux.*
Longus, *long, éloigné.*

Lubricus, a, um, *glissant, diffi-*
   cile, incertain.
Luscus, *borgne.* [cile.
Magnus, *grand, puissant, diffi-*
Malus, *mauvais, méchant.*
Mancus, *manchot.*
Manifestus, *manifeste, clair.*
Maturus, *mûr, prompt.*
Medius, *qui est au milieu.*
Mirus, *admirable.*
Multus, *nombreux, beaucoup de.*
Mundus, *net, propre.*
Mutilus, *mutilé.*
Mutus, *muet.* [prunté.
Mutuus, *mutuel, prêté, em-*
Navus, *gnavus, actif, vigilant.*
Nimius, *trop grand.*
Novus, *nouveau, neuf.*
Nudus, *nu, découvert.*
Obesus, *gros, gras.*
Obliquus, *oblique, détourné.*
Obscurus, *obscur, inconnu.*
Occultus, *caché, secret.*
Opacus, *ombragé, touffu.*
Opimus, *gras, fertile.*
Orbus, *qui a perdu ses enfants,*
   orphelin, privé d'une chose
   qu'il chérissait.
Parcus, *économe, modique.*
Parvus, *petit.*
† Perperus, *impertinent, stu-*
   pide.
Perpetuus, *perpétuel, continu.*
Physicus, *physique, naturel.*
Pius, *pieux.*
Plautus, *plain, uni, clair.*
Placidus, *paisible, calme.*
Plenus, *plein.* [vers.
Pravus, *difforme, mauvais, per-*
Priscus, *ancien.*
Privus, *qui appartient à chacun*
   en particulier, propre.
Probus, *honnête.*
Procerus, *haut, long.*
Pronus, *qui va en pente, porté à.*
Properus, *qui va vite, prompt.*
Proprius, *propre, convenable.*
Publicus, *public, commun.*
Pullus, *de couleur brune.*
Purus, *pur, net, innocent.*

Quantus, a, um, *combien grand, quel.*

Rarus, *peu épais, semé çà et là, rare.*

Raucus, *enroué, rauque.*

Rufus *et* russus, *roux.*

Rutilus, *éclatant comme l'or.*

Sævus, *cruel, violent.*

Sagus, *qui a des pressentimens.*

Sanus, *sain, de bon sens.*

Saucius, *blessé, malade.*

Secundus, *second, favorable.*

Sedulus, *soigneux, empressé.*

Serenus, *serein, calme.*

Serius, *sérieux, grave.*

Serus, *tardif, du soir, long.*

Severus, *grave, sévère, cruel.*

Siccus, *sec, altéré.*

Simus, *camus.*

Situs, *situé, fondé, enterré.*

Sobrius, *sobre, frugal.*

Socius, *de société, commun.*

Solidus, *massif, solide, ferme.*

Sollicitus, *agité, inquiet.*

Solus, a, um, *seul, solitaire.*

Spissus, *condensé, épais.*

Spurcus, *sale, impur.*

Strenuus, *courageux, prompt.*

Stultus, *sot, insensé.*

Superbus, *superbe, fier, injuste.*

Supinus, *renversé, couché sur le dos, négligent.*

Surdus, *sourd.*

Tantus, *si grand.*

Tardus, *lent, tardif, lourd.*

Torvus, *qui regarde de travers, affreux.*

Tranquillus, *calme, tranquille.*

Trepidus, *qui court en tumulte, alarmé.*

Uncus, *crochu.*

Vanus, *vide, vain, faux.*

Varius, *de diverses couleurs, différent, changeant.*

Varus, *cagneux.*

Vastus, *vaste, étendu, désert.*

Viduus, *privé, vide.*

Adjectifs qui ne s'emploient qu'au pluriel.

Pauci, æ, a, *peu, en petit nombre.*

Plerique, ræque, raque, *la plu-[part.*

Singuli, æ, a, *chacun en particulier.*

Adjectifs terminés en ER *pour le masculin, en* A *pour le féminin, en* UM *pour le neutre, et qui se déclinent comme* puer, rosa, templum (1).

NIGER, GRA, UM, *Noir.*

Singulier.

N.	*m.* Niger	*f.*	Nigr	A	*n.*	Nigr	UM
G.	Nigr	I	Nigr	Æ		Nigr	I
D.	Nigr	O	Nigr	Æ		Nigr	O
Ac.	Nigr	UM	Nigr	AM		Nigr	UM
V.	Niger		Nigr	A		Nigr	UM
Ab.	Nigr	O	Nigr	A		Nigr	O

(1) Quelques adjectifs en *er* conservent l'e du nominatif masculin aux autres cas et aux autres genres, comme *liber, libera, liberum,* libre, gén. *liberi, liberæ, liberi;* d'autres adjectifs perdent partout cet e comme *niger, nigra, nigrum;* etc. Le mot *dexter,* droit, est employé des deux manières: on dit *dextera* et *dextra, dexterum* et *dextrum.*

Pluriel.

N.	Nigr	I	Nigr	Æ	Nigr	A
G.	Nigr	ORUM	Nigr	ARUM	Nigr	ORUM
D.	Nigr	IS	Nigr	IS	Nigr	IS
Ac.	Nigr	OS	Nigr	AS	Nigr	A
V.	Nigr	I	Nigr	Æ	Nigr	A
Ab.	Nigr	IS	Nigr	IS	Nigr	IS

Adjectifs radicaux qui se déclinent sur Niger, nigra, nigrum.

Adjectifs qui conservent l'*e* du nominatif masculin à tous les genres et à tous les cas.

Asper, era, um, *dur, difficile:* Miser, era, um, *malheureux.*
Dexter, *droit, propice, adroit.* Prosper, *prospère.*
Lacer, *tronqué, mutilé.* Tener, *tendre, délicat.*
Liber, *libre, franc, ouvert.*

Adjectifs qui, à tous les genres et à tous les cas, perdent l'*e* du nominatif masculin.

Creber, bra, um, *fréquenté, réitéré, pressé.* Æger, gra, um, *malade, triste.*
Glaber, *sans poil, pelé.* Integer, *entier, non souillé.*
Ruber, *rouge, roux.* Niger, *noir, obscur, méchant.*
Macer, cra, um, *maigre, mince.* Piger, *paresseux, lent, lourd.*
Pulcher, *beau, excellent.* Ater, tra, um, *noir, sombre, funeste.*
Sacer, *sacré, consacré; exécrable.* Sinister, *gauche, favorable.*
Vafer, fra, um, *fin, rusé.* Teter, *noir, infect, hideux.*

Un seul adjectif se termine en *ur* au nominatif masculin.

Satur, a, um, *soul, rassasié.*

OBSERVATION. Les neuf adjectifs suivants de trois terminaisons, au nominatif, font pour les trois genres au génitif *ius* et au datif *i.*

Unus, a, um, *un.* Alius, a, um, *autre.*
Ullus, *aucun.* Alter, era, um, *l'autre.*
Nullus, *nul.* Uter, tra, um, *lequel des deux.*
Solus, *seul.* Neuter, *ni l'un ni l'autre.*
Totus, *tout.*

Génitif, *unius, ullius, nullius,* etc. Datif, *uni, ulli, nulli,* etc. Les autres cas sont tous réguliers.

Dans les composés de *uter,* savoir : *alteruter,* l'un ou l'autre ; *uterque,* l'un et l'autre ; *utercumque,* qui des deux que ce soit, on décline seulement *uter,* et on ajoute à chaque cas *alter, que, cumque.* Ex. : *alterutrius, alterutri,* etc. ; *utriusque, utrique,* etc.; *utriuscumque, utricumque,* etc.

Duo, deux, se décline de la manière suivante :

N.	*m.* Duo,	*f.* duæ,	*n.* duo.
G.	Duorum,	duarum,	duorum.
D.	Duobus,	duabus,	duobus.
Ac.	Duos *ou* duo,	duas,	duo.
Ab.	Duobus,	duabus,	duobus.

Ainsi se décline *Ambo*, *bæ*, *bo*, tous les deux.

§ II. *Troisième déclinaison.*

Adjectifs qui n'ont au nominatif qu'une seule terminaison pour les trois genres. Exemple :

PRUDENS, *Prudent.*

Singulier.		Pluriel.	
		masc. et fem.	neutre.
N. Prudens	} pour les 3 genres.	Prudent ES.	Prudent IA.
G. Prudent IS		Prudent IUM	} pour les 3 genres.
D. Prudent I		Prudent IBUS	
Ac. Prudent EM *m.* et *f.* Prudens. *n.*		Prudent ES	Prudent IA.
V. Prudens	} pour les 3 genres.	Prudent ES	Prudent IA.
Ab. Prudent E ou I		Prudent IBUS *pour les 3 genres.*	

Adjectifs radicaux de la troisième déclinaison qui se déclinent sur Prudens.

Atro x, cis, *atroce.*
Cicur, is, *privé, apprivoisé.*
Clemen s, tis, *clément, doux.*
Div es, itis, *riche.*
Feli x, cis, *heureux.* [breux.
Frequen s, tis, *fréquent, nom-*
Hebe s, tis, *émoussé, débile, hébété.*
Par, is, *égal, pareil, juste.*
Pauper, is, *pauvre, indigent.*
Perni x, cis, *vite, léger.*
Plu s, ris, (*au pluriel*) plures, es, a, *plus, plusieurs, un plus grand nombre de.*

† Po s, tis, *qui peut.*
Proca x, cis, *insolent, petulant.*
Pruden s, tis, *prudent, prévoyant, habile dans.*
Recen s, tis, *récent, nouveau.*
Repen s, tis, *subit, soudain.*
Son s, tis, *coupable, accusé.*
Sosp es, itis, *sain et sauf.*
Tru x, cis, *affreux, hagard, féroce.*
Velo x, cis, *vite, vif, prompt.*
Vet us, eris, *vieux, ancien.*
Vigil, is, *qui veille.*

Adjectifs qui ont au nominatif deux terminaisons, l'une pour le masculin et le féminin, l'autre pour le neutre Exemple :

FORTIS , E , *Courageux.*

Singulier.		Pluriel.	
Masc. et fém.	Neutre.	Masc. et fém.	Neutre.
N. Fort IS	Fort E	Fort ES	Fort IA
G. Fort IS		Fort IUM	
D. Fort I	*pour les 3 genres.*	Fort IBUS	*pour les 3 genres.*
Ac. Fort EM	Fort E	Fort ES	Fort IA
V. Fort IS	Fort E	Fort ES	Fort IA
Ab. Fort I *pour les 3 genres.*		Fort IBUS *pour les 3 genres.*	

Adjectifs radicaux de la troisième déclinaison qui se déclinent sur Fortis.

Brevis, e, *court, bref, petit.*
Comis, *poli, affable.*
Debilis, *débile, faible.*
Dulcis, *doux, agréable, cher.*
Exilis, *menu, mince, grêle.*
Gracilis, *grêle, effilé.*
Grandis, *grand, ample.*
Gravis, *pesant, grave, dange-reux, sévère, important.*
Hilaris, *gai, joyeux.*
Incolumis, *sain et sauf, entier.*
Immanis, *inhumain, énorme.*
Inanis, *vide, vain, frivole.*
Juvenis, *jeune.*
Lævis, *poli, sans poil, mou.* [ble,
Lenis, *doux au toucher, agréa-*
Levis, *léger, agile, de peu de valeur, inconstant.*

Mitis, e, *doux, calme, mûr.*
Mollis, *mou, doux, flexible.*
Omnis, *tout, chaque.*
Pinguis, *gras, fertile, grossier.*
Qualis, *quel, que.*
Rudis, *brut, sans art, ignorant.*
Segnis, *lent, paresseux, stérile.*
Similis, *semblable, pareil.*
Sterilis, *stérile.*
Suavis, *doux, suave, agréable.*
Sublimis, *haut, sublime, fier.*
Subtilis, *délié, fin, subtil.*
Talis, *tel, pareil.*
Tenuis, *fin, délié, léger, petit.*
Tristis, *triste, funeste, sévère.*
Turpis, *laid, sale, honteux.*
Vilis, *à bas prix, vil.*

Adjectifs qui ont au nominatif trois terminaisons, er pour le masculin, is pour le féminin, e pour le neutre.

Ces adjectifs n'ont ces trois terminaisons qu'au nominatif et au vocatif du singulier. Aux autres cas, ils se déclinent comme les adjectifs de deux terminaisons, c'est-à-dire comme *fortis, e.* Il faut observer que l'*e* du nominatif se retranche toujours, excepté dans *celer.* Exemple : *N. Acer, acris, acre,* vif. *G. Acris. D. Acri. Ac. Acrem, acre. V Acer, acris, acre. Ab. Acri.*

Adjectifs radicaux de la troisième déclinaison qui ont trois terminaisons au nominatif.

Acer acris, e, *aigre, rude, vail-* Celeber, bris, e, *fréquenté, cé-*
lant, pénétrant.   *lèbre, illustre.*   [*actif.*
Alacer, cris, e, *dispos, vif, gai.* Celer is, e, *vif, prompt, ardent,*

CHAPITRE III. FORMATION DES COMPARATIFS ET SUPERLATIFS DANS LES ADJECTIFS.

Du positif se forment le comparatif et le superlatif.

Le comparatif se forme du cas du positif terminé en *i*, auquel on ajoute *or* pour le masculin et le féminin, et *us* pour le neutre. Exemples . *Dignus*, (*digni*), *dignior, dignius*, plus digne, *utilis*, (*utili*), *utilior*, *utilius*, plus utile. Les comparatifs se déclinent sur la troisième déclinaison (1).

Le superlatif se forme du cas du positif terminé en *is*, auquel on ajoute *simus* pour le masculin, *sima* pour le féminin, *simum* pour le neutre. Exemples : *Dignus* (*dignis*), *dignissimus*, *a*, *um*, le plus digne, très-digne ; *utilis*, *utilissimus*, *a*, *um*, le plus utile, très - utile. Les superlatifs se déclinent pour le masculin et le neutre sur la seconde déclinaison, pour le féminin sur la première.

REMARQUES. I. Les adjectifs terminés en *er* forment leur superlatif en ajoutant *rimus* à la terminaison du nominatif. Exemples : *Creber, creberrimus*, fréquent ; *pulcher, pulcherrimus*, beau ; *acer, acerrimus*, vif ; *celeber, celeberrimus*, célèbre ; *pauper, pauperrimus*, pauvre. *Vetus*, ancien et *nuperus*, récent, font aussi *veterrimus* et *nuperrimus*.

II. Quelques adjectifs ont le superlatif en *illimus*. Ce sont : *facilis*, facile ; *difficilis*, difficile ; *gracilis*, grêle ; *humilis*, humble ; *similis*, semblable ; *dissimilis*, dissemblable. Superlatif : *facillimus*, *difficillimus*, *gracillimus*, etc.

III. Les adjectifs qui se terminent en *dicus*, *ficus* et *volus* ont au comparatif *entior*, et au superlatif *entissimus*, comme : *maledicus*, médisant, *maledicentior*, *maledicentissimus* ; *beneficus*,

(1) *Sing. N.* Utilior. utilius. *G.* Utilioris. *D.* Utiliori. *Ac.* Utiliorem, utilius. *V.* Utilior, utilius. *Ab.* Utiliore ou utiliori. *Plur. N.* Utiliores, utiliora. *G.* Utiliorum. *D.* Utilioribus. *Ac.* Utiliores, utiliora. *V.* Utiliores, utiliora. *Ab.* Utilioribus.

bienfaisant, *beneficentior*, *beneficentissimus* ; *benevolus*, bien-veillant, *benevolentior*, *benevolentissimus*. De même : *magnificus*, magnifique ; *munificus*, libéral ; *honorificus*, honorable ; *male-volus*, malveillant (1).

IV. Les adjectifs qui ont une voyelle avant *us* ne changent pas de terminaison. On rend alors le comparatif par *magis*, et le superlatif par *maximè*. Exemples : *idoneus*, propre à , *magis idoneus*, *maximè idoneus* ; *pius*, pieux, *magis pius*, *maximè pius* ; *perspicuus*, évident, *magis perspicuus*, *maximè perspi-cuus*. De même : *Dubius*, douteux ; *contrarius*, contraire ; *propi-tius*, propice ; *necessarius*, nécessaire ; *arduus*, élevé ; *assiduus*, assidu. Cependant quelques adjectifs en *uus* suivent la règle ordinaire : *assiduior*, *assiduissimus* ; *strenuior*, *strenuissimus*.

V. Les adjectifs suivans forment leurs comparatifs et super-latifs très-irrégulièrement. *Bonus*, bon, *melior*, *optimus* ; *malus*, méchant , *pejor*, *pessimus* ; *magnus*, grand, *major*, *maximus* ; *parvus*, petit, *minor*, *minimus* ; *multi*, nombreux, en grande quantité, *plures*, *plurimi*. *Nequam*, méchant, fait *nequior*, *nequissimus*.

CHAPITRE IV. Déclinaison des pronoms.

§ 1. *Pronoms personnels.*

Première personne.

Singulier.

N.	Ego	*Je* ou *moi.*
G.	Mei	*de moi.*
D.	Mihi	*à moi.*
G.	Me	*moi.*
	Point de vocatif.	
Ab.	Me	*de moi.*

Seconde personne.

Singulier.

N.	Tu	*tu* ou *toi.*
G.	Tui	*de toi.*
D.	Tibi	*à toi.*
Ac.	Te	*toi.*
V.	Tu	*ô toi.*
Ab.	Te	*de toi.*

Pluriel.

N.	Nos	*nous.*
G.	Nostrûm *ou* nostri	*de nous.*
D.	Nobis	*à nous.*
Ac.	Nos	*nous.*
	Point de vocatif.	
Ab.	Nobis	*de nous.*

Pluriel.

N.	Vos	*vous.*
G.	Vestrûm *ou* vestri	*de vous.*
D.	Vobis	*à vous.*
Ac.	Vos	*vous.*
V.	Vos	*ô vous.*
Ab.	Vobis	*de vous.*

(1) Ces comparatifs et superlatifs dérivent du participe présent , *ma-ledicens* , *benevolens*, *malevolens*. *Benefaciens* a été changé en *beneficens*, altération qu'on retrouve encore dans *beneficentia*, *magnificentia*, etc. On voit, d'après cette observation, que ces adjectifs, qui semblent si irréguliers, rentrent dans la règle générale.

Troisième personne.

Le pronom de troisième personne *sui* est de tout genre et de tout nombre. Il n'a point de nominatif.

G. Suî, *de soi, de lui-même, d'elle-même, d'eux-mêmes, d'elles-mêmes.*

D. Sibi, *à soi, à lui-même, à elle-même, à eux-mêmes, à elles-mêmes.*

Ac. Se, *soi, lui-même, elle-même, eux-mêmes, elles-mêmes.*

Ab. Se, *de soi, de lui-même, d'elle-même, d'eux-mêmes, d'elles-mêmes* (1).

§ 11. *Pronoms possessifs.*

	Singulier.			Pluriel.		
	masc.	fém.	neutre.	masc.	fém.	neutre.
N.	Meus,	mea,	meum,	Mei,	meæ,	mea.
	mon, ma, mon, le mien, la mienne, le mien.			*mes, les miens, les miennes, les miens.*		
G.	Mei,	meæ,	mei.	Meorum,	mearum,	meorum.
D.	Meo,	meæ,	meo.	Meis, *de tout genre.*		
Ac.	Meum,	meam,	meum.	Meos,	meas,	mea.
V.	Mî,	mea,	meum.	Mei,	meæ,	mea.
Ab.	Meo,	meâ,	meo.	Meis, *de tout genre.*		

Ainsi se déclinent :

Tuus, a, um, *ton, ta, le tien, la tienne.*

Suus, a, um, *son, sa, le sien, la sienne.*

Cujus, a, um, *à qui.*

Ces trois pronoms n'ont point de vocatif.

Cujus ne s'emploie guère qu'au nominatif et à l'accusatif.

	Singulier.			Pluriel.		
	masc.	fém.	neutre.	masc.	fém.	neutre.
N.	Noster,	nostra,	nostrum.	Nostri,	nostræ,	nostra.
	notre, la nôtre, le nôtre.			*nos, les nôtres.*		
G.	Nostri,	nostræ,	nostri.	Nostrorum,	nostrarum,	nostrorum.
D.	Nostro,	nostræ,	nostro.	Nostris *de tout genre.*		
Ac.	Nostrum,	nostram,	nostrum.	Nostros,	nostras,	nostra.
V.	Noster,	nostra,	nostrum.	Nostri,	nostræ,	nostra.
Ab.	Nostro,	nostrâ,	nostro.	Nostris *de tout genre.*		

Ainsi se décline,

Véster, a, um, *votre, le vôtre, la vôtre, le vôtre.* Il n'a pas de vocatif.

---

(1) On ajoute quelquefois aux pronoms personnels la syllabe *met, egomet, tibimet, semet, nosmet, vosmet;* on ajoute *te* à *tu, tute.* On ajoute quelquefois *pte* à l'ablatif singulier des pronoms possessifs, comme *meopte, tuopte, suopte, meâpte, nostrâpte.* Le pronom *sui* se redouble à l'accusatif et à l'ablatif, *sese.*

§ III. *Pronoms démonstratifs.*

Hic, Hæc, Hoc.

	Singulier.			Pluriel.		
	masc.	fém.	neutre.	masc.	fém.	neutre.
N.	Hic,	hæc,	hoc.	Hi,	hæ,	hæc.
	celui-ci, ce, cette, celle-ci, cela.			*ceux-ci, ces, celles, celles-ci, ces choses.*		
G.	Hujus			Horum,	harum,	horum.
D.	Huic	} *de tout genre.*		His *de tout genre.*		
Ac.	Hunc,	hanc,	hoc.	Hos,	has,	hæc.
	Il n'a pas de vocatif.			*Il n'a pas de vocatif.*		
Ab.	Hoc,	hâc,	hoc.	His *de tout genre* (1).		

Ille, Illa, Illud.

	Singulier.			Pluriel.		
	masc.	fém.	neu.	masc.	fém.	neutre.
N.	Ille,	illa,	illud.	Illi,	illæ,	illa.
	celui-là, celle-là, cela.			*ceux-là, celles-là, ces choses-là.*		
G.	Illius			Illorum,	illarum,	illorum.
D.	Illi	} *de tout genre.*		Illis *de tout genre.*		
Ac.	Illum,	illam,	illud.	Illos,	illas,	illa.
Ab.	Illo,	illâ,	illo.	Illis *de tout genre.*		

Ipse, Ipsa, Ipsum.

	Singulier.			Pluriel.		
	masc.	fém.	neutre.	masc.	fém.	neutre.
N.	Ipse,	ipsa,	ipsum.	Ipsi,	ipsæ,	ipsa.
	moi-même, toi-même, lui-même, elle-même, même.			*eux-mêmes, elles-mêmes, eux-mêmes.*		
G.	Ipsius			Ipsorum,	ipsarum,	ipsorum.
D.	Ipsi	} *de tout genre.*		Ipsis *de tout genre.*		
Ac.	Ipsum,	ipsam,	ipsum.	Ipsos,	ipsas,	ipsa.
Ab.	Ipso,	ipsâ,	ipso.	Ipsis *de tout genre.*		

Is, Ea, Id.

	Singulier.			Pluriel.		
	masc.	fém.	neut.	masc.	fém.	neutre.
N.	Is,	ea,	id.	Ii *ou* ei,	eæ,	ea.
	Il, lui, elle, cela.			*Ils, eux, elles, ces choses.*		
G.	Ejus			Eorum,	earum,	eorum.
D.	Ei	} *de tout genre.*		Iis *ou* eis *de tout genre.*		
Ac.	Eum,	eam,	id.	Eos,	eas,	ea.
Ab.	Eo,	eâ,	eo.	Iis *ou* eis *de tout genre.*		

(1) On ajoute quelquefois aux pronoms *hic, hæc, hoc,* la syllabe *ce,* et dans l'interrogation et au singulier seulement *cine: hicce, hæcce, hocce, hujusce,* etc.; *hiccine, hæccine, hoccine, hujuscine,* etc.

Idem, Eadem, Idem.

	Singulier.			Pluriel.	
	masc.	fém.	neutre.	masc.	fém.	neutre.

N. Idem, eadem, idem.   Iidem, eædem, eadem.
le même, la même, le même.   *les mêmes.*

G. Ejusdem ⎫ *de tout genre.*   Eorumdem, earumdem, eorumdem.
D. Eidem ⎭   Eisdem *ou* iisdem *de tout genre.*

Ac. Eumdum, eamdem, idem.   Eosdem, easdem, eadem.

Ab. Eodem, eâdem, eodem.   Eisdem *ou* iisdem *de tout genre.*

§ IV. *Pronom relatif.*

Qui, Quæ, Quod.

	Singulier.			Pluriel.	

N. Qui, quæ, quod,   Qui, quæ, quæ.
qui, laquelle, lequel.   *Qui, lesquelles, lesquels.*

G. Cujus ⎫ *de tout genre.*   Quorum, quarum, quorum.
D. Cui ⎭   Quibus *et* queis *de tout genre.*

Ac. Quem, quam, quod.   Quos, quas, quæ.

Ab. Quo, quâ, quo.   Quibus *et* queis *de tout genre.*

§ V. *Pronom interrogatif.*

Quis, Quæ, Quid *ou* Quod.

	Singulier.			Pluriel.	

N. Quis, quæ, quid, *(employé substant.)* Qui, quæ, quæ.
quod *(employé adject.)*   *qui, quelles, quels?*
qui, quel, quelle, quoi?

G. Cujus ⎫ *de tout genre.*   Quorum, quarum, quorum.
D. Cui ⎭   Quibus *de tout genre.*

Ac. Quem, quam, quid *et* quod.   Quos, quas, quæ.

Ab. Quo, quâ, quo.   Quibus *de tout genre.*

§ VI. *Composés de* Qui *et de* Quis.

Dans les composés de *qui* et de *quis*, on ne décline que le pronom ; la syllabe ou les syllabes qui le précèdent ou le suivent restent invariables. Tous ces pronoms, excepté *quicunque*, ont le double neutre *quid* et *quod*.

N. Quicunque, quæcunque, quodcunque, *quiconque.* G. Cujuscunque. D. Cuicunque, etc.

N. Quidam, quædam, quoddam *et* quiddam, *un certain.* G. Cujusdam. D. Cuidam, etc.

N. Quilibet, quælibet, quodlibet *et* quidlibet, *qui que ce soit.* G. Cujuslibet. D. Cuilibet, etc.

N. Quivis, quævis, quodvis *et* quidvis, *quiconque, qui que ce soit, quoique ce soit.* G. Cujusvis D. Cuivis, etc.

N. Quisnam, quænam, quodnam *et* quidnam, *quel, quelle, quelle chose.* G. Cujusnam. D. Cuinam, etc.

N. Quispiam, quæpiam, quodpiam *et* quidpiam, *quelqu'un, quelqu'une, quelque chose.* G. Cujuspiam. D. Cuipiam, etc.

N. Quisquam, quæquam, quodquam *et* quidquam, *quelqu'un, quelqu'une, quelque chose.* G. Cujusquam. D. Cuiquam, etc.

N. Quisque, quæque, quodque *et* quidque, *chacun, chacune, chaque chose.* Cujusque. D. Cuique, etc.

Quis se double. *Sing. N.* Quisquis, quidquid, *quiconque, qui que ce soit, tout ce qui.* D. Cuicui. *Ab.* Quoquo. *Plur. Ac.* Quosquos. *Ab.* Quibusquibus. (Ce pronom n'a point d'autres cas.)

Les deux pronoms suivans ont le nominatif féminin du singulier et les cas du pluriel en *a.*

N. Aliquis, aliqua, aliquod *ou* aliquid, *quelque, quelqu'une, quelque chose.* G. Alicujus. D. Alicui, etc.

N. Ecquis, ecqua, ecquod *et* ecquid, *quel, quelle, quoi.* G. Eccujus. *D.* Eccui, etc.

Unus se joint à *quisque*, les deux noms se déclinent.

N.   Unusquisque, unaquæque, unumquodque.
       Chacun,   chacune,   chaque chose.
G.   Uniuscujusque.
D.   Unicuique.
Ac. Unumquemque, unamquamque, unumquodque.
Ab. Unoquoque,   unaquaque,   unoquoque.

SUPPLÉMENT AU PREMIER LIVRE.

GENRES.

Le genre des substantifs est décidé par l'autorité de l'usage ; il serait impossible d'établir des règles uniformes et constantes pour le déterminer dans tous les cas(1). Cependant on peut obser-

(1) La terminaison des noms en fait connaître le genre dans quatre déclinaisons.

Tous les noms de la première déclinaison terminés en *a* sont féminins. Il n'y a d'exceptés que les noms qui désignent des êtres mâles, comme : *auriga,* cocher ; *scriba,* secrétaire.

Tous les noms de la deuxième déclinaison terminés en *us* et en *er* sont masculins. On excepte les noms d'arbres en *us* et quelques autres mots, voyez page 8. Trois mots en *us* sont neutres, voyez même page. Tous les mots en *um* sont neutres.

Les noms de la quatrième déclinaison sont masculins. Voyez les exceptions page 20. Ajoutez-y *idus,* les ides; *porticus,* le portique; et les noms de femmes, *nurus,* bru; *socrus,* belle-mère.

Tous les noms de la cinquième déclinaison sont féminins. *Dies* est masculin et féminin au singulier, et plus ordinairement masculin au pluriel.

L'usage, mieux que des règles soumises à beaucoup d'exceptions, appren-

ver en général que les noms qui conviennent aux êtres mâles seuls sont du masculin. Exemples : *Cato*, Caton ; *pater*, père ; *leo*, lion ; et que ceux qui conviennent aux êtres femelles seuls sont du féminin. Exemples : *Lucretia*, Lucrèce ; *mater*, mère ; *leæna*, lionne.

Les noms de peuples et de vents sont du masculin, comme presque tous les noms de fleuves et de montagnes. Les noms de provinces, d'îles, de vaisseaux, sont du féminin, ainsi que la plupart des noms de villes et d'arbres. Les exceptions sont en très-petit nombre.

Sont neutres :

1°. Les indéclinables. Exemples : *nihil*, rien ; *fas*, ce qui est permis, le droit ; *gummi*, la gomme.

2°. Les infinitifs, lorsqu'ils sont employés substantivement. Exemples : *scire tuum*, ton savoir.

Il y a des noms qu'on appelle *communs*, *épicènes* et *douteux*.

Les noms *communs* ont une même terminaison invariable pour le mâle, comme pour la femelle. Exemples :

Adolescens, tis, *adolescent*, *jeune homme*, *jeune fille*.
Bos, bovis, *bœuf*, *vache*.
Canis, is, *chien*, *chienne*.
Civis, is, *citoyen*, *citoyenne*.
Comes, itis, *compagnon*, *compagne*.
Conjux, ugis, *l'époux*, *l'épouse*.
Custos, odis, *celui ou celle qui garde*.
Dux, ucis, *conducteur*, *conductrice*.
Familiaris, is, *ami ou amie intime*.
Hospes, itis, *celui ou celle qui loge*, *est logé ou logée*.
Infans, tis, *enfant*.
Index, icis, *délateur*, *délatrice*, *celui ou celle qui montre*.
Interpres, etis, *interprète*, *truchement*.
Judex, icis, *juge*.
Juvenis, is, *jeune homme*, *jeune fille*.
Municeps, icipis, *citoyen*, *citoyenne d'une ville municipale*.
Opifex, icis, *ouvrier*, *ouvrière*.
Parens, tis, *le père ou la mère*.
Patruelis, is, *enfant de l'oncle paternel*.
Princeps, ipis, *prince ou princesse*.
Sacerdos, otis, *prêtre*, *prêtresse*.
Sus, suis, *porc*, *truie*.
Testis, is, *témoin*.
Vates, is, *devin*, *devineresse*.
Vindex, icis, *vengeur*, *vengeresse*.

On appelle *épicènes* les mots qui sous un même genre comprennent les deux sexes. Tels sont :

Anas, atis, f. *canard*, *cane*.
Cornix, icis, f. *corneille*.
Corvus, i, m. *corbeau*.
Elephas, antis, m. *éléphant*.
Feles ou felis, is, f. *chat*, *chatte*.
Hirundo, inis, f. *hirondelle*.
Lepus, oris, m. *lièvre*.
Luscinia, æ, f. *rossignol*.

dra le genre des noms de la troisième déclinaison. On peut remarquer néanmoins, 1°. que les noms terminés en *or*, gén. *oris*, sont masculins ; excepté ceux qui désignent des êtres femelles, tels que *uxor*, *soror*, et de plus *arbor* qui sont du féminin ; *ador*, fleur de farine ; *marmor*, marbre ; *æquor*, plaine, qui sont du neutre ; 2°. que les mots en *e*, en *a*, en *men*, en *t*, en *ar*, comme : *mare*, *aroma*, *limen*, *caput*, *pulvinar* ; et les noms en *us*, gén. *eris*, *oris*, *uris*, comme : *vulnus*, *corpus*, *crus*, sont neutres. Excepté *mus* et *lepus*, qui sont masculins ; *tellus*, qui est féminin. Voyez page 17.

Milvus, i, m. *milan.*
Mustela, æ, f. *belette.*
Passer, eris, m. *moineau.*

Pavo, onis, m. *paon.*
Vulpes, pis, f. *renard.*

Tous ces noms, soit masculins, soit féminins, conservent toujours leur même terminaison et leur même genre, soit qu'ils désignent des êtres mâles ou des êtres femelles.

D'autres noms d'animaux ont pour chaque sexe une terminaison propre. Exemples :

Agnus, i, m. *agneau.*
Asinus, i, m. *âne.*
Caper, pri. m. *bouc.*
Cervus, i, m. *cerf.*
Columbus, i, m. *pigeon mâle.*

Agna, æ, f. *jeune brebis.*
Asina, æ, f. *ânesse.*
Capra, æ, f. *chèvre.*
Cerva, æ, f. *biche.*
Columba, æ, f. *se dit du mâle et de la femelle.*

Equus, i, m. *cheval.*
Lupus, i, m. *loup.*
Mulus, i, m. *mulet.*
Porcus, i, m. *porc.*
Vitulus, i, m. *veau.*

Equa, æ, f. *jument.*
Lupa, æ, f. *louve.*
Mula, æ, f. *mule.*
Porca, æ, f. *truie.*
Vitula, æ, f. *génisse.*

D'autres ont pour chaque genre un mot différent. Exemples :

Taurus, i. m. *taureau, bœuf.*
Aries, etis, m. *bélier.*

Vacca, æ, f. *vache.*
Ovis, is, f. *brebis.*

Les noms *douteux* sont ceux dont le genre n'a pas été déterminé.

L'usage ayant été douteux d'abord, on n'a rien établi de certain à leur égard. Tels sont :

Adeps, ipis, m. f. *graisse.*
Calx, lcis, m. f. *talon.*
Dies, ei, m. f. *jour.*
Finis, is, m. f. *fin.*
Scrobs, bis, m. f. *fosse pour planter les arbres.*
Specus, ûs, m. f. *antre, caverne.*

Stirps, stirpis, m. f. *tronc d'arbre.*
Torquis, is, m. f. *collier.*
Silex, icis, m. f. *caillou.*
Cortex, icis, m. f. *écorce.*
Pumex, icis, m. f. *pierre ponce.*
Phaselus, i, m. f. *chaloupe.*
Sal, alis, m. n. *sel.*

} Plus souvent masc.

La terminaison des adjectifs fait connaître le genre auquel les substantifs appartiennent.

Il y a des noms qui changent de genre au pluriel.
Voici un tableau de ces noms :

Avernus, i, m. *l'Averne.*
Carbasus, i, f. *une voile.*
Cœlum, i, n. *le ciel.*
Delicium, ii. n. *le délice.*
Epulum, i, n. *un banquet.*
Frenum, i, n. *frein, mors.*

Averna, orum, n. *les enfers.*
Carbasa, orum, n. *les voiles.*
Cœli, orum, m. *les cieux.*
Deliciæ, arum, f. *les délices.*
Epulæ, arum, f. *les banquets.*
Freni, m. *et* frena, n. orum, *les freins.*

Jocus, i, m. *la raillerie.*
Locus. i, m. *le lieu.*
Rastrum, i, n, *le râteau, la hoyau.*

Joci, m. *et* joca, n, orum, *les jeux.*
Loci, m. *et* loca, n. orum, *les lieux.*
Rastri, m. *et* rastra, n. orum, *les râteaux.*

Sibilus, i, m. *le sifflment.*	Sibila, orum, n. *les sifflemens.*
Supellex, ectilis, f. *le meuble.*	Supelle tilia, ium, n. *les meubles.*
Tartarus, i, m. *le Tartare.*	Tartara, orum, n. *les enfers.*

Formation du féminin dans les substantifs.

Il y a beaucoup de substantifs masculins de la deuxième et de la troisième déclinaison dont on forme le féminin en changeant la finale.

Les noms de la deuxième déclinaison changent au féminin *us* en *a.*

Deus, *Dieu.*	Dea, *déesse.*
Famulus, *serviteur.*	Famula, *servante.*
Herus, *maître de la maison.*	Hera, *maîtresse de la maison.*
Mimus, *comédien.*	Mima, *comédienne.*
Mœchus, *adultère.*	Mœcha, *courtisane.*
Nuntius, *messager.*	Nuntia, *messagère.*
Parasitus, *parasite.*	Parasita, *écornifleuse.*
Privignus, *beau-fils.*	Privigna, *belle-fille.*
Pupus, *poupon.*	Pupa, *petite fille.*
Pusus, *petit garçon.*	Pusa, *petite fille.*

Les noms de la deuxième en *er*, changent l'*i* du génitif en *a.*

Adulter, eri, m. *homme adultère.*	Adultera, æ, f. *femme adultère.*
Arbiter, tri, m. *arbitre, juge, témoin.*	Arbitra, æ, f. *celle qui est prise pour arbitre.*
Magister, tri, m. *maître qui règle, enseigne.*	Magistra, æ, f. *maîtresse.*
Minister, tri, m. *ministre, serviteur.*	Ministra, æ, f. *servante.*

Les noms de la troisième, terminés en *tor*, changent cette terminaison en *trix.*

Adjutor, oris, m. *celui qui aide.*	Adjutrix, icis, f. *celle qui aide.*
Genitor, oris, m. *père.*	Genitrix, icis, f. *mère.*

NOMBRES.

Tous les noms ne s'emploient pas au singulier et au pluriel. Il en est qu'on appelle *défectueux*, parce qu'ils sont privés de l'un ou de l'autre nombre.

Les uns ne sont usités qu'au singulier, savoir :

1°. Les noms propres. Exemples : *Xerxes, Italia, Roma.*

2°. Les noms d'âge, de vertus, de vices, de métaux et plusieurs autres que l'usage apprendra. Exemples :

Pueritia, æ, f. *l'enfance.*	Argentum, i, n. *argent.*
Adolescentia, æ, f. *l'adolescence.*	Ferrum, i, n. *fer.*
Juventus, utis, f. *la jeunesse.*	Sulphur, uris, n. *soufre.*
Senectus, utis, f. *la vieillesse.*	Humus, i, f. *terre.*
Sapientia, æ, f. *sagesse.*	Fames, is f. *faim.*
Justitia, æ, f. *justice.*	Sitis, is, f. *soif.*
Pietas, atis, f. *piété.*	Sanguis, inis, m. *sang.*
Ignavia, æ, f. *paresse.*	Nemo, inis, *nul, personne.*
Aurum, i, n. *or.*	Butyrum, i, n. *beurre.*

Les autres ne sont usités qu'au pluriel. Exemples :

Augustiæ, arum, f. *passage étroit, défilé, temps difficiles.*

Bigæ, trigæ, quadrigæ, arum, f. *char attelé de deux, de trois, de quatre chevaux du front.*

Brevia, ium, n. *bancs de sable, bas-fonds, gué.*

Clitellæ, arum, f. *bât d'un âne.*

Divitiæ, arum, f. *richesses.*

Induciæ, arum, f. *trêve.*

Insidiæ, arum, f. *embûches.*

Liberi, orum. m. *les enfants.*

Proceres, um, m. *les grands d'un état.*

Majores, um, m. *les ancêtres.*

Natales, ium, m. *extraction, naissance.*

Nuptiæ, arum, f. *nôces, mariage.*

Præcordia, ium, n. *diaphragme* (1), et beaucoup d'autres que l'usage apprendra.

Quelques substantifs ont au pluriel une autre signification qu'au singulier. Tels sont :

Ædes, is, f. *temple.* — Ædes, ium, *maison.*

Auxilium, ii, n. *secours.* — Auxilia, orum, *troupes auxiliaires.*

Bonum, i, *le bien, avantage.* — Bona, orum, *biens, richesses.*

Carcer, eris, m. *prison.* — Carceres, um, *barrières d'où partaient ceux qui faisaient des courses.*

Comitium, ii, n. *lieu où s'assemblaient les comices.* — Comitia, orum, *les comices, assemblées du peuple.*

Castrum, i, n. *fort, citadelle.* — Castra, orum, *camp.*

Copia, æ, f. *abondance, permission.* — Copiæ, arum, *biens, richesses, troupes.*

Fascis, is, m. *faisceau, botte, fagot.* — Fasces, ium, *faisceaux de verges qu'on portait devant les magistrats romains pour signe de leur dignité; la dignité même.*

Faux, cis, f. *gorge, gosier.* — Fauces, ium, *gorge, gosier; pas, défilé.*

Finis, is, m. f. *fin, terme.* — Fines, ium, *confins, bornes.*

Fortuna, æ, f. *fortune, hasard.* — Fortunæ, arum, *biens, richesses.*

Furfur, uris, m. *son, ce qui reste de la farine.* — Furfures, um, *crasse qui tombe de la tête.*

Gratia, æ, f. *grâce, faveur, crédit.* — Gratiæ, arum, *actions de grâces.*

Habena, æ, f. *courroie, lanière.* — Habenæ, arum, *rênes, guides, gouvernement.*

Hortus, i, m. *jardin.* — Horti, orum, *maison de plaisance.*

Littera, æ, f. *lettre, caractère de l'alphabet.* — Litteræ, arum, *lettre, missive, belles-lettres, littérature.*

Opera, æ, f. *peine, travail, soin.* — Operæ, arum, *manœuvres, gens de journée.*

Ops (*inus. au nominatif.*), opis, f. *pouvoir, secours.* — Opes, um, *grands biens, richesses.*

Pars, tis, f. *partie, portion.* — Partes, ium, *charge, rôle, parti.*

Plaga, æ, f. *plage, climat, tapis.* — Plagæ, arum, *filets, rets.*

Sal, lis, m. et n. *sel, grâce, agrément.* — Sales, ium, *railleries, mots piquants.*

Tempus, oris, n. *temps, saison, circonstance.* — Tempora, um, *les temps; les tempes de la tête.*

Vis, is, im, i, f. *force, violence.* — Vires, ium, *forces, puissances, troupes.*

____

(1) Quelques noms de villes sont pluriels : *Locri*, orum, Locres; *Athenæ*, arum, Athènes.

DÉCLINAISONS.

§ 1er. *Observations sur les déclinaisons.*

PREMIÈRE DÉCLINAISON.

Outre les noms en *a*, la première déclinaison comprend quelques noms en *e*, *as* et *es*, dérivés du grec. Ces noms offrent au singulier quelques terminaisons particulières.

Singulier.

N. f. Epitome *l'abrégé.*	*m.* Æneas *Enée*	*m.* Cometes *la comète.*
G. Epitomes,	Æneæ,	Cometæ,
D. Epitome,	Æneæ,	Cometæ,
Ac. Epitomen,	Æneam *ou* an,	Cometen,
V. Epitome,	Ænea,	Comete,
Ab. Epitome.	Æneâ.	Comete.

Ainsi se déclinent :

Crambe, es, f.	*le chou.*	Boreas, æ, m.	*Borée.*
Grammatice, f.	*la grammaire.*	Tiaras, m.	*la tiare.*
Ode, f.	*l'ode.*	Pyrites, æ, m.	*la pierre à fusil.*
Rhetorice, f.	*la rhétorique.*	Dynastes, m.	*le grand seigneur.*

Ces noms prennent au pluriel les terminaisons régulières de la première déclinaison.

Anchisiades, fils d'Anchise; *Priamides*, fils de Priam, et autres noms semblables ont quelquefois l'accusatif en *em*. *Anchisiadem, Priamidem.*

Dans les poëtes, on trouve quelquefois le génitif en *ai*, par exemple : *aulai, terrai, aquai* pour *aulæ, terræ, aquæ.* Le génitif *familias* au lieu de *familiæ* s'emploie avec les noms *pater, mater, filius* et *filia*, comme *pater-familiâs*, un père de famille ; *mater-familiâs*, une mère de famille ; *filius-familiâs*, le fils de la maison.

Le génitif pluriel se contracte par syncope dans quelques mots poétiques. Exemples : *Dardanidûm*, au lieu de *Dardanidarum* ; *Grajugenûm* au lieu de *Grajugenarum* ; *Cœlicolûm* au lieu de *Cœlicolarum.*

Les noms suivans : *Dea*, déesse ; *domina*, maîtresse ; *filia*, fille ; *anima*, âme ; *equa*, cavale ; *asina*, ânesse ; *famula*, servante ; *liberta*, affranchie ; *mula*, mule ; *socia*, compagne ; *serva*, esclave, ont le plus souvent le datif et l'ablatif du pluriel en *abus*. Par cette terminaison, on distingue ces noms des masculins *deus, dominus, filius*, etc., qui font au datif et à l'ablatif du pluriel *diis, dominis, filiis*, etc.

DEUXIÈME DÉCLINAISON.

La seconde déclinaison comprend beaucoup de mots en *os : on, eus* (monosyllabe), qui sont tous dérivés du grec, comme,

Delos, Délos, île; *Rhodos*, Rhodes, île; *lexicon*, le dictionnaire ; *Orpheus*, Orphée; *Theseus*, Thésée.

Ces noms conservent quelques-unes de leurs terminaisons
grecques.

Singulier.

N.	*f.* Delos ;	*n.* Lexicon,	*m.* Orpheus,
G.	Deli,	Lexici,	Orphei *et* Orpheos.
D.	Delo,	Lexico,	Orpheo *et* Orphei.
Ac.	Delum *et* Delon,	Lexicon,	Orpheum, Orpheon *et* Orphea.
V.	Delos,	Lexicon,	Orpheu.
Ab.	Delo.	Lexico.	Orpheo.

Filius, le fils; *Genius*, le génie, et tous les noms propres
terminés en *ius*, comme, *Virgilius*, Virgile; *Pompeius*, Pompée, ont le vocatif en *i*: *fili*, *geni*, *Virgili*, *Pompei*.

Agnus, l'agneau; *chorus*, le chœur, ont le vocatif singulier
semblable au nominatif.

Le génitif pluriel se contracte souvent par syncope. On dit
Deûm, *sesterlûm*, *virûm*, *denûm* au lieu de *Deorum*, *sestertiorum*, *virorum*, *denorum*.

Deus, Dieu, se décline de la manière suivante :

	Singulier.	Pluriel.	
N.	Deus,	Dii, (par contract.)	Dî.
G.	Dei,	Deorum,	Deûm.
D.	Deo,	Diis,	Dîs.
Ac.	Deum,	Deos,	
V.	Deus,	Dii,	Dî.
Ab.	Deo.	Diis,	Dîs.

TROISIÈME DÉCLINAISON.

Noms tirés du grec.

Singulier.

N.	*f.* Phras is, *la phrase.*	*m.*	Heros, *le héros.*
G.	Phras is *ou* eos,		Hero is,
D.	Phras i,		Hero i,
Ac.	Phras im *ou* in,		Hero em *ou* a,
V.	Phras is,		Heros,
Ab.	Phras i.		Hero e.

Pluriel.

N.	Phras ĕs,		Hero ĕs,
G.	Phras eôn,		Hero um,
D.	Phras ibus,		Hero ibus,
Ac.	Phras ĕs,		Hero ĕs *ou* ăs,
V.	Phras ĕs,		Hero ĕs,
Ab.	Phras ibus.		Hero ibus.

Déclinez sur *Phrasis* les parisyllabiques grecs en *is* : *Poesis*,
f. la poésie ; *hæresis*, f. l'hérésie ; *Genesis*, f. la Génèse.

Déclinez sur *Heros* les mots en *as*, comme *lampas*, *adis*, f. lampe ; *Arcas*, *adis*, m. l'Arcadien ; en *er*, comme *aer*, *aeris*, m. l'air ; *crater*, *eris*, m. la coupe ; en *or*, comme *Hector*, *oris*, nom d'homme ; *rhetor*, *oris*, m. le rhéteur ; en *yx*, comme *Phryx*, *phrygis*, m. le phrygien ; en *o*, comme *Macedo*, *onis*, m. le macédonien ; en *on*, comme *Lacedæmon*, *onis*, f. Lacédémone ; *Amazon*, *onis*, f. l'amazone.

Les mots terminés en *as*, *adis* ; en *is*, *idis* ; en *ys*, *ydis*, ont avec la terminaison latine *is* la terminaison grecque *os* : *Pallas*, *adis* et *ados*, Pallas, déesse ; *Paris*, *idis* et *idos*, nom d'homme ; *Æneis*, *idis* et *idos*, f. l'Énéide ; *chlamys*, *ydis* et *ydos*, f. la casaque.

Parmi les imparisyllabiques en *is*, les uns, et particulièrement les féminins, font à l'accusatif *idem* ou *ida* : *tyrannis*, *idem* ou *ida*, f. la tyrannie ; *Amaryllis*, *idem* ou *ida*, nom de femme : d'autres et surtout les masculins font à l'accusatif *im* ou *in* : *Daphnim* ou *Daphnin*. Quelques-uns ont, outre l'accusatif en *im* et en *in*, l'accusatif en *idem* : *Parim*, *Parin*, *Paridem*, *Tigrim*, *Tigrin*, *Tigridem*, le Tigre, fleuve. *Isis*, *idis*, épouse d'Osiris, et *iris*, *idis*, f. l'arc-en-ciel font *Isim*, *irim*.

Les noms en *is*, *idis* perdent au vocatif le *s* du nominatif : *Pari*, *Daphni*, *Amarylli*, *Isi*, *iri*. *Pallas*, gén. *Pallantis*, nom d'homme, fait au vocatif *Palla* ; *Pallas*, gén. *Palladis*, déesse, fait au vocatif *Pallas*. Les noms propres en *es* font *es* ou *e*, *Socrates* et *Socrate*.

Pan, Pan, se décline ainsi : *N. Pan. G. Panos. D. Pani. Ac. Pana. V. Pan. Ab. Pane.*

Les formes grecques *os* et *a* ne sont guère usitées qu'en poésie ; la terminaison *as* est plus généralement employée.

Accusatif en im.

Se terminent à l'accusatif en *im*, les mots suivans :

Amussis, is, f *cordeau*, *ligne*.	Ravis, is, f. *enrouement*.
Buris, is, f. *le manche d'une charrue*.	Securis, is, f. *hache*.
	Sitis, is, f. *soif*.
Cannabis, is, f. *chanvre*.	Tussis, is, f. *toux*.
Pelvis, is, f. *bassin*.	Vis, is, f. *force*.

Et en général les noms propres et les noms grecs en *is*, qui ont le génitif semblable au nominatif, tels que *Albis*, l'Elbe ; *Tiberis*, le Tibre ; *Charybdis*, Charybde (gouffre) ; *Neapolis*, Naples.

Les noms suivans font plus souvent *im* que *em* :

Puppis, is. f. *poupe*.	Turris, is, f. *tour*.
Restis, is, f. *corde*, *cordage*.	

Les noms suivans font plus souvent *em* que *im* :

Aqualis, is, f. *pot à l'eau*.	Navis, is, f. *navire*.
Clavis, is, f. *clef*.	Sementis, is, f. *semailles*.
Febris, is, f *fièvre*.	Strigilis, is, f. *frottoir*.

Ablatif en i.

Ont l'ablatif singulier en *i* :

1°. Les neutres en *e*, *al*, *ar*, comme *mare*, *mari*; *rete*, *reti*; *vectigal*, *vectigali* (impôt, revenu); *calcar*, *calcari*, (éperon.)

Cependant les cinq mots suivans conservent l'*e* :

Bacchar, aris. n. *campanule ou gantelée (sorte de plante).*
Far, arris, n. *fleur de farine.*
Hepar, atis, n. *foie.*
Jubar, aris, n. *clarté, lumière.*
Nectar, aris, n. *nectar.*

2°. Les mots en *is* qui font à l'accusatif *im* ou *in*, comme *vis*, *vim*, *vi*, la force ; *Genesis*, *Genesin*, *Genesi*, la Genèse.

3°. Les adjectifs et noms de mois en *is* et en *er* comme *dulcis*, *dulci*, doux ; *celeber*, *celebri*, célèbre; *aprilis*, *aprili*, avril; *october*, *octobri*, octobre.

D'autres mots ont l'ablatif en *e* ou en *i*. Ce sont :

1°. Les adjectifs d'une seule terminaison, comme *felix*, *felice* et *felici*, heureux ; *diligens*, *diligente* et *diligenti*, diligent. Cependant les adjectifs suivans n'ont que l'ablatif en *e* :

Pauper, eris, *pauvre.*
Pubes, eris, *en âge de puberté.*
Sospes, itis, *sain et sauf.*
Compos, otis, *qui est maître de.*
Impos, otis, *qui ne possède pas.*
Bipes, edis, *bipède.*
Quadrupes, edis, *quadrupède.*

2°. Les mots qui ont l'accusatif en *em* ou en *im*, comme *navis*, *nave* et *navi*.

3°. Les comparatifs comme : *major*, *majore* et *majori*.

4°. *Rus* fait aussi *rure* et *ruri* ; il en est de même de *ignis* et de quelques autres mots dans lesquels l'ablatif en *e* est toutefois plus usité.

Nominatif pluriel en ia.

Au pluriel neutre se terminent en *ia* :

1°. Les neutres en *e*, *al* et *ar*, comme *mare*, *maria*, mer ; *tribunal*, *tribunalia*, tribunal; *calcar*, *calcaria*, éperon.

2°. Tous les adjectifs de la troisième déclinaison, exemples : *recens*, *recentia*, nouveau ; *levis*, *levia*, léger; *celeber*, *celebria*, célèbre, etc. Sont exceptés de cette règle: *vetus*, ancien, qui fait *vetera*, et tous les comparatifs: *Major*, *majora* ; *sanctior*, *sanctiora*

Génitif pluriel en ium.

Au génitif pluriel se terminent en *ium* :

1°. Les neutres en *e*, *al* et *ar* et tous les adjectifs, exemples : *Cubile*, *cubilium*, lit ; *animal*, *animalium*, animal ; *calcar*, *calcarium*, éperon ; *utilis*, *utilium*, utile ; *audax*, *audacium*, audacieux. Sont exceptés de cette règle et ont par conséquent le génitif en *um* tous les comparatifs et les adjectifs suivans :

Celer, eris, *prompt.*
Degener, eris, *dégénéré.*
Pauper, eris, *pauvre.*
Uber, eris, *abondant.*
Supplex, icis, *suppliant.*
Vetus, eris, *vieux.*
Inops, opis, *pauvre.*
Juvenis, is, *jeune.*

Memor, oris, *qui se souvient.*

Immemor, oris, *qui ne se souvient pas.*

Vigil, ilis, *qui veille.*

Dives, itis, *riche.*

Pubes, eris, *en âge de puberté.*

Compos, otis, *qui est maître de.*

Impos, otis, *qui n'est pas maître de.*

Anceps, ipitis, *double.*

Præceps, ipitis, *qui se précipite.*

Particeps, ipis, *participant.*

Princeps, ipis, *le premier.*

Et les composés de *pes* et de *color*, comme *quadrupes, edis,* quadrupède ; *versicolor, oris,* qui change de couleur.

2º. Les mots parisyllabiques, tels que *nubes, nubis, nubium,* nuage ; *avis, avium,* oiseau ; *imber, imbris, imbrium,* grande pluie.

Néanmoins les mots suivans ont le génitif en *um* :

Vates, is, c. *devin.*

Canis, is, c. *chien.*

Panis, is, m. *pain.*

Pater, tris, m. *père.*

Mater, tris, f. *mère.*

Frater, tris, m. *frère, allié.*

Accipiter, tris, m. *épervier.*

Senex, is, m. *vieux.*

Les deux noms suivans font *ium* et *um* et plus souvent *um* :

Apis, is, f. *abeille.*

Volucris, is, f. *oiseau.*

3º. Les monosyllabes, comme : *mus, murium ; ars, artium, mons, montium.*

Cependant les mots suivans ont le génitif en *um* :

Crus, uris, n. *jambe.*

Dux, ucis, m. *chef.*

Flos, oris, m. *fleur.*

Fraus, audis, f. *fraude.*

Fur, uris, m. *voleur.*

Grex, egis, m. *troupeau.*

Grus, uis, f. *grue.*

Laus, dis, f. *louange.*

Lex, egis, f. *loi.*

Lynx, cis, m. *lynx.*

Mos, oris, m. *coutume.*

Pes, edis, m. *pied.*

Præs, dis, c. *caution.*

Phryx, gis, m. *phrygien.*

Ren, enis, m. *reins.*

Rex, egis, m. *roi.*

Splen, enis, m. *rate.*

Sus, uis, c. *porc.*

Thrax, cis, m. *Thrace.*

Vox, ocis, f. *voix.*

Datif et ablatif pluriels en ibus *ou en* is.

Les noms en *ma*, qui tous dérivent du grec, prennent au datif et à l'ablatif pluriels la double terminaison *ibus* et *is*, comme *poema*, poëme, *poematibus* et *poematis*. De même *dogma, atis,* dogme ; *emblema, atis,* emblême ; *epigramma, atis,* épigramme.

Nominatif et accusatif pluriels en eis *et en* is.

Les anciens terminaient souvent le nominatif et l'accusatif pluriels en *eis* (monosyllabe) ou *īs* long, comme : *omneis, monteis, naveis,* au lieu d'*omnes, montes, naves; Sardis* au lieu de *Sardes.*

Bos, ovis, c. bœuf, vache, se décline au pluriel de la manière suivante : N. Acc. V. *Boves.* G. *Boum.* D. Ab. *Bobus.*

QUATRIÈME DÉCLINAISON.

Les noms suivans font au datif et à l'ablatif pluriels *ubus ; arcus,* arc ; *partus,* enfantement ; *quercus,* chêne ; *lacus,* lac ; *artus,* les membres du corps ; *tribus,* tribu ; *specus,* caverne.

Datif et ablatif, *arcubus*, etc. *Portus*, port; *genu*, genou; *veru*, broche, font *ibus* et *ubus*, *portibus* et *portubus*, etc.

Le mot *domus*, maison, se décline tantôt d'après la seconde et la quatrième déclinaison tout à la fois, tantôt d'après l'une d'elles.

| | Singulier. | | | Pluriel. |
	2e. décl.	4e. décl.	2e. décl.	4e. décl.
N.	Domus.	Domus.		Domus.
G.	Domi.	Domûs.	Domorum.	Domuum.
	à la maison.	*De la maison.*		
D.	Domo.	Domui.		Domibus.
Ac.	Domum.	Domum.	Domos.	Domus.
V.		Domus.		Domus.
Ab.	Domo.			Domibus.

REMARQUE. La quatrième déclinaison est dérivée de la troisième. On n'a fait que retrancher l'*e* et l'*i*. Ainsi *fructus* est une contraction de *fructuis*, *fructum* de *fructuem*, *fructu* de *fructue*, *fructus*, au pluriel, de *fructues*. De là vient que la syllabe *us* au génitif singulier, au nominatif et à l'accusatif pluriels, est longue, parce qu'elle est contractée de deux syllabes.

§ II. *Des hétéroclites.*

Les *hétéroclites* sont des mots qui suivent deux déclinaisons. La terminaison du nominatif indique à quelle déclinaison chaque mot appartient. Exemples : *Aranea* et *araneus*, araignée; *vespera* et *vesper*, soir; *elephantus* et *elephas*, éléphant; *pavus* et *pavo*, paon; *venatio* et *venatus*, chasse; *ruma*, *æ* et *rumen*, *inis*, mamelle, pis des animaux; *materia* et *materies*, matière; *luxuria* et *luxuries*, luxe; *paupertas* et *pauperies*, pauvreté; *ceti*, *orum*, m, et *cete*, n, ind. les baleines (le sing. est *cetus*, *i*, m.) Il se trouve aussi de ces *hétéroclites* parmi les adjectifs. Exem. : *exanimus* et *exanimis*, mort; *imbecillus* et *imbecillis*, faible.

Quelques hétéroclites ont au nominatif la même terminaison : Exem. : *Hierosolyma*, *æ*, et *Hierosolyma*, *orum*, Jérusalem; *Mulciber*, *eri* ou *eris*, Vulcain; *OEdipus*, *i* ou *odis*, OEdipe; *ficus*, *i* et *ûs*, figuier.

Vas, *vasis*, vase, suit entièrement au pluriel la seconde déclinaison, *vasa*, *orum*, *is* : peut-être ce pluriel dérive-t-il d'un ancien nominatif *vasum*. *Jugerum*, arpent, a un double génitif, *jugeri* et *jugeris*; au pluriel il fait N. Acc. V. *jugera*. Gén. *jugerum*. D. Abl. *jugeribus* et *jugeris*.

Il y a des noms qui ont au nominatif deux terminaisons différentes, et qui cependant suivent la même déclinaison. Exem. : *grammatica* et *grammatice*, la grammaire; *musica* et *musice*, la musique; *mysta* et *mystes*, initié dans les mystères de quelque divinité; *Scytha* et *Scythes*, le Scythe; *cubitus* et *cubi-*

tum, coude, coudée; *honor* et *honos*, honneur; *feles* et *felis*, chat; *cupiditas* et *cupido*, désir ardent, passion; et une foule d'autres que l'usage fera connaître.

§ III. *Des défectueux.*

Outre les noms privés de l'un ou de l'autre nombre, il y a encore des noms qui ne sont pas usités à tous les cas.

1°. Quelques noms ne s'emploient qu'à un seul cas. Exem.: GÉN. *Dicis*, employé seulement dans cette expression, *dicis causd* ou *gratid*, par forme de justice, par manière d'acquit. Acc. *Bilicem*, d'un double tissu; *trilicem*, d'un triple tissu. AB. *Jussu*, par l'ordre; *injussu*, sans l'ordre; *natu*, d'âge; *promptu*, employé seulement dans ces expressions, *habere in promptu*, avoir sous la main; *esse in promptu*, être sous la main, venir à l'esprit, être évident. et autres locutions semblables; *accitu*, mandement, ordre de venir; *pondo*, du poids d'une livre; *ambage*, détour, (le pluriel *ambages* a tous ses cas, moins le génitif.) Acc. *plur. Inficias* employé seulement dans cette expression *inficias ire* (suppléez *ad*), aller à l'encontre, nier.

2°. D'autres mots n'ont que deux cas. NOM. et ACC. Par exem.: les indéclinables tels que *cete*, les baleines; *instar*, la ressemblance; *nihil*, rien; *opus*, besoin; *fas*, ce qui est permis; *nefas*, ce qui ne l'est pas; etc. NOM. et VOC. *Glos*; belle-sœur. NOM. et ABL. *Fors*, *forte*, hasard, destin; *vesper*, *vespere*, le soir. GÉN. et ABL. *Tabi*, *tabo*, pus; *spontis*, *sponte*, de son propre mouvement; *impetis*, *impete*, impétuosité. DAT. et ABL. *nuptui*, *u*, action de marier une fille; *irrisui*, *u*, dérision. Acc. et ABL. *Vicem*, *vice*, alternative, vicissitude, sort. (Le pluriel *vices* a tous ses cas, excepté le génitif). Tous les supins en *um* et en *u*. Pluriel, NOM. et ACC *Suppetiæ*, *as*, aide, secours. VOC. sing et plur. *Macte*, *macti*, allons, courage.

3°. D'autres en ont trois: NOM. ACC. sing ACC plur. *dica*, *am*, *as*, procès. NOM. ACC ABL. *vis*, *vim*, *vi*, force (le pluriel *vires* a tous ses cas). GÉN. DAT. ABL. *feminis*, *i*, *e*, cuisse. GÉN. ACC. ABL. *dapis*, *em*, *e*, mets; *sordis*, *em*, *e*, ordure. (Le pluriel *sordes* a tous ses cas).

4°. D'autres quatre, savoir, ceux dont le nominatif et le vocatif sont inusités. Exem.: *Ditionis*, *i*, *em*, *e*, domination; *frugis*, *i*, *em*, *e*, productions de la terre; *pecudis*, *i*, *em*, *e*, bête; *precis*, *i*, *em*, *e*, prière. NOM. et ABL. sing. NOM. et ACC. plur. *Astus*, *u*, ruse. NOM. GÉN. ACC. et ABL. *Virus*, *i*, *us*, *o*, poison. NOM. DAT. ACC. et ABL. plur. *Grates*, *gratibus*, actions de grâces.

5°. Plusieurs enfin en ont cinq: savoir ceux qui n'ont pas de génitif pluriel, tels que, *æs*, *æris*, airain; *fax*, *facis*, torche; *fel*, *fellis*, fiel; *lux*, *lucis*, lumière; *mel*, *mellis*, miel; *nex*, *cis*, mort violente; *os*, *oris*, bouche; *pax*, *acis*, paix; *pix*, *cis*, poix; *pus*, *uris*, pus; *rus*, *uris*, campagne; *sol*, *is*, soleil ; *thus*, *uris*, encens ; *ros*, *oris* ; rosée ; *plebs*, *bis*, populace ; *jus*, *uris*, droit, justice ; et ceux qui n'ont pas de vocatif sing. comme *nemo*, *inis*, personne ; *nullus*, *a*, *um*, aucun, etc.

§ IV. *Des noms composés.*

Quand un nom est composé de deux nominatifs, on les décline tous deux. *Respublica*, république, est composé de *res* chose, et de *publica*, publique. Ces deux noms se déclinent à la fois. *N. Respublica. G. Reipublicæ. Acc. Rempublicam. Abl. Republicá.* On déclinera de même les deux mots dans *jusjurandum*, serment, formé de *jus* et de *jurandum*, littéralement, le droit devant être juré.

D'autres noms sont composés d'un nominatif et d'un autre cas : le nominatif seul se décline.

Exem. : *Senatus-consultum*, le décret du sénat, est composé de *consultum*, nominatif de la seconde déclinaison, et de *senatûs* génitif de la quatrième. Le seul mot *consultum* se déclinera, et *senatûs* ne changera pas de terminaison. On dira donc *senatûs-consulti*, *senatûs-consulto*, etc. Il en sera de même de *pater-familiás*, le père de famille ; gén. *patris-familiás* ; dat. *patri-familiás*, etc.

OBSERVATIONS SUR LE COMPARATIF ET LE SUPERLATIF.

Quelques adjectifs ont un double superlatif, savoir : *Exterus*, éloigné, *exterior*, *extremus* et *extimus* ; *inferus*, qui est en bas, inférieur, *inferior*, *infimus* et *imus* ; *posterus*, le suivant, *posterior*, le second, *postremus* et *postumus*, le dernier ; *superus*, qui est en haut ; *superior*, *supremus* et *summus* ; *imbecillis*, faible, *imbecillior*, *imbecillissimus* et *imbecillimus* ; *maturus*, mûr, *maturior*, *maturissimus* et *maturrimus*.

Quelques adjectifs n'ont pas de positif, comme : *interior*, intérieur, *intimus* ; *citerior*, citérieur, *citimus* ; *ulterior*, ultérieur, *ultimus*, le dernier, le plus reculé ; *prior* et *primus*, le premier ; *propior*, plus proche, *proximus* ; *deterior*, pire, *deterrimus*, le plus mauvais ; *ocior*, plus léger à la course, *ocissimus*.

Quelques-uns n'ont pas de comparatif, comme : *inclytus*, célèbre, *inclytissimus* ; *invitus*, qui fait à regret, *invitissimus* ; *meritus*, qui est digne, *meritissimus* ; *novus*, nouveau, *novissimus*, le plus nouvellement venu, le dernier ; *sacer*, sacré, *sacerrimus* ; *falsus*, faux, *falsissimus*, etc.

Quelques-uns n'ont pas de superlatif, comme : *adolescens*, jeune homme ou jeune fille ; *adolescentior*, plus jeune ; *juvenis*, jeune, *junior* ; *senex*, vieux, *senior* ; *licens*, libre, *licentior* ; *longinquus*, éloigné, *longinquior* ; *proclivis*, enclin, *pro-*

elivior; *propinquus*, proche , *propinquior; ingens* , grand , *ingentior ; satur*, rassasié , *saturior* , etc.

N'ont enfin ni comparatif ni superlatif :

1°. Les adjectifs suivans : *almus* , qui nourrit , bienfaisant ; *balbus*, bègue ; *claudus* , boiteux ; *egenus*, pauvre ; *mediocris* , médiocre ; *mutus*, muet ; *memor*, qui se souvient ; *præditus* , doué , et d'autres encore que l'usage apprendra.

2°. Les composés de *fero* et de *gero*, comme : *frugifer*, fructueux ; *corniger*, qui a des cornes.

3°. Les composés de *per* et de *præ ;* ces prépositions donnant à l'adjectif la force du superlatif ; *perdoctus*, très-savant ; *prædives* , fort riche.

4°. Les adjectifs qui, par leur nature , ne sont pas susceptibles de plus ou de moins. Exem. : *crastinus* , du lendemain ; *hesternus* , de la veille ; *paternus* , paternel ; *aureus* , d'or ; *argenteus* , d'argent ; *infinitus* , infini ; *innumerus* , innombrable ; *nullus* , aucun , etc.

5°. Les noms de nombre , *unus* , *duo* , *tres* , *secundus* , *bini* , etc. , un , deux , trois , second , deux à la fois.

6°. Les participes en *dus* , *amandus*, devant être aimé ; *errabundus* , errant çà et là.

7°. Presque tous les adjectifs qui ont une voyelle avant *us* (Voyez page 29).

8°. Les adjectifs qui marquent le pays, *Atheniensis* , Athénien ; *Romanus*, Romain.

9°. Les adjectifs en *imus* et en *ivus; legitimus* , légitime ; *fugitivus*, fugitif.

LIVRE SECOND.

VERBES.

Il y a à considérer dans les verbes, le nombre , les personnes, les temps et les modes. En latin comme en français, les verbes ont deux nombres, le singulier et le pluriel ; trois personnes; trois temps principaux , le présent, le passé et le futur.

Les verbes latins ont cinq modes , trois personnels , c'est-à-dire qui admettent la distinction des personnes , l'indicatif, l'impératif , le subjonctif ; deux impersonnels , l'infinitif et le participe.

Le présent, l'imparfait, le plus-que-parfait, le futur et le futur passé de l'indicatif, le présent de l'impératif, le présent et le parfait du subjonctif correspondent aux mêmes temps français.

Les latins confondent les trois nuances de passé que nous exprimons par le passé défini, le passé indéfini, le passé antérieur ; leur parfait remplace ces trois temps. L'imparfait du subjonctif latin correspond tout à la fois à notre imparfait du subjonctif et à notre présent du conditionnel. Le plus-que-parfait du subjonctif latin correspond à notre plus-que-parfait du subjonctif et à notre passé du conditionnel.

Conjuguer c'est énoncer de suite les divers changemens que subit un verbe selon les nombres, les personnes, les temps et les modes.

Il y a en latin quatre conjugaisons, c'est-à-dire quatre manières différentes de conjuguer les verbes. La première conjugaison a l'infinitif terminé en *are* comme *amare*, aimer ; la seconde en *ere* long, comme *monere*, avertir ; la troisième en *ere* bref, comme *legere*, lire ; la quatrième en *ire*, comme *audire*, entendre.

Les onze temps des trois modes personnels se divisent en deux séries.

La première série comprend	La deuxième série comprend
Les trois présents,	Les deux parfaits,
Les deux imparfaits,	Les deux plus-que-parfaits,
Le futur absolu.	Le futur passé.

Tout verbe latin à un mode personnel est composé de trois éléments : le *radical*, la *caractéristique* et la *désinence personnelle*. Le radical représente une idée principale d'action ou d'état, la caractéristique indique le temps et le mode, la désinence personnelle fait connoître le nombre et la personne. Dans *monebamus*, nous avertissions, *mon*, radical, annonce l'action d'avertir, *eba* indique l'imparfait de l'indicatif, *mus* désigne la première personne du pluriel. On voit que la caractéristique est entre le radical et la désinence.

Le radical d'un verbe est ce qui reste de son infinitif quand on en a retranché *are*, *ere*, *ere*, *ire* : les radicaux des verbes *amare*, *monere*, *legere*, *audire*

sont :   *am*,   *mon*,   *leg*,   *aud*.

Le radical subit souvent au parfait une altération qui se conserve à tous les autres temps de la seconde série. *Linquere* fait au parfait *liqui;* dans tous les temps de la seconde série le radical sera *liqu.*

Chaque temps de la première série a , dans chaque conjugaison , une caractéristique qui lui est propre ; cette caractéristique varie quelquefois dans le même temps , elle se supprime à la première personne du présent de l'indicatif dans la première et dans la troisième conjugaison.

Les temps de la seconde série n'ont point une caractéristique uniforme dans tous les verbes d'une même conjugaison. *Amare* aimer, *stare* être debout, sont tous deux de la première conjugaison : le parfait du premier verbe est *amavi*, celui du second est *steti;* la caractéristique est donc dans l'un *av*, dans l'autre *et*. La caractéristique du parfait étant connue, on en forme celle des autres temps de la seconde série en ajoutant

era pour le plus-que-parf. de l'ind. *am-avera, st-etera.*
er pour le futur passé   *am-aver, st-eter.*
eri pour le parfait du subjonctif   *am-averi, st-eteri.*
isse pour le plus-que-parfait   *am-avisse, st-etisse.*

Lorsque le parfait manque lui-même de caractéristique comme dans le verbe *legere*, les syllabes *era*, *er*, *eri*, *isse*, forment à elles seules les caractéristiques des temps dérivés du parfait.

Dans les temps des deux séries, le parfait de l'indicatif et le présent de l'impératif exceptés , les désinences personnelles sont :

Première pers. du sing. o *ou* M.   Première pers. du plur. MUS.
Deuxième pers.   s   Deuxième pers.   TIS.
Troisième pers.   T   Troisième pers.   NT.

Les désinences personnelles du parfait sont dans toutes les conjugaisons, *i, isti, it, imus, istis, erunt* ou *ère*.

Les désinences de l'impératif communes à tous les verbes sont : *to, mus, te* ou *tote, nto.*

Le premier de tous les verbes est le verbe substantif *esse*, être ; mais, comme c'est aussi le plus irrégulier de tous, nous n'en donnerons la conjugaison qu'après celle des verbes actifs et neutres.

CHAPITRE PREMIER. Verbes actifs et neutres.

1ʳᵉ. conjugaison.	2ᵉ. conjugaison.	3ᵉ. conjugaison.	4ᵉ. conjugaison.
Elle a la 2ᵉ. personne du présent de l'indicatif terminée en *as* et l'infinitif terminé en *are*.	Elle a la 2ᵉ. personne du présent de l'indicatif terminée en *es* et l'infinitif terminé en *ere*.	Elle a la 2ᵉ. personne du présent de l'indicatif terminée en *is* et l'infinitif terminé en *ere*.	Elle a la 2ᵉ. personne du présent de l'indicatif terminée en *is* et l'infinitif terminé en *ire*.

INDICATIF.

PRÉSENT.

Am .. o (1).	Mon e o	Lĕg .. o	Aud i o
Am a s	Mon e s	Leg i s	Aud i s
Am a t	Mon e t	Leg i t	Aud i t
Am a mus	Mon e mus	Leg i mus	Aud i mus
Am a tis	Mon e tis	Leg i tis	Aud i tis
Am a nt. (2)	Mon e nt.	Leg u nt.	Aud iu nt.

J'aime,	*J'avertis,*	*Je lis,*	*J'entends,*
Tu aimes,	*Tu avertis,*	*Tu lis,*	*Tu entends,*
Il aime ;	*Il avertit ;*	*Il lit ;*	*Il entend ;*
Nous aimons,	*Nous avertissons,*	*Nous lisons,*	*Nous entendons,*
Vous aimez,	*Vous avertissez,*	*Vous lisez,*	*Vous entendez,*
Ils aiment.	*Ils avertissent.*	*Ils lisent.*	*Ils entendent.*

IMPARFAIT.

Am aba m	Mon eba m	Lĕg eba m	Aud ieba m
Am aba s	Mon eba s	Leg eba s	Aud ieba s
Am aba t	Mon eba t	Leg eba t	Aud ieba t
Am aba mus	Mon eba mus	Leg eba mus	Aud ieba mus
Am aba tis	Mon eba tis	Leg eba tis	Aud ieba tis
Am aba nt.	Mon eba nt.	Leg eba nt.	Aud ieba nt.

J'aimais,	*J'avertissais,*	*Je lisais,*	*J'entendais,*
Tu aimais,	*Tu avertissais,*	*Tu lisais,*	*Tu entendais,*
Il aimait ;	*Il avertissait ;*	*Il lisait ;*	*Il entendait ;*
Nous aimions,	*Nous avertissions,*	*Nous lisions,*	*Nous entendions,*
Vous aimiez,	*Vous avertissiez,*	*Vous lisiez,*	*Vous entendiez,*
Ils aimaient.	*Ils avertissaient.*	*Ils lisaient.*	*Ils entendaient.*

(1) Les points indiquent que la caractéristique manque.

(2) En conjuguant on joindra à chaque personne du latin la personne correspondante du français ; on dira : *amo*, j'aime ; *amas*, tu aimes ; *amat*, il aime, etc. Si dans ces tableaux on a mis le français au-dessous et non à côté du latin, on ne l'a fait qu'afin de présenter en regard les quatre conjugaisons.

1re. conjugaison.	2e. conjugaison.	3e. conjugaison.	4e. conjugaison.

PARFAIT.

Am av i	Mon u i	Lĕg i	Aud iv i
Am av isti	Mon u isti	Leg isti	Aud iv isti
Am av it	Mon u it	Leg it	Aud iv it
Am av imus	Mon u imus	Leg imus	Aud iv imus
Am av istis	Mon u istis	Leg istis	Aud iv istis
Am av erunt	Mon u erunt	Leg erunt	Aud iv erunt
ou êre.	ou êre.	ou êre.	ou êre.

1re.	2e.	3e.	4e.
J'ai	J'ai	J'ai	J'ai
Tu as	Tu as	Tu as	Tu as
Il a	Il a	Il a	Il a
Ns. avons	Ns. avons	Nous avons	Ns. avons
Vs. avez	Vs. avez	Vous avez	Vs. avez
Ils ont	Ils ont	Ils ont	Ils ont
ou J'aimai,	ou J'avertis,	ou Je lus,	ou J'entendis,
Tu aimas,	Tu avertis	Tu lus,	Tu entendis,
Il aima ;	Il avertit ;	Il lut;	Il entendit ;
Ns. aimâmes,	Nous avertîmes,	Nous lûmes,	N. entendîmes,
Vs. aimâtes,	Vous avertîtes,	Vous lûtes,	Vs. entendîtes,
Ils aimèrent.	Ils avertirent.	Ils lurent.	Ils entendirent.
ou J'eus	ou J'eus	ou J'eus	ou J'eus
Tu eus	Tu eus	Tu eus	Tu eus
Il eut	Il eut	Il eut	Il eut
Nous eûmes	Ns. eûmes	Ns. eûmes	Nous eûmes
Vous eûtes	Vs. eûtes	Vs. eûtes	Vous eûtes
Ils eurent	Ils eurent	Ils eurent	Ils eurent

(colonnes : *aimé. / averti. / lu. / entendu.* pour le passé composé ; *aimé. / averti. / lu. / entendu.* pour le passé antérieur)

PLUS-QUE-PARFAIT.

Am avera m	Mon uera m	Lĕg era m	Aud ivera m
Am avera s	Mon uera s	Leg era s	Aud ivera s
Am avera t	Mon uera t	Leg era t	Aud ivera t
Am avera mus	Mon uera mus	Leg era mus	Aud ivera mus
Am avera tis	Mon uera tis	Leg era tis	Aud ivera tis
Am avera nt.	Mon uera nt.	Leg era nt.	Aud ivera nt.

J'avais	J'avais	J'avais	J'avais
Tu avais	Tu avais	Tu avais	Tu avais
Il avait	Il avait	Il avait	Il avait
Nous avions	Nous avions	Nous avions	Ns. avions
Vous aviez	Vous aviez	Vous aviez	Vs. aviez
Ils avaient	Ils avaient	Ils avaient	Ils avaient

(colonnes : *aimé. / averti. / lu. / entendu.*)

FUTUR.

Am ab o	Mon eb o	Lĕg a m	Aud ia m
Am abi s	Mon ebi s	Leg e s	Aud ie s
Am abi t	Mon ebi t	Leg e t	Aud ie t
Am abi mus	Mon ebi mus	Leg e mus	Aud ie mus

1re. conjugaison.	2e. conjugaison.	3e. conjugaison.	4e. conjugaison
Am abi tis	Mon ebi tis	Leg e tis	Aud ie tis
Am abu nt.	Mon ebu nt.	Leg e nt.	Aud ie nt.

J'aimerai,	*J'avertirai,*	*Je lirai,*	*J'entendrai,*
Tu aimeras,	*Tu avertiras,*	*Tu liras ,*	*Tu entendras,*
Il aimera ;	*Il avertira ;*	*Il lira ;*	*Il entendra ;*
Ns. aimerons,	*Ns. avertirons,*	*Nous lirons,*	*Nous entendrons ,*
Vs. aimerez,	*Vs. avertirez,*	*Vous lirez,*	*Vs. entendrez,*
Ils aimeront.	*Ils avertiront.*	*Ils liront.*	*Ils entendront.*

FUTUR PASSÉ.

Am aver o	Mon uer o	Lēg er o	Aud iver o
Am averi s	Mon ueri s	Leg eri s	Aud iveri s
Am averi t	Mon neri t	Leg eri t	Aud iveri t
Am averi mus	Mon ueri mus	Leg eri mus	Aud iveri mus
Am averi tis	Mon ueri tis	Leg eri tis	Aud iveri tis
Am averi nt.	Mon ueri nt.	Leg eri nt.	Aud iveri nt.

J'aurai	*J'aurai*	*J'aurai*	*J'aurai*
Tu auras	*Tu auras*	*Tu auras*	*Tu auras*
Il aura	*Il aura*	*Il aura*	*Il aura*
Ns. aurons	*Ns. aurons*	*Ns. aurons*	*Ns. aurons*
Vs. aurez	*Vs. aurez*	*Vs. aurez*	*V. aurez*
Ils auront	*Ils auront*	*Ils auront*	*Ils auront*

(*aimé.* / *averti.* / *lu.* / *entendu.*)

IMPÉRATIF.

PRÉSENT.

Am a *ou* ato	Mon e *ou* eto	Lĕg e *ou* ito	Aud i *ou* ito
Am a to (ille)	Mon e to (ille)	Leg i to (ille)	Aud i to (ille)
Am e mus	Mon ea mus	Leg a mus	Aud ia mus
Am a te, a tote	Mon e te, e tote	Leg i te, i tote	Aud i te, i tote
Am a nto.	Mon e nto.	Leg u nto.	Aud iu nto.

Aime,	*Avertis,*	*Lis,*	*Entends,*
Qu'il aime ;	*Qu'il avertisse ;*	*Qu'il lise;*	*Qu'il entende ;*
Aimons,	*Avertissons,*	*Lisons,*	*Entendons,*
Aimez,	*Avertissez,*	*Lisez,*	*Entendez,*
Qu'ils aiment.	*Qu'ils avertissent.*	*Qu'ils lisent.*	*Qu'ils entendent.*

SUBJONCTIF.

PRÉSENT.

Am e m	Mon ea m	Lĕg a m	Aud ia m
Am e s	Mon ea s	Leg a s	Aud ia s
Am e t	Mon ea t	Leg a t	Aud ia t
Am e mus	Mon ea mus	Leg a mus	Aud ia mus
Am e tis	Mon ea tis	Leg a tis	Aud ia tis
Am e nt.	Mon ea nt.	Leg a nt.	Aud ia nt.

Que j'aime,	*Que j'avertisse,*	*Que je lise,*	*Que j'entende,*

1ʳᵉ. conjugaison.	2ᵉ. conjugaison.	3ᵉ. conjugaison	4ᵉ. conjugaison.
Que tu aimes,	*Que tu avertisses,*	*Que tu lises,*	*Que tu entendes,*
Qu'il aime,	*Qu'il avertisse;*	*Qu'il lise;*	*Qu'il entende;*
Que nous aimions,	*Que nous avertis-sions,*	*Que nous lisions,*	*Que nous enten-dions,*
Que vous aimiez,	*Q. v. avertissiez,*	*Que vous lisiez,*	*Q. v. entendiez,*
Qu'ils aiment,	*Qu'ils avertissent.*	*Qu'ils lisent.*	*Qu'ils entendent.*

IMPARFAIT.

1ʳᵉ	2ᵉ	3ᵉ	4ᵉ
Am are m	Mon ere m	Lĕg ere m	Aud ire m
Am are s	Mon ere s	Leg ere s	Aud ire s
Am are t	Mon ere t	Leg ere t	Aud ire t
Am are mus	Mon ere mus	Leg ere mus	Aud ire mus
Am are tis	Mon ere tis	Leg ere tis	Aud ire tis
Am are nt.	Mon ere nt.	Leg ere nt.	Aud ire nt.

1ʳᵉ	2ᵉ	3ᵉ	4ᵉ
Que j'aimasse,	*Que j'avertisse,*	*Que je lusse,*	*Que j'entendisse,*
Que tu aimasses,	*Que tu avertisses,*	*Que tu lusses,*	*Q. tu entendisses,*
Qu'il aimât;	*Qu'il avertît;*	*Qu'il lût;*	*Qu'il entendît;*
Que nous aimas-sions,	*Que nous avertis-sions,*	*Que ns. lussions,*	*Que nous enten-dissions,*
Que vous aimas-siez,	*Que vous avertis-siez.*	*Que vous lussiez,*	*Que vous enten-dissiez,*
Qu'ils aimassent.	*Qu'ils avertissent.*	*Qu'ils lussent.*	*Qu'ils entendis-sent.*

1ʳᵉ	2ᵉ	3ᵉ	4ᵉ
ou J'aimerais,	*ou J'avertirais,*	*ou Je lirais,*	*ou J'entendrais,*
Tu aimerais,	*Tu avertirais,*	*Tu lirais,*	*Tu entendrais,*
Il aimerait;	*Il avertirait;*	*Il lirait;*	*Il entendrait;*
Nous aimerions,	*Nous avertirions,*	*Nous lirions,*	*Nous entendrions,*
Vous aimeriez,	*Vous avertiriez,*	*Vous liriez,*	*Vous entendriez,*
Ils aimeraient.	*Ils avertiraient.*	*Ils liraient.*	*Ils entendraient.*

PARFAIT.

1ʳᵉ	2ᵉ	3ᵉ	4ᵉ
Am averi m	Mon ueri m	Lēg eri m	Aud iveri m
Am averi s	Mon ueri s	Leg eri s	Aud iveri s
Am averi t	Mon ueri t	Leg eri t	Aud iveri t
Am averi mus	Mon ueri mus	Leg eri mus	Aud iveri mus
Am averi tis	Mon ueri tis	Leg eri tis	Aud iveri tis
Am averi nt.	Mon ueri nt	Leg eri nt.	Aud iveri nt.

1ʳᵉ		2ᵉ		3ᵉ		4ᵉ	
Que j'aie		*Que j'aie*		*Que j'aie*		*Que j'aie*	
Que tu aies		*Que tu aies*		*Que tu aies*		*Que tu aies*	
Qu'il ait	*aimé.*	*Qu'il ait*	*averti.*	*Qu'il ait*	*lu.*	*Qu'il ait*	*entendu.*
Que ns. ayons		*Que ns. ayons*		*Que ns. ayons*		*Que ns. ayons*	
Que vs. ayez		*Que vs. ayez*		*Que vs. ayez*		*Que vs. ayez*	
Qu'ils aient		*Qu'ils aient*		*Qu'ils aient*		*Qu'ils aient*	

PLUS-QUE-PARFAIT.

1ʳᵉ	2ᵉ	3ᵉ	4ᵉ
Am avisse m	Mon uisse m	Lēg isse m	Aud ivisse m
Am avisse s	Mon uisse s	Leg isse s	Aud ivisse s
Am avisse t	Mon uisse t	Leg isse t	Aud ivisse t

1re. conjugaison.	2e. conjugaison.	3e. conjugaison.	4e. conjugaiso n
Am avisse mus	Mon uisse mus	Leg isse mus	Aud ivisse mus
Am avisse tis	Mon uisse tis	Leg isse tis	Aud ivisse tis
Am avisse nt.	Mon uisse nt.	Leg isse nt.	Aud ivisse nt.

Que j'eusse	Que j'eusse	Que j'eusse	Que j'eusse
Que tu eusses	Que tu eusses	Que tu eusses	Que tu eusses
Qu'il eût	Qu'il eût	Qu'il eût	Qu'il eût
Que nous eussions	Que nous eussions	Que nous eussions	Que nous eussions
Que vs. eussiez	Que vs. eussiez	Que vs. eussiez	Que vs. eussiez
Qu'ils eussent	Qu'ils eussent	Qu'ils eussent	Qu'ils eussent
ou J'aurais	ou J'aurais	ou J'aurais	ou J'aurais
Tu aurais	Tu aurais	Tu aurais	Tu aurais
Il aurait	Il aurait	Il aurait	Il aurait
Ns. aurions	Ns. aurions	Ns. aurions	Ns. aurions
Vs. auriez	Vs. auriez	Vs. auriez	Vs. auriez
Ils auraient	Ils auraient	Ils auraient	Ils auraient

(aimé / averti / lu / entendu)

INFINITIF.

PRÉSENT.

Am are	Mon ēre	Lĕg ĕre	Aud ire
aimer.	avertir.	lire.	entendre.

PARFAIT.

Am avisse	Mon uisse	Lēg isse	Aud ivisse
avoir aimé.	avoir averti.	avoir lu.	avoir entendu.

PARTICIPE.

PRÉSENT.

Am ans, ntis	Mon ens, ntis	Lĕg ens, ntis	Aud iens, ntis
aimant.	avertissant.	lisant.	entendant.

FUTUR.

Am aturus, a, um	Mon iturus, a, um	Lecturus, a, um	Auditurus, a, um
devant aimer.	devant avertir.	devant lire.	devant entendre.

SUPIN.

Am atum	Mon itum	Lectum	Aud itum
à aimer.	à avertir.	à lire.	à entendre.

GÉRONDIF.

Am andi	Mon endi	Lĕg endi	Aud iendi
Am ando	Mon endo	Leg endo	Aud iendo
Am andum	Mon endum	Leg endum	Aud iendum
à aimer	d'avertir	de lire,	d'entendre,
en aimant,	en avertissant,	en lisant,	en entendant,
à ou pour aimer.	à ou pr. avertir.	à ou pour lire.	à ou pr. entendre.

On regarde comme appartenant à la troisième conjugaison des verbes dont le présent de l'indicatif est en *io*, l'imparfait en *iebam*, le futur et le présent du subjonctif en *iam*, et l'infinitif en *ere*.

CAPERE.

INDICATIF. Présent.

Cap i o	Je prends,
Cap i s	Tu prends,
Cap i t	Il prend ;
Cap i mus	Nous prenons,
Cap i tis	Vous prenez,
Cap iu nt.	Ils prennent.

IMPARFAIT.

Cap ieba m	Je prenais,
Cap ieba s	Tu prenais, etc.

PARFAIT.

Cep i	J'ai pris,
Cep isti	Tu as pris, etc.

PLUS-QUE-PARFAIT.

Cep era m	J'avais pris,
Cep era s	Tu avais pris, etc.

FUTUR.

Cap ia m	Je prendrai,
Cap ie s	Tu prendras, etc.

FUTUR PASSÉ.

Cep er o	J'aurai pris,
Cep cri s	Tu auras pris.

IMPÉRATIF. Présent.

Cap e ou ito	Prends,
Cap ito (ille)	Qu'il prenne,
Cap ia mus	Prenons,
Cap ite ou itote	Prenez,
Cap iu nto	Qu'ils prennent.

SUBJONCTIF. Présent.

Cap ia m	Que je prenne,
Cap ia s	Que tu prennes, etc.

IMPARFAIT.

Cap ere m	Que je prisse, ou je prendrais.
Cap ere s	Q. tu prisses, etc.

PARFAIT.

Cep eri m	Que j'aie pris,
Cep eri s	Que tu aies pris, etc.

PLUS-QUE-PARFAIT.

Cep isse m	Que j'eusse pris, ou J'aurais pris,
Cep isse s	Que tu eusses pris, etc.

INFINITIF. Présent.

Cap ere	Prendre.

PARFAIT.

Cep isse	Avoir pris.

PARTICIPE. Présent.

Cap iens, ntis	Prenant.

FUTUR.

Capturus, a, um	Devant prendre.

SUPIN.

Cap tum	A prendre.

GÉRONDIF.

Cap iendi	De prendre,
Cap iendo	En prenant,
Cap iendum	à ou pr. prendre.

De la formation des temps.

Les temps sont ou primitifs ou dérivés. Les temps primitifs sont le présent et le parfait de l'indicatif, le présent de l'infinitif et le supin.

Du présent de l'indicatif se forment :

1°. *L'imparfait de l'indicatif* en changeant dans la première conjugaison *o* en *abam*, amo, amabam; dans la seconde conjugaison *eo* en *ebam*, moneo, monebam; dans les deux autres, *o* en *ebam*, lego, legebam; capio, capiebam; audio, audiebam.

2°. *Le futur de l'indicatif* en changeant dans la première conjugaison *o* en *abo*, amo, amabo; dans la seconde *eo* en *ebo*, moneo, monebo; dans les deux autres *o* en *am*, lego, legam; capio, capiam; audio, audiam.

3°. *Le présent du subjonctif* en changeant dans la première conjugaisou *o* en *em*, amo, amem; dans la seconde *eo* en *eam* moneo, moneam; dans les deux autres *o* en *am*, lego, legam; capio, capiam; audio, audiam.

4°. *Le participe présent* en changeant dans la première conjugaison *o* en *ans*, amo, amans; dans la seconde *eo* en *ens*, moneo, monens; dans les deux autres *o* en *ens*, lego, legens; capio, capiens; audio, audiens.

5°. *Le gérondif* en changeant dans la première conjugaison *o* en *andi*, *ando*, *andum*, amo, amandi, amando, amandum; dans la seconde *eo* en *endi*, *endo*, *endum*, moneo, monendi, monendo, monendum; dans les deux autres *o* en *endi*, *endo*, *endum*, lego, legendi, legendo; legendum; capio, capiendi, capiendo, capiendum; audio, audiendi, audiendo, audiendum.

Du parfait de l'indicatif se forment dans toutes les conjugaisons :

1°. *Le plus-que-parfait de l'indicatif* en changeant *i* en *eram*, amavi, amaveram; monui, monueram; legi, legeram; cepi, ceperam; audivi, audiveram.

2°. *Le futur passé* en changeant *i* en *ero*, amavi, amavero; monui, monuero; legi, legero; cepi, cepero; audivi, audivero.

3°. *Le parfait du subjonctif* en changeant *i* en *erim*, amavi, amaverim; monui, monuerim; legi, legerim; cepi, ceperim; audivi, audiverim.

4°. *Le plus-que-parfait du subjonctif* en changeant *i* en *issem*, amavi, amavissem; monui, monuissem; legi, legissem; cepi, cepissem; audivi, audivissem.

5°. *Le parfait de l'infinitif* en changeant *i* en *isse*, amavi, amavisse; monui, monuisse; legi, legisse; cepi, cepisse; audivi, audivisse.

Du présent de l'infinitif se forment dans toutes les conjugaisons :

1°. *Le présent de l'impératif* en ôtant *re*, amare, ama; monere, mone; capere, cape; legere, lege; audire, audi.

2°. *L'imparfait du subjonctif* en ajoutant *m*, amare, amarem; monere, monerem; legere, legerem; capere, caperem; audire, audirem.

Du supin se forme dans toutes les conjugaisons :

Le participe futur actif en changeant *m* finale en *rus, ra, rum*, amatum, amaturus, ra, rum, monitum, moniturus, ra, rum; lectum, lecturus, ra, rum; captum, capturus, ra, rum; auditum, auditurus, ra, rum.

REMARQUES. 1°. On retranche quelquefois au parfait et aux temps dérivés du parfait la syllabe *ve* ou *vi*, ou seulement la lettre *v*. Au lieu de *amavisti, amavero, petiveram, quæsivissem, audivi, audivisse*, on peut dire *amâsti, amâro, petieram, quæsiissem, audii, audiisse*. On ne retranche *vi* que devant *s*. Ce retranchement d'une lettre ou d'une syllabe s'appelle *syncope*.

2°. Les trois verbes *dicere, facere, ducere* font à l'impératif *dic, duc, fac*, au lieu de *dice, duce, face*, formes anciennes et primitives.

Verbes radicaux de la première conjugaison.

Réguliers.

Parfait *avi*, supin *atum*.

Æstimare, *estimer.*	Cogitare, *penser, projeter.*
Ambulare, *se promener.*	Cremare, *brûler, embrâser.*
Arare, *labourer.*	Creare, *créer, élire.*
Auscultare, *écouter, entendre.*	Destinare, *destiner, projeter.*
Balare, *bêler.*	Dicare, *dédier, consacrer.*
Beare, *rendre heureux.*	Dolare, *polir avec la doloire.*
Blaterare, *babiller.*	Dubitare, *douter, craindre.*
Cælare, *graver, ciseler.*	Educare, *élever, nourrir.*
† Calare, *appeler, assembler.*	Ejulare, *se lamenter.*
Castigare, *châtier, polir.*	Errare, *errer, se tromper.*
Celare, *céler, cacher.*	Fatigare, *fatiguer.*
Certare, *disputer, combattre.*	Festinare, *se hâter.* [portunité.
Clamare, *crier, appeler.*	Flagitare, *demander avec im-*
† Clinare, *incliner.*	Flagrare, *brûler.*

Flare, *souffler.*
Forare, *trouer, percer.*
Fragrare, *exhaler une odeur.*
Friare, *mettre en pièces.*
† Futare, *reprendre, réfuter.*
Gubernare, *conduire un vaisseau, gouverner.*
Gustare, *goûter, savourer.*
Habitare, *habiter.*
Halare, *rendre une odeur.*
Hiare, *bâiller, s'ouvrir.*
† Iduare, *diviser, séparer.*
Inchoare, *commencer.*
Indagare, *suivre à la piste.*
Inquinare, *souiller, teindre.*
Invitare, *inviter, exciter.*
Irritare, *irriter, exciter.*
Jentare, *déjeuner.*
Jurare, *jurer, protester.*
Jurgare, *quereller, disputer.*
Labare, *chanceler.*
Latrare, *aboyer.*
Legare, *envoyer, députer.* [ter.
Libare, *faire des libations, goû-*
Ligare, *lier, attacher.* [ble.
Litare, *faire un sacrifice agréa-*
Luxare, *déboîter, démettre.*
Mandare, *commander, donner charge, mander, reléguer, confier.*
Manare, *couler, se répandre.*
Meare, *couler, passer.*
Migrare, *émigrer.*
Monstrare, *montrer, enseigner.*
Mulgare, *divulguer, publier.*
Mutare, *changer.*
Nare, *nager.*
Narrare, *narrer, raconter.*
Negare, *nier, refuser.*
Optare, *opter, souhaiter.*
Orare, *prier, demander.*
Ornare, *orner, honorer.*
Palpare, *toucher, caresser.*
Parare, *apprêter, préparer.*
Patrare, *accomplir, exécuter.*
Peccare, *faire une faute, errer.*
† Pellare, *appeler, nommer.*
† Pilare, *voler.*
Placare, *apaiser, calmer.*
Plorare, *pleurer, déplorer.*

Portare, *porter, transporter.*
Postulare, *demander, solliciter.*
Propinare, *boire à la santé.*
Purgare, *nettoyer, disculper.*
Putare, *émonder, penser, croire.*
Rigare, *arroser, baigner.*
Rogare, *interroger, demander.*
Runcare, *sarcler.*
Screare, *tousser pour cracher.*
Sedare, *apaiser, calmer.*
Servare, *sauver, conserver, observer.*
† Sipare, *jeter, répandre.*
Spirare, *souffler, aspirer.*
† Staurare, *faire de nouveau.*
† Stigare, *piquer, pousser.*
† Stinare, *faire tenir debout.*
Stipare, *épaissir, boucher, environner.*
Strangulare, *étrangler.*
Sudare, *suer.*
Temerare, *violer, profaner.*
Temperare, *allier, tremper, adoucir, régler, s'abstenir.*
Tentare, *chercher à tâtons, tenter.*
Titillare, *chatouiller, émouvoir.*
Titubare, *chanceler, hésiter.*
Tolerare, *tolérer, entretenir.*
Tractare, *manier, traiter.*
Turbare, *troubler, agiter.*
Vacare, *être vide, exempt ; vaquer.*
Vacillare, *vaciller, chanceler.*
Vapulare, *être battu.*
Vexare, *agiter, tourmenter.*
Vibrare, *brandir, darder.*
Violare, *violer, rompre.*
Vitare, *éviter.*
Vituperare, *blâmer, censurer.*
Vocare, *appeler, invoquer.*
Volare, *voler, courir.*
Vorare, *dévorer.*

Irréguliers.

Parfait *ui*, supin *itum.*

Crep are, *craquer, crever.*
Cub are, *se coucher, être alité, se mettre à table.*

Dom are, *dompter, soumettre.*
Tou are, *tonner.*
Vet are, *défendre, empêcher.*
Plic are, ui, itum, *ou* avi, atum,
   plier.   [*briller.*
Mic are, (*sans sup.*) *tressaillir,*

Parfait *ui*, supin *tum.*

Fric are, *frotter.*
Sec are, *couper, fendre.*

L'arfait et supins divers.

Ju vare, vi, tum, *aider, secourir.*
Lavare, lavi, lautum, lotum *et*
   lavatum, *laver.*   [*boire.*
Pot are, avi, um *et* atum,
Dare, dedi, datum, *donner,*
   dire, confier.
Stare, steti, statum, *être debout,*
   demeurer.   [*puiser.*
† Autlare, (*sans parf. ni sup.*)

Verbes radicaux de la deuxième conjugaison.

Parfait *ui*, supin *itum.*

Calēre, *être chaud, enflammé,*
   avoir chaud, s'agiter.
Debēre, *devoir, être obligé.*
Dirihēre, *distribuer.*
Dolēre, *souffrir, sentir du mal.*
Habēre, *avoir, estimer.*
Latēre, *être caché, inconnu.*
Licēre, *être mis à prix.*
Merēre, *mériter, gagner, servir.*
Nocēre, *nuire.*
Olēre, *exhaler, avoir une odeur.*
Parēre, *paraître, obéir.*
Placēre, *plaire, être agréable.*
Præbēre, *fournir, montrer.*
Tacēre, *se taire après avoir*
   parlé, taire.
Terrēre, *effrayer, épouvanter.*
Valēre, *se porter bien, pouvoir,*
   valoir.
Carēre, ui, itum, *ou* cassus sum,
   cassum, *manquer.*

Parfait *ui*, sans supin

† Acēre, *aigrir, être aigre.*
Arcēre, *chasser, repousser.*
Arēre, *être sec, desséché, avoir*
   soif.   [*resplendir.*
Candēre, *être blanc, embrasé,*
Egēre, *manquer de, être pauvre,*
   privé, se passer.

Frendēre, *grincer les dents,*
   froisser (1).
Horrēre, *se hérisser, frissonner,*
   avoir horreur de.
Humēre, *être humide, moite.*
Jacēre, *être couché, situé, mort.*
Languēre, *languir, être faible.*
Liquēre, *fondre.*
Madēre, *être trempé, mouillé.*
Marcēre, *être flétri, languissant,*
   s'amollir.
† Minēre, *exister, être dessus,*
   pencher.
Mucēre, *être moisi.*
Nitēre, *reluire, être poli.*
Pallēre, *pâlir, être pâle.*
Patēre, *être ouvert, étendu,*
   exposé, clair.
Putēre, *puer.*
Putrēre, *pourir, se corrompre.*
Rigēre, *être roide de froid, se*
   hérisser.   [*der.*
Scatēre, *soudre, couler, abon-*
Silēre, *garder le silence, être*
   calme.
Splendēre, *briller, éclater.*
Squalēre, *être sale, malpropre.*
Studēre, *s'attacher à, tâcher,*
   étudier, favoriser.   [*surpris.*
Stupēre, *être engourdi, étonné,*
Tepēre, *être tiède, refroidi.*
Timēre, *craindre, appréhender.*

(1) On dit aussi : *Frendo, dui, fressum, ere*, de la troisième conjugaison.

Torpēre, *être engourdi, languissant.*
Tumēre, *être enflé, s'enorgueillir, être en colère.*
Vigēre, *être florissant, en vigueur.* [*reux.*
Virēre, *être vert, fort, vigou-*

Parfait *ui*, supins divers.

Cens ēre, ui, um, *penser, juger.*
Doc ēre, ui, tum, *enseigner, in-
struire.* [*mêler, troubler.*
Mi scēre, scui, xtum, *ou stum;*
Sor bēre, bui, ptum, *avaler,
engloutir.*
Ten ēre, ui, tum, *tenir, posse-
der, retenir, défendre.*
To rrēre, rrui, stum, *rôtir, faire
brûler.*

Parfait *vi*, supin *tum*.

Fo vēre, vi, tum, *échauffer, ca-
resser, favoriser, entretenir.*
Mo vēre, vi, tum, *mouvoir, exci-
ter.* [*ter fort.*
Vo vēre, vi, tum, *vouer, souhai-*
Ci ēre, vi, tum, *exciter, émou-
voir.* [*dre garde.*
Ca vēre, vi, utum, *éviter, pren-*
Fa vēre, vi, utum, *favoriser,
applaudir.* [*cer.*
Delē re, vi, tum, *détruire, effa-*
Flē re, vi, tum, *pleurer, déplorer.*
Nē re, vi, tum, *filer.* [*ruiner.*
†Olē re, vi, tum, *croître, perdre,*
† Plē re, vi, tum, *emplir, ac-
complir.* [*l'osier.*
Viē re, vi, tum, *lier avec de*
Pav ēre, i, (*sans sup.*) *avoir
peur, craindre.*

Parfait *di*, supin *sum*.

Pran'dēre, di, sum, *dîner.*
Vi dēre, di, sum, *voir, considé-
rer.*
Poss idēre, edi, essum, *posséder.*
Se dēre, di, ssum, *être assis,
s'asseoir, siéger, être oisif.*

Strid ēre, i, (*sans sup.*) *rendre
un bruit perçant, siffler.*

Parfait à redoublement.

Mordēre, momordi, morsum,
mordre, piquer, critiquer.
Pendēre, pependi, pensum,
*pendre, être en suspens, dé-
pendre.*
Spondēre, spopondi, sponsum,
répondre, promettre.
Tondēre, totondi, tonsum, *ton-
dre, raser.*

Parf. *si*, sup. *sum* et *tum*.

Ar dēre, si, sum, *brûler, briller,
désirer vivement.*
Hæ rēre, si, sum, *être attaché,
joint, s'arrêter, hésiter.*
Man ēre, si, sum, *demeurer,
continuer, attendre, être ré-
servé à.* [*nier.*
Mul cēre, si, sum, *caresser, cal-*
Ri dēre, si, sum, *rire.*
Sua dēre, si, sum, *conseiller,
exhorter.*
Ter gēre, si, sum, *essuyer, cor-
riger.*
Mul gere, si, xi, sum, ctum,
traire.
Indul gere, si, sum, tum, *être
indulgent, s'adonner, traiter
doucement.*
Tor quēre, si, tum, *tordre, tourner, darder, entraîner, tourmenter.*
Ju hēre, ssi, ssum, *ordonner.*

Parfait *si*, sans supin.

Al gēre, si, *avoir grand froid,
geler.*
Ful gēre, si, *briller, faire des
éclairs, se distinguer.*
Tur gēre, si, *être enflé, être en
colère.*
Ur gēre, si, *presser, pousser,
serrer de près.*

Parfait *xi*, supin *ctum.*

Au gēre, xi, ctum, *augmenter, accroître.*
Lu gēre, xi, ctum, *pleurer la perte d'un objet chéri, s'affli-ger.*

Parfait *xi*, sans supin.

Fri gēre, xi, *frire, fricasser.*

Parfait *bui*, sans supin

Fer vēre, bui, *être échauffé, bouillir, être ému.*

Sans parfait ni supin.

Avēre, *désirer avec ardeur.*
Cluēre, *avoir de la réputation.*
Fœtēre *et* fetēre, *sentir mauvais.*
Livēre, *être livide, plombé, sé-cher de jalousie.*
Mœrēre, *être triste, affligé.*
Pollēre, *pouvoir beaucoup.*
Uvēre, *être moite, humide.*

Verbes radicaux de la troisième conjugaison.

VERBES EN O.

Parfaits formés du pré-sent de l'indicatif en chan-geant *o* en *i*, supins di-vers.

Bib ĕre, , ĭtum, *boire.*
† Can dĕre, di, sum, *brûler.*
Cu dĕre, di, sum, *battre, forger.*
E dĕre, di, sum, stum, *manger, ronger.* [*repousser.*
† Fen dĕre, di, nsum, *heurter,*
Man dĕre, di, sum, *manger.*
Prehen dēre, *et* pren dēre, di, sum, *prendre, saisir.*
Pan dĕre, di, sum, *et* passum, *ouvrir, étendre.*
Scan dĕre, di, sum, *grimper, gravir.*
Em ĕre, i, ptum, *acheter.*
Ic ĕre, i, tum, *frapper, battre.*
Le gĕre, gi, ctum, *cueillir, lire, choisir.*
Sol vĕre, vi, utum, *délier, payer.*
Vol vĕre, vi, utum, *rouler, tour-ner.* [*balayer.*
Ver rĕre, ri, sum, *traîner,*
Ver tĕre, ti, sum, *tourner, changer.*

Sans supin.

Lamb ĕre, i, *lécher.*
Scab ĕre, i, *gratter.*
Spall ĕre, i, *toucher d'un instru-ment à cordes.*
Strid ĕre, i, *et* strid ēre, ui, *ren-dre un bruit aigre et per-çant.*

Parfait *didi*, supin *ditum.*

Vend ĕre, didi, itum, *vendre.*
Cred ĕre, *croire, confier.*
Perd ĕre, *perdre, et dix-sep autres composés de* dare,

Parfait *si*, supin *sum.*

Clau dĕre, *et* clu dĕre, si, sum, *fermer.*
Divi dĕre, *diviser.*
Læ dĕre, *blesser.*
Lu dĕre, *jouer.*
Mer gĕre, *plonger.*
Plau dĕre, *applaudir.*
Ra dĕre, *racler.*
Ro dĕre, *ronger.*

Spar gĕre , *répandre , arroser.*
Ter gĕre, *essuyer.*
Tru dĕre, *pousser, chasser.*
Va dĕre, *aller, marcher.*

Parf. *ssi,* sup. *ssum, stum.*

Cedĕre , cessi , cessum , *se retirèr, céder.*
Premĕre, pressi, pressum, *presser, accabler, opprimer.*
Gerĕre, gessi, gestum , *porter, faire, gouverner.*
Urĕre , ussi , ustum , *brûler, dessécher.*

Parfait *xi* , supin *ctum.*

Di cĕre, xi, ctum, *dire, appeler.*
Du cĕre, *conduire, juger.*
Cin gĕre , *ceindre.*
Jun gĕre , *joindre.*
Lin gĕre , *lécher, laper.*
Mun gĕre, *moucher.*
Plan gĕre, *frapper, pleurer.*
Tin gĕre, *tremper, teindre.*
Re gĕre , *gouverner, conduire.*
† Fli gĕre, *battre , heurter.*
Un gĕre, *oindre, frotter.*
Su gĕre, *sucer.*
Tra hĕre, *tirer, traîner, entraîner.*
Ve hĕre, *porter, traîner.*
Vi vĕre , *vivre.*

Parf. *xi , xui,* sup. *xum , ctum.*

Fi gĕre, xi, xum, *ficher, enfoncer.*
Fri gĕre, xi, xum, ctum , *frire.*
Fle ctere, xi, xum, *plier, fléchir.*
Ne ctĕre, xi, xui, xum, *nouer.*
Pe ctĕre, xi, xui, xum, ctitum, *peigner.*
Ple ctere, xi, xui, xum, *battre, punir.*

Parf. *rexi ,* supin *rectum.*

Per gĕre, rexi, rectum, *aller, continuer.*
Sur gĕre , rexi, rectum , *se lever, croître.*

Parfait *inxi,* sup. *ictum.*

Fi ngĕre , nxi, ctum , *former, feindre.*
Pi ngĕre, *peindre, orner.*
Stri ngĕre, *serrer étroitement, arracher.*

Parfait *xi* , sans supin.

An gĕre, xi, *étrangler, tourmenter.*
Clán gĕre, *faire retentir.*
Nin gĕre, *neiger.*

Parf. *psi ,* supin *ptum.*

Nu bĕre, psi, ptum, *se voiler, prendre un mari.*
Scri bĕre , *écrire, composer.*
Car pĕre, *cueillir.*
Cle pĕre, *voler.*
Re pĕre et ser pĕre, *ramper.*
Scal pĕre, *graver, ciseler.*
Scul pĕre, *sculpter, ciseler.*
Com ĕre, *peigner, ajuster.*
Sum ĕre, *prendre.*
Tem nĕre, *mépriser.*

Parfait *vi,* supin *tum.*

Cre scĕre, vi, tum, *croître.*
No scĕre, *connaître, savoir.*
Quie scĕre, *se reposer, dormir.*
Sci scĕre, *savoir, ordonner.*
Sue scĕre, *avoir coutume.*
Arcess ĕre et access ĕre , ivi, itum, *mander, faire venir.*
Pet ĕre, ivi, itum, *demander, désirer, attaquer, aller vers.*
Quæ rĕre, sivi, situm, *chercher, interroger, acquérir.*
Sp ernĕre, revi, retum, *mépriser.*

Cernĕre, crevi, cretum, *voir*, *juger, combattre*.

Sinĕre, sivi, situm, *permettre*.

Linĕre, livi *ou* lini, litum, *oindre*.　[*piler*.

Terĕre, trivi, tritum, *broyer*,

Serĕre, sevi, satum, *planter*, *semer*.　[*cher, abattre*.

Sternĕre, stravi, stratum, *jon-*

Pascĕre, pavi, pastum, *faire paître*.

Parfait *ui*, supin *itum*.

Deps ĕre, ui, itum, *pétrir*.

Frem ĕre, *rugir, frémir*.

Gem ĕre, *gémir, retentir*.　[*tir*.

Strep ĕre, *faire du bruit, reten-*

Vom ĕre, *vomir*.

Parfait *ui*, supins divers.

Al ĕre, ui, itum *et* tum, *nour-rir, élever*.　[*surpasser, battre*.

† Cel lĕre, lui, sum, *mouvoir*,

Colĕre, colui, cultum, *cultiver, adorer, honorer, habiter*.

Consul ĕre, lui, tum, *délibérer, pourvoir à, consulter*.

Pens ĕre, ui, itum, sum *et* pis-tum, *piler*.

Ser ĕre, ui, tum, *enchaîner*.

Tex ĕre, ui, tum, *faire un tissu, composer*.

Parfait *ui*, sans supin.

Stert ĕre, ui, *ronfler*.

Trem ĕre, *trembler, craindre*.

Parfaits et supins qui perdent *n*.

Vincĕre, vici, victum, *vaincre*.

Findĕre, fidi, fissum, *fendre, diviser*.

Fundĕre, fudi, fusum, *fondre répandre, disperser*.

Scindĕre, scidi, scissum, *fendre, partager, rompre*.

Frangĕre, fregi, fractum, *rompre, dompter, abattre, réprimer*.

Parfaits à redoublement.

Currĕre, cucurri, cursum, *courir*.　[*peser, estimer, payer*.

Pendĕre, pependi, pensum,

Poscĕre, poposci, poscitum, *demander*.

Tendĕre, tetendi, tentum, tensum, *tendre*.

Fallĕre, fefelli, falsum, *tromper*.

Parcĕre, peperci, parci, parcitum, parsum, *épargner, pardonner*.

Discĕre, didici, discitum, *étudier, apprendre*.

Tundĕre, tutudi, tunsum *et* tusum, *battre*.

Cadĕre, cecĭdi, casum, *tomber, périr*.

Cædĕre, cecĭdi, cæsum, *couper, battre, graver*.

Canĕre, cecini, cantum, *chanter, célébrer, prédire*.

Pangĕre, panxi, pepigi, pactum, *ficher, enfoncer, composer, faire contracter*.

Pellĕre, pepuli, pulsum, *pousser, dissiper, battre*.

Pangĕre, pepugi, punxi, punctum, *piquer*.

Tangĕre, tetigi, tactum, *toucher*.

Sans parfait ni supin.

Fatiscĕre, *s'entr'ouvrir, succomber, dépérir*.

Furĕre, *être en fureur*.

Rudĕre, *rugir, braire*.

Vergĕre, *pencher vers*.

Parfaits et supins divers.

Agĕre, egi, actum, *conduire, chasser, mouvoir, faire agir*.

†Cumbĕre, cubui, bitum, *se coucher, être couché, se mettre à table*.

* Ferre, tuli, latum, *porter, souffrir.*
, Tollĕre, sustuli, sublatum, *élever, ôter, emporter* (1).
Gignĕre, genui, genitum, *engendrer, produire.*
Metĕre, messui, messum, *cueillir, moissonner.*
Mittĕre, misi, missum, *envoyer.*
Ponĕre, posui, situm, *mettre, poser.*
Rumpĕre, rupi, ruptum, *rompre.*
Sidĕre, sedi *et* sidi, (*sans sup.*) *s'abattre, aller au fond, s'écrouler.* [*arrêter.*
Sistĕre, stiti, stitum, *retenir,*
Vellĕre, velli *et* vulsi, sum, *arracher, tirer.*

VERBES EN *UO.*

Parfait *ui*, supin *utum.*

Ac uĕre, ui, utum, *aiguiser, exciter, irriter.* [*cuser.*
Arg uĕre, *montrer, blâmer, ac-*
Ex uĕre, *accuser, dépouiller, quitter, déposer.*
Ind uĕre, *vêtir, se couvrir.*
Sp uĕre, *cracher, vomir.*
Stat uĕre, *établir, résoudre, ordonner.*
Stern uĕre, *éternuer.*
S uĕre, *coudre.*
Trib uĕre, *donner, accorder.*

Parfait *ui*, supin *uitum.*

Ruĕre, rui, ruitum, *renverser, tomber en ruine, se jeter sur.*

Parfait *ui*, supin *uxum.*

Fl uĕre, ui, uxum, *couler, passer, s'amollir.*

Parfait *ui*, sans supin.

L uĕre, ui, *payer, expier, laver, arroser.*
Met uĕre, *craindre.*
N uĕre, *faire signe de la tête.*

Parf. et sup. qui perdent *n.*

Linquĕre, liqui, lictum, *abandonner.*

Parfait *xi*, supin *ctum.*

Co quĕre, xi, ctum, *cuire, mûrir.*
† Stin guĕre, *éteindre.*
Stru ĕre, *bâtir.*

VERBES EN *IO.*

Parfaits et supins divers.

Capĕre, cepi, captum, *prendre, contenir.*
Facĕre, feci, factum, *faire.*
Jacĕre, jeci, jactum, *jeter.*
† La cĕre, xi, ctum, *faire tomber dans un piége.*
† Sp icĕre, exi, ectum, *voir.*
Fo dĕre, di, ssum, *fouir, percer.*
Fug ĕre, i, itum, *fuir, éviter.*
Rap ĕre, ui, tum, *ravir, entraîner.*
Cup ĕre, ivi, itum, *désirer.*

(1) *Tollo* avait autrefois pour parfait et pour supin *tolli, teluli, tuli, latum. Tolli* et *teluli* sont tombés en désuétude; *tuli* et *latum* ont changé de signification et ont été rapportés au verbe défectueux *fero* pour en compléter la conjugaison. On a pris pour parfait et pour supin de *tollo* le parfait et le supin de son composé *sustollo*, dont les autres temps sont peu usités. Il suit de là que *sustuli, sublatum* se trouvent être le parfait et le supin de trois verbes : *tollo, sustollo, suffero.*

Sap ĕre , ivi *ou* ui , (*sans sup.*)
avoir du goût , sentir , être
sage.
Parĕre , peperi , partum *et* pa-

ritum , *enfanter, produire,
acquérir.*
Qua tĕre , ssi , ssum , *secouer,
renverser.*

Verbes radicaux de la quatrième conjugaison.

Réguliers.

Parfait *ivi*, supin *itum.*

Audire, *entendre, écouter.*
Condire , *assaisonner, confire ,
embaumer.*
Dormire, *dormir.*
† Futire, *répandre, publier.*
Gannire, *glapir, criailler.*
Garrire , *gazouiller, croasser ,
babiller.*
Glutire, *avaler, engloutir.*
Grunnire, *grogner.*
Mugire, *mugir, beugler.*
Nutrire, *nourrir, entretenir.*
Obedire, *obéir.* [*paver.*
Pavire , *battre pour aplanir,*
Pipire , *glousser.*
Polire, *polir, orner.*
Prurire, *démanger, avoir envie.*
Punire, *punir.*
Sarrire, *sarcler.*
Scire, *savoir.* [*tinter.*
Tinnire , *rendre un son aigu,*
Vagire , *crier comme les enfans
au berceau.*

Parf. régulier , sup. irré-gulier.

Sepelire, ivi, sepultum , *ense-velir.*

Irréguliers.

Parfait *xi*, supin *ctum.*

San cire, xi, ctum, *ordonner,
ratifier.*
Vin cire, *lier, garrotter.*
Ami cire, xi, cui, ctum, *couvrir,
revêtir.*

Parf. *si* , sup. *sum* , *tum.*

Sen tire, si, sum, *sentir, être
d'avis.*
Far cire, si, tum, *remplir, farcir.*
Ful cire , si , tum , *appuyer ,
étayer.*
Sar cire, si, tum, *raccommoder.*

Parfaits et supins divers.

Hau rire, si, stum, *puiser, tirer,
vider, prendre, recevoir.*
† Per ire, ui, tum, *essayer, dé-couvrir, apprendre.*
Sal ire, ii, tum, *sauter, bondir.*
Ven ire, i, tum, *venir, arriver.*

Sans parfait ni supin.

Ferire, *frapper, battre.*

CHAPITRE II. Verbe substantif *ESSE*.

INDICATIF.

PRÉSENT.

Sum	*Je suis,*
Es	*Tu es,*
Est	*Il est;*
Sumus	*Ns. sommes,*
Estis	*Vous êtes,*
Sunt	*Ils sont.*

IMPARFAIT.

Eram	*J'étais,*
Eras	*Tu étais,*
Erat	*Il était;*
Eramus	*Nous étions,*
Eratis	*Vous étiez,*
Erant	*Ils étaient.*

PARFAIT.

Fui	*J'ai été,*
Fuisti	*Tu as été,*
Fuit	*Il a été;*
Fuimus	*Ns. avons été,*
Fuistis	*Vs. avez été,*
Fuerunt ou fuére	*Ils ont été.*

ou *Je fus, tu fus, il fut ; nous fûmes, vous fûtes, ils furent;* ou *J'eus été, tu eus été, il eut été ; nous eûmes été, vous eûtes été, ils eurent été.*

PLUS-QUE-PARFAIT.

Fueram	*J'avais été.*
Fueras	*Tu avais été,*
Fuerat	*Il avait été ;*
Fueramus	*Nous avions été,*
Fueratis	*Vous aviez été,*
Fuerant	*Ils avaient été.*

FUTUR.

Ero	*Je serai,*
Eris	*Tu seras,*
Erit	*Il sera ;*
Erimus	*Nous serons,*

Eritis	*Vous serez,*
Erunt	*Ils seront.*

FUTUR PASSÉ.

Fuero	*J'aurai été,*
Fueris	*Tu auras été,*
Fuerit	*Il aura été ;*
Fuerimus	*Ns. aurons été,*
Fueritis	*Vs. aurez été,*
Fuerint	*Ils auront été.*

IMPÉRATIF.

PRÉSENT.

Es *ou* esto	*Sois,*
Esto (ille)	*Qu'il soit ;*
Simus	*Soyons,*
Esto *ou* estote	*Soyez,*
Sunto	*Qu'ils soient.*

SUBJONCTIF.

PRÉSENT.

Sim	*Que je sois,*
Sis	*Que tu sois,*
Sit	*Qu'il soit;*
Simus	*Que nous soyons,*
Sitis	*Que vs. soyez,*
Sint	*Qu'ils soient.*

IMPARFAIT.

Essem	*Que je fusse,*
Esses	*Que tu fusses,*
Esset	*Qu'il fût ;*
Essemus	*Que ns. fussions,*
Essetis	*Que vs. fussiez,*
Essent	*Qu'ils fussent.*

ou *Je serais, tu serais, il serait ; nous serions, vous seriez, ils seraient.*

PARFAIT.

Fuerim	*Que j'aie été,*
Fueris	*Que tu aies été,*
Fuerit	*Qu'il ait été ;*
Fuerimus	*Q. n. ayons été,*

Fueritis	*Que vous ayez été,*	
Fuerint	*Qu'ils aient été.*	

PLUS-QUE-PARFAIT.

Fuissem	*Que j'eusse été,*
Fuisses	*Que tu eusses été,*
Fuisset	*Qu'il eût été;*
Fuissemus	*Que nous eussions été,*
Fuissetis	*Que vous eussiez été,*
Fuissent	*Qu'ils eussent été.*

ou *J'aurais été, tu aurais été, il aurait été; nous aurions été, vous auriez été, ils auraient été.*

INFINITIF.

PRÉSENT.

Esse   *Être.*

PARFAIT.

Fuisse   *Avoir été.*

PARTICIPE.

FUTUR.

Futurus, a, um   *Devant être.*

Ainsi se conjuguent les composés de *sum*, *absum*, *desum*, etc.

Pour *possum* et *prosum*, voyez le supplément.

CHAPITRE III. VERBES PASSIFS.

Les temps des verbes passifs sont ou simples ou composés.

Les temps simples se forment des temps correspondans de l'actif. La caractéristique reste la même, la désinence personnelle seule diffère.

A la première personne du singulier	*o* se change en *or*, *m* en *r*.	
A la deuxième	*s*	*ris* ou *re*.
A la troisième	*t*	*tur*.
A la première personne du pluriel	*mus*	*mur*.
A la deuxième	*tis*	*mini*.
A la troisième	*nt*	*ntur*.

Les temps composés sont le parfait et les temps qui en dérivent; ils se forment du participe passé et d'un temps du verbe *sum*.

Le participe passé se forme du supin actif en changeant *um* en *us*, *a*, *um*; *amat*um, *amat*us, a, um; *lectum*, *lect*us, a, um, etc.

1re. conjugaison.	2e. conjugaison.	3e. conjugaison.	4e. conjugaison.
Infinitif en *ari*.	Infinitif en *eri*.	Infinitif en *i*.	Infinitif en *iri*.

INDICATIF.

PRÉSENT.

Am .. or	Mon e or	Leg .. or	Aud i or
Am a ris, re	Mon e ris, re	Leg e ris, re	Aud i ris, re
Am a tur	Mon e tur	Leg i tur	Aud i tur
Am a mur	Mon e mur	Leg i mur	Aud i mur

1re. conjugaison.	2e. conjugaison.	3e. conjugaison.	4e. conjugaison.
Am a mini	Mon e mini	Leg i mini	Aud i mini
Am a ntur.	Mon e ntur.	Leg u ntur(1).	Aud iu ntur.
Je suis aimé, etc.	*Je suis averti*, etc.	*Je suis lu*, etc.	*Je suis entendu.*

IMPARFAIT.

Am aba r	Mon eba r	Leg eba r (2)	Aud ieba r
Am aba ris, re	Mon eba ris, re	Leg eba ris, re	Aud ieba ris, re
Am aba tur	Mon eba tur	Leg eba tur	Aud ieba tur
Am aba mur	Mon eba mur	Leg eba mur	Aud ieba mur
Am aba mini	Mon eba mini	Leg eba mini	Aud ieba mini
Am aba ntur.	Mon eba ntur.	Leg eba ntur.	Aud iebantur.
J'étais aimé, etc.	*J'étais averti*, etc.	*J'étais lu*, etc.	*J'étais entendu.*

PARFAIT.

Amatus sum *ou* fui	Monitus sum *ou* fui	Lectus sum *ou* fui	Auditus sum *ou* fui
Amatus es *ou* fuisti	Monitus es *ou* fuisti	Lectus es *ou* fuisti	Auditus es *ou* fuisti
Amatus est *ou* fuit	Monitus est *ou* fuit	Lectus est *ou* fuit	Auditus est *ou* fuit
Amati sumus *ou* fuimus	Moniti sumus *ou* fuimus	Lecti sumus *ou* fuimus	Auditi sumus *ou* fuimus
Amati estis *ou* fuistis	Moniti estis *ou* fuistis	Lecti estis *ou* fuistis	Auditi estis *ou* fuistis
Amati sunt *ou* fuerunt.	Moniti sunt *ou* fuerunt.	Lecti sunt *ou* fuerunt.	Auditi sunt *ou* fuerunt.

J'ai été	*aimé.*	*J'ai été*	*averti.*	*J'ai été*	*lu.*	*J'ai été*	*entendu.*
Je fus		*Je fus*		*Je fus*		*Je fus*	
J'eus été		*J'eus été*		*J'eus été*		*J'eus été*	

PLUS-QUE-PARFAIT.

Amatus eram *ou* fueram	Monitus eram *ou* fueram	Lectus eram *ou* fueram	Auditus eram *ou* fueram
Amatus eras *ou* fueras	Monitus eras *ou* fueras	Lectus eras *ou* fueras	Auditus eras *ou* fueras
Amatus erat *ou* fuerat	Monitus erat *ou* fuerat	Lectus erat *ou* fuerat	Auditus erat *ou* fuerat
Amati eramus *ou* fueramus	Moniti eramus *ou* fueramus	Lecti eramus *ou* fueramus	Auditi eramus *ou* fueramus
Amati eratis *ou* fueratis	Moniti eratis *ou* fueratis	Lecti eratis *ou* fueratis	Auditi eratis *ou* fueratis
Amati erant *ou* fuerant.	Moniti erant *ou* fuerant.	Lecti erant *ou* fuerant.	Auditi erant *ou* fuerant.
J'avais été aimé, etc.	*J'avais été averti*, etc.	*J'avais été lu*, etc.	*J'avais été entendu*, etc.

FUTUR.

Am ab or	Mon eb or	Leg a r (3)	Aud ia r
Am abe ris, re	Mon ebe ris, re	Leg e ris, re	Aud ie ris, re

(1) Les verbes en *ior* font *iuntur, cap iuntur*, ils sont pris.
(2) Ceux en *ior* font *iebar, cap iebar*, j'étais pris.
(3) Ceux en *ior* font *iar, cap iar*, je serai pris.

1ʳᵉ. conjugaison.	2ᵉ. conjugaison.	3ᵉ. conjugaison.	4ᵉ. conjugaison.
Am abi tur	Mon ebi tur	Leg e tur	Aud ie tur
Am abi mur	Mon ebi mur	Leg e mur	Aud ie mur
Am abi mini	Mon ebi mini	Leg e mini	Aud ie mini
Am abu ntur.	Mon ebu ntur.	Leg e ntur.	Aud ie ntur.
Je serai aimé, etc.	*Je serai averti*, etc.	*Je serai lu*, etc.	*Je serai entendu*, etc.

FUTUR PASSÉ.

1ʳᵉ. conjugaison.	2ᵉ. conjugaison.	3ᵉ. conjugaison.	4ᵉ. conjugaison.
Amatus ero *ou* fuero	Monitus ero *ou* fuero	Lectus ero *ou* fuero	Auditus ero *ou* fuero
Amatus eris *ou* fueris	Monitus eris *ou* fueris	Lectus eris *ou* fueris	Auditus eris *ou* fueris
Amatus erit *ou* fuerit	Monitus erit *ou* fuerit	Lectus erit *ou* fuerit	Auditus erit *ou* fuerit
Amati erimus *ou* fuerimus	Moniti erimus *ou* fuerimus	Lecti erimus *ou* fuerimus	Auditi erimus *ou* fuerimus
Amati eritis *ou* fueritis	Moniti eritis *ou* fueritis	Lecti eritis *ou* fueritis	Auditi eritis *ou* fueritis
Amati erunt *ou* fuerint.	Moniti erunt *ou* fuerint.	Lecti erunt *ou* fuerint.	Auditi erunt *ou* fuerint.
J'aurai été aimé, etc.	*J'aurai été averti*, etc.	*J'aurai été lu*, etc.	*J'aurai été entendu*, etc.

IMPÉRATIF.

PRÉSENT.

1ʳᵉ. conjugaison.	2ᵉ. conjugaison.	3ᵉ. conjugaison.	4ᵉ. conjugaison.
Am a re *ou* ator	Mon e re *ou* etor	Leg ere *ou* itor	Aud i re *ou* itor
Am a tor (ille)	Mon e tor (ille)	Leg i tor (ille)	Aud i tor (ille)
Am e mur	Mon ea mur	Leg a mur (1)	Aud ia mur
Am a mini	Mon e mini	Leg i mini	Aud i mini
Am a ntor.	Mon e ntor.	Leg u ntor (2).	Aud iu ntor.
Sois aimé, etc.	*Sois averti*, etc.	*Sois lu*, etc.	*Sois entendu*, etc.

SUBJONCTIF.

PRÉSENT.

1ʳᵉ. conjugaison.	2ᵉ. conjugaison.	3ᵉ. conjugaison.	4ᵉ. conjugaison.
Am e r	Mon ea r	Leg a r (3)	Aud ia r
Am e ris, re	Mon ea ris, re	Leg a ris, re	Aud ia ris, re
Am e tur	Mon ea tur	Leg a tur	Aud ia tur
Am e mur	Mon ea mur	Leg a mur	Aud ia mur
Am e mini	Mon ea mini	Leg a mini	Aud ia mini
Am e ntur.	Mon ea ntur.	Leg a ntur.	Aud ia ntur.
Que je sois aimé, etc.	*Que je sois averti*, etc.	*Que je sois lu*, etc.	*Que je sois entendu*, etc.

IMPARFAIT.

1ʳᵉ. conjugaison.	2ᵉ. conjugaison.	3ᵉ. conjugaison.	4ᵉ. conjugaison.
Am are r	Mon ere r	Leg ere r	Aud ire r
Am are ris, re	Mon ere ris, re	Leg ere ris, re	Aud ire ris, re

(1) Ceux en *ior* font *iamur*, *cap iamur*, soyons pris.
(2) Ceux en *ior* font *iuntor*, *cap iuntor*, qu'ils soient pris.
(3) Ceux en *ior* font *iar*, *cap iar*, que je sois pris.

1re. conjugaison.	2e. conjugaison.	3e. conjugaison.	4e. conjugaison.
Am are tur	Mon ere tur	Leg ere tur	Aud ire tur
Am are mur	Mon ere mur	Leg ere mur	Aud ire mur
Am are mini	Mon ere mini	Leg ere mini	Aud ire mini
Am are ntur.	Mon ere ntur.	Leg ere ntur.	Aud ire ntur.

Que je fusse ai-mé, etc. ; ou je serais aimé, etc. / *Que je fusse averti, etc.; ou je serais averti, etc.* / *Que je fusse lu, etc ; ou je serais lu, etc.* / *Que je fusse entendu, etc.; ou je serais entendu, etc.*

PARFAIT.

Amatus sim	Monitus sim	Lectus sim	Auditus sim
ou fuerim	*ou* fuerim	*ou* fuerim	*ou* fuerim
Amatus sis	Monitus sis	Lectus sis	Auditus sis
ou fueris	*ou* fueris	*ou* fueris	*ou* fueris
Amatus sit	Monitus sit	Lectus sit	Auditus sit
ou fuerit	*ou* fuerit	*ou* fuerit	*ou* fuerit
Amati simus	Moniti simus	Lecti simus	Auditi simus
ou fuerimus	*ou* fuerimus	*ou* fuerimus	*ou* fuerimus
Amati sitis	Moniti sitis	Lecti sitis	Auditi sitis
ou fueritis	*ou* fueritis	*ou* fueritis	*ou* fueritis
Amati sint	Moniti sint	Lecti sint	Auditi sint
ou fuerint.	*ou* fuerint.	*ou* fuerint.	*ou* fuerint.

Que j'aie été ai-mé, etc. / *Que j'aie été averti, etc.* / *Que j'aie été lu, etc.* / *Que j'aie été entendu, etc.*

PLUS-QUE-PARFAIT.

Amatus essem	Monitus essem	Lectus essem	Auditus essem
ou fuissem	*ou* fuissem	*ou* fuissem	*ou* fuissem
Amatus esses	Monitus esses	Lectus esses	Auditus esses
ou fuisses	*ou* fuisses	*ou* fuisses	*ou* fuisses
Amatus esset	Monitus esset	Lectus esset	Auditus esset
ou fuisset	*ou* fuisset	*ou* fuisset	*ou* fuisset
Amati essemus	Moniti essemus	Lecti essemus	Auditi essemus
ou fuissemus	*ou* fuissemus	*ou* fuissemus	*ou* fuissemus
Amati essetis	Moniti essetis	Lecti essetis	Auditi essetis
ou fuissetis	*ou* fuissetis	*ou* fuissetis	*ou* fuissetis
Amati essent	Moniti essent	Lecti essent	Auditi essent
ou fuissent.	*ou* fuissent.	*ou* fuissent.	*ou* fuissent.

Que j'eusse été ai-mé, ou j'aurais été aimé, etc. / *Que j'eusse été averti, ou j'aurais été averti, etc.* / *Que j'eusse été lu, ou j'aurais été lu, etc.* / *Que j'eusse été entendu, ou j'aurais été entendu, etc.*

INFINITIF.

PRÉSENT.

Am ari	Mon eri	Leg i	Aud iri
Être aimé.	*Être averti.*	*Être lu.*	*Être entendu.*

PARFAIT.

Amatum esse	Monitum esse	Lectum esse	Auditum esse
ou fuisse	*ou* fuisse	*ou* fuisse	*ou* fuisse
Avoir été aimé.	*Avoir été averti.*	*Avoir été lu.*	*Avoir été entendu.*

1re. conjugaison. 2e. conjugaison.   3e. conjugaison.   4e. conjugaison.

PARTICIPE.

PASSÉ.

Amatus, a, um	Monitus, a, um	Lectus, a, um	Auditus, a, um
Aimé.	*Averti.*	*Lu.*	*Entendu.*

FUTUR (1).

Am, andus, a, um	Mon endus, a, um	Leg endus, a, um	Aud iendus, a, um
Devant être aimé.	*Devant être averti.*	*Devant être lu.*	*Devant être entendu.*

SUPIN (2).

Am atu	Mon itu	Lec tu	Aud itu
A être aimé.	*A être averti.*	*A être lu.*	*A être entendu.*

CHAPITRE IV. Conjugaisons composées.

Les participes futurs de l'actif et du passif, joints au verbe *sum*, forment deux séries, l'une active, l'autre passive, de temps composés, dont nous allons présenter le tableau.

§ 1. *Actif.*

INDICATIF.

PRÉSENT. . . Lecturus sum , *je dois* ou *je vais lire,*
Lecturus es , *tu dois* ou *tu vas lire,*
Lecturus est , *il doit* ou *il va lire;*
Lecturi sumus , *nous devons* ou *nous allons lire,*
Lecturi estis , *vous devez* ou *vous allez lire,*
Lecturi sunt , *ils doivent* ou *ils vont lire.*
IMPARFAIT. . Lecturus eram , *je devais* ou *j'allais lire.*
PARFAIT. . . Lecturus fui, *j'ai dû lire.*
PLUSQUEPARF. Lecturus fueram , *j'avais dû lire.*
FUTUR. . . . Lecturus ero, *je devrai lire.* } *rares.*
FUTUR PASSÉ. Lecturus fuero , *j'aurai dû lire.* }
Point d'impératif.

(1) Il se forme du présent de l'indicatif actif en changeant dans la première conjugaison *o* en *andus*, dans la deuxième *eo* en *endus* ; dans les deux autres *o* en *endus*.

(2) Il se forme du supin actif en retranchant *m* final.

SUBJONCTIF.

Présent. . . Lecturus sim , *que je doive lire.*
Imparfait. . Lecturus essem , *que je dusse* ou *je devrais lire.*
Parfait. . . Lecturus fuerim , *que j'aie dû lire.*
Plusqueparf. Lecturus fuissem, *que j'eusse dû* ou *j'aurais dû lire.*

INFINITIF.

Futur. . . . Lecturum esse , *devoir lire.*
Futur passé. Lecturum fuisse , *avoir dû lire.*

§ 11. *Passif.*

INDICATIF.

Présent. . . Amandus sum , *je dois être aimé.*
           Amandi sumus, *nous devons être aimés.*
Imparfait. . Amandus eram , *je devais être aimé.*
Parfait. . . Amandus fui , *j'ai dû être aimé.*
Plusqueparf. Amandus fueram , *j'avais dû être aimé.*
Futur. . . . Amandus ero , *je devrai être aimé.* ⎫
Futur passé. Amandus fuero , *j'aurai dû être aimé.* ⎬ *rares.*
                             Point d'impératif.

SUBJONCTIF.

Présent. . . Amandus sim , *que je doive* ou *je devrais être aimé.*
Imparfait. . Amandus essem , *que je dusse être aimé.*
Parfait. . . Amandus fuerim , *que j'aie dû être aimé.*
Plusqueparf. Amandus fuissem , *que j'eusse dû* ou *j'aurais dû être aimé.*

INFINITIF.

Futur. . . . Amandum esse (1) , *devoir être aimé.*
Futur passé. Amandum fuisse , *avoir dû être aimé.*

Conjuguez de même amaturus sum , *je dois aimer ;* moniturus sum , *je dois avertir ;* auditurus sum , *je dois entendre ;* monendus sum , *je dois être averti ;* legendus sum , *je dois être lu ;* audiendus sum , *je dois être entendu.*

---

(1) L'infinitif passif a un autre futur qu'on forme du supin actif du verbe qu'on conjugue et de l'infinitif passif du verbe *eo*. On dit donc :

Amandum esse *ou* amatum iri, *devoir être aimé.*
Monendum esse *ou* monitum iri, *devoir être averti.*
Legendum esse *ou* lectum iri , *devoir être lu.*
Audiendum esse *ou* auditum iri, *devoir être entendu.*

CHAPITRE V. Verbes déponents.

Les verbes déponents sont des verbes qui, sous la forme passive, sont actifs ou neutres.

On connaîtra par la terminaison de l'infinitif à laquelle des conjugaisons passives ils appartiennent. Ainsi *imitari*, imiter, se conjugue sur la première ; *polliceri*, promettre, sur la seconde ; *uti*, se servir, sur la troisième ; *blandiri*, flatter, sur la quatrième (1).

1ʳᵉ. conjugaison.   2ᵉ. conjugaison.   3ᵉ. conjugaison.   4ᵉ. conjugaison.

INDICATIF.

PRÉSENT.

1ʳᵉ	2ᵉ	3ᵉ	4ᵉ
Imit .. or	Pollic e or	Ut .. or	Bland i or
Imit a ris, re.	Pollic e ris, re.	Ut e ris, re.	Bland i ris, re.
J'imite, etc.	*Je promets*, etc.	*Je me sers*, etc.	*Je flatte*, etc.

IMPARFAIT.

1ʳᵉ	2ᵉ	3ᵉ	4ᵉ
Imit aba r	Pollic eba r	Ut eba r 2)	Bland ieba r
Imit aba ris, re.	Pollic eba ris, re.	Ut eba ris, re.	Bland ieba ris, re.
J'imitais, etc.	*Je promettais*, etc.	*Je me servais*, etc.	*Je flattais*, etc.

PARFAIT.

1ʳᵉ	2ᵉ	3ᵉ	4ᵉ
Imitatus sum ou fui.	Pollicitus sum ou fui.	Usus sum ou fui.	Blanditus sum ou fui.
J'ai imité.	*J'ai promis.*	*Je me suis servi.*	*J'ai flatté.*

PLUS-QUE-PARFAIT.

1ʳᵉ	2ᵉ	3ᵉ	4ᵉ
Imitatus eram ou fueram.	Pollicitus eram ou fueram.	Usus eram ou fueram.	Blanditus eram ou fueram.
J'avais imité.	*J'avais promis.*	*Je m'étais servi.*	*J'avais flatté.*

FUTUR.

1ʳᵉ	2ᵉ	3ᵉ	4ᵉ
Imit a bor	Pollic e bor	Ut a r (3)	Bland ia r
Imit abe ris, re.	Pollic ebe ris, re.	Ut e ris, re.	Bland ie ris, re.
J'imiterai.	*Je promettrai.*	*Je me servirai.*	*Je flatterai.*

(1) Les verbes déponents avaient dans l'origine la double signification active et passive. Le nom de *déponents* leur a été donné parce qu'ils ont quitté et pour ainsi dire *déposé* la signification passive pour ne garder que la signification active.

(2) Ceux en *ior* font *iebar, patiebar.*

(3) Ceux en *ior* font *iar, patiar.*

1re. conjugaison.	2e. conjugaison.	3e. conjugaison.	4e. conjugaison.

FUTUR PASSÉ.

Imitatus ero *ou* fuero.	Pollicitus ero *ou* fuero.	Usus ero *ou* fuero.	Blanditus ero *ou* fuero.
J'aurai imité.	*J'aurai promis.*	*Je me serai servi.*	*J'aurai flatté.*

IMPÉRATIF.

PRÉSENT.

Imit are, ator, Imit ator (ille).	Pollic ere, etor, Pollic etor (ille).	Ut ere, itor, Ut itor (ille).	Bland ire, itor, Bland itor (ille).
Imite.	*Promets.*	*Sers-toi.*	*Flatte.*

SUBJONCTIF.

PRÉSENT.

Imit e r Imit e ris, re.	Pollic ea r Pollic ea ris, re	Ut a r (1) Ut a ris, re.	Bland ia r Bland ia ris, re.
Que j'imite.	*Que je promette.*	*Que je me serve.*	*Que je flatte.*

IMPARFAIT.

Imit are r Imit are ris, re.	Pollic ere r Pollic ere ris, re.	Ut ere r Ut ere ris, re.	Bland ire r Bland ire ris, re.
Que j'imitasse ou j'imiterais.	*Que je promisse ou je promettrais.*	*Que je me servisse ou je me servirais.*	*Que je flattasse. ou je flatterais.*

PARFAIT.

Imitatus sim *ou* fuerim.	Pollicitus sim *ou* fuerim.	Usus sim *ou* fuerim.	Blanditus sim *ou* fuerim.
Que j'aie imité.	*Que j'aie promis.*	*Q. je me sois servi.*	*Que j'aie flatté.*

PLUS-QUE-PARFAIT.

Imitatus essem *ou* fuissem.	Pollicitus essem *ou* fuissem.	Usus essem *ou* fuissem.	Blanditus essem *ou* fuissem.
Que j'eusse imité ou j'aurais imité.	*Q. j'eusse promis ou j'aurais promis.*	*Que je me fusse servi ou je me serais servi.*	*Que j'eusse flatté ou j'aurais flatté.*

INFINITIF.

PRÉSENT.

Imit ari *Imiter.*	Pollic eri *Promettre.*	Ut i *Se servir.*	Bland iri *Flatter.*

PARFAIT.

Imitatum esse *ou* fuisse.	Pollicitum esse *ou* fuisse.	Usum esse *ou* fuisse.	Blanditum esse *ou* fuisse.
Avoir imité.	*Avoir promis.*	*S'être servi.*	*Avoir flatté.*

(1) Ceux en *ior* font *iar, patiar.*

1re. conjugaison.   2e. conjugaison.   3e. conjugaison.   4e. conjugaison.

PARTICIPE.

PRÉSENT.

Imit ans, antis	Pollic ens, entis	Ut ens, entis (1)	Bland iens, ientis
Imitant.	*Promettant.*	*Se servant.*	*Flattant.*

PASSÉ.

Imitatus, a, um	Pollicitus, a, um	Usus, a, um	Blanditus, a, um
Ayant imité.	*Ayant promis.*	*S'étant servi.*	*Ayant flatté.*

FUTUR ACTIF.

Imitaturus, a, um,	Polliciturus, a, um	Usurus, a, um,	Blanditurus, a, um
Devant imiter.	*Devant promettre.*	*Devant se servir.*	*Devant flatter.*

FUTUR PASSIF.

Imit andus, a, um	Pollic endus, a, um	Ut endus, a, um (2)	Bland iendus, a, um
Devant être imité.	*Dev. être promis.*	*De. être employé.*	*Devant être flatté.*

SUPIN.

Imitatum	Pollicitum	Usum	Blanditum
A imiter.	*A promettre.*	*A se servir.*	*A flatter.*
Imitatu	Pollicitu.	Usu	Blanditu
A être imité.	*A être promis.*	*A être employé.*	*A être flatté.*

GÉRONDIF.

Imit andi	Pollic endi	Ut endi (3)	Bland iendi
D'imiter.	*De promettre.*	*De se servir.*	*De flatter.*
Imit ando	Pollic endo	Ut endo	Bland iendo
En imitant.	*En promettant.*	*En se servant.*	*En flattant.*
Imit andum	Pollic endum	Ut endum	Bland iendum
A ou pr. imiter.	*A ou pr. promettre.*	*A ou pr. se servir.*	*A ou pour flatter.*

Verbes radicaux déponents.

Première conjugaison.

Adulari, atus sum, *aduler.*
Conari, *s'efforcer, tâcher.*
Cunctari, *temporiser, hésiter.*
* Fari, *parler, dire.*
Hortari, *exhorter, exciter.*
Luctari, *lutter, disputer.*

Meditari, *méditer, s'exercer à.*
Opinari, *juger, croire.*
Palari, *courir çà et là.*
Precari, *supplier, souhaiter.*
Procari, *demander en mariage, courtiser.*
Scrutari, *sonder, examiner.*
Solari, *consoler, apaiser.*

(1) Les verbes en ior font *iens, patiens.*
(2) Les verbes en ior font *iendus. , um, patiendus, a, um.*
(3) Les verbes en ior font *iendi, iendo, iendum, patiendi, do, dum.*

Urinari, *faire le plongeon.*
Vagari, *être vagabond, aller çà et là.*
Venari, *chasser.*
Venerari, *révérer, honorer.*

Deuxième conjugaison.

Tueri, tuitus, *voir, défendre, protéger.*
Vereri, veritus, *craindre.*
Fateri, fassus, *avouer.*
Reri, ratus, *croire, penser.*
Mederi, (sans parf. ni sup.) *remédier, guérir.*

Troisième conjugaison.

Adipisci, adeptus, *acquérir.*
Frui, fruitus, *et* fructus, *jouir.*
Fungi, functus, *s'acquitter de.*
Labi, lapsus, *tomber, faillir, couler, se passer.*
Loqui, locutus, *parler, dire.*
Nancisci, nactus, *trouver, acquérir.*
Nasci, natus, *naître.*
Niti, nisus *et* nixus, *s'efforcer.*
Oblivisci, oblitus, *oublier.*

Pacisci, pactus, *traiter, convenir.*
Pasci, pastus, *paître.*
Queri, questus, *se plaindre, déplorer.*
Sequi, secutus, *suivre, poursuivre, rechercher.*
Ulcisci, ultus, *se venger, venger.*
Uti, usus, *user, se servir, traiter.*
Vesci, (sans parf. ni sup.) *se nourrir de.* [cher.
Gradi, ior, gressus, *aller, mar-*
Mori, ior, mortuus, *mourir.*
Pati, ior, passus, *souffrir, permettre.*

Quatrième conjugaison.

Ment iri, itus, *mentir, contrefaire.*
Met iri, mensus, *mesurer.*
Mol iri, itus, *bâtir, tâcher, machiner.* [cer.
Ordiri, orsus, *ourdir, commen-*
Oriri, ortus, *naître, se lever.*
Pot iri, itus, *posséder, s'emparer.*

OBSERVATIONS SUR LES PARTICIPES.

1°. Il y a des participes du présent, du passé, du futur.

Les verbes actifs et les verbes neutres ont deux participes : celui du présent, *monens*, avertissant ; *surgens*, se levant ; celui du futur, *moniturus*, devant avertir ; *surrecturus*, devant se lever.

Les verbes passifs ont aussi deux participes : celui du passé, *monitus*, averti ; celui du futur, *monendus*, devant être averti.

Les verbes déponents ont trois participes : les deux de l'actif : *imitans*, imitant ; *imitaturus*, devant imiter ; et celui du passé passif, mais avec la signification active, *imitatus*, ayant imité. Quelques-uns ont encore le participe du futur passif : *imitandus*, devant être imité ; celui-ci avec la signification passive.

2°. Les participes passés de quelques verbes déponents ont les deux significations active et passive : *adeptus*, qui a obtenu, qui est obtenu ; *comitatus*, qui est accompagné, qui a accompagné ; *pactus*, qui a convenu, qui est convenu, etc.

3°. Quelques déponents, et particulièrement ceux de la première conjugaison, ont un participe présent terminé en *bundus*, *gratulabundus*, qui félicite ; *meditabundus*, qui médite ; *mirabundus*, qui admire ; *moribundus*, qui se meurt, etc.

4°. Le participe futur des trois verbes *oriri*, *nasci*, *mori*, ne se forme pas d'un supin ; on dit par exception : *oriturus*, *nasciturus*, *moriturus*.

SUPPLÉMENT AU SECOND LIVRE.

VERBES IRRÉGULIERS ET DÉFECTUEUX.

Parmi les verbes, il en est d'irréguliers et de défectueux. Les verbes irréguliers sont ceux dont la conjugaison n'est pas exactement conforme à l'une des quatre conjugaisons, soit actives, soit passives, déjà connues. Les verbes défectueux sont ceux qui ne se conjuguent qu'à certains temps et à certaines personnes.

Gaudeo, es, gavisus sum, gaudere, *se réjouir*.

Dans ce verbe, le parfait et tous les temps qui en dérivent sont des temps composés, les autres temps se conjuguent sur la seconde conjugaison.

INDICATIF.

PRÉSENT.

Gaudeo, *je me réjouis, etc.*

IMPARFAIT.

Gaudebam, *je me réjouissois, etc.*

PARFAIT.

Gavisus sum *ou* fui, *je me suis réjoui, etc.*

PLUS-QUE-PARFAIT.

Gavisus eram *ou* fueram, *je m'étais réjoui, etc.*

FUTUR.

Gaudebo, *je me réjouirai, etc.*

FUTUR PASSÉ.

Gavisus ero *ou* fuero, *je me serai réjoui, etc.*

IMPÉRATIF.

Gaude *ou* gaudeto, *réjouis-toi, etc.*

SUBJONCTIF.

PRÉSENT.

Gaudeam, *que je me réjouis-se, etc.*

IMPARFAIT.

Gauderem, *que je me rejouis-se, etc.*

PARFAIT.

Gavisus sim *ou* fuerim, *que je me sois réjoui, etc.*

PLUS-QUE-PARFAIT.

Gavisus essem *ou* fuissem, *que je me fusse réjoui, etc.*

INFINITIF.

PRÉSENT.

Gaudēre, *se réjouir.*

PARFAIT.

Gavisum esse, *s'être réjoui.*

PARTICIPE.

PRÉSENT.

Gaudens, *se réjouissant.*

PASSÉ.

Gavisus, a, um, *s'étant réjoui.*

FUTUR.

Gavisurus, a, um, *devant se réjouir.*

SUPIN.

Gavisum, *se réjouir.*
Gavisu, *à se réjouir.*

GÉRONDIF.

Gaudendi, *de se réjouir.*
Gaudendo, *en se réjouissant.*
Gaudendum, *à ou pour se ré-jouir.*

Ainsi se conjuguent

Audeo, es, ausus sum, audēre, *oser.*
Soleo, es, solitus sum, solēre, *avoir coutume.*

Fido, is, fidi *ou* fisus sum, fidēre, *se fier* (troisième conjugaison).

Fero, fers, tuli, latum, ferre, *porter* (1).

INDICATIF.

PRÉSENT.

Fero, *je porte,*
Fers, *tu portes,*
Fert, *il porte ;*
Ferimus, *nous portons,*
Fertis, *vous portez,*
Ferunt, *ils portent.*

IMPARFAIT.

Ferebam, *je portais, etc.*

PARFAIT.

Tuli, *j'ai porté, etc.*

PLUS-QUE-PARFAIT.

Tuleram, *j'avais porté, etc.*

FUTUR.

Feram, *je porterai,*
Feres, *tu porteras, etc.*

FUTUR PASSÉ.

Tulero, *j'aurai porté, etc.*

IMPÉRATIF.

Fer *ou* ferto, *porte,*
Ferto (ille) *qu'il porte ;*
Feramus, *portons,*
Ferte *ou* fertote, *portez,*
Ferunto, *qu'ils portent.*

(1) Quædam verba mutantur, ut *fero*, in præterito. Quint. 1. 4. 29. Voyez page 63.

SUBJONCTIF.

PRÉSENT.

Feram, *que je porte, etc.*

IMPARFAIT.

Ferrem, *que je portasse, etc.*

PARFAIT.

Tulerim, *que j'aie porté, etc.*

PLUS-QUE-PARFAIT.

Tulissem, *que j'eusse porté, etc.*

INFINITIF.

PRÉSENT.

Ferre, *porter.*

PARFAIT.

Tulisse, *avoir porté.*

PARTICIPE.

PRÉSENT.

Ferens, entis, *portant.*

FUTUR.

Laturus, a, um, *devant porter.*

SUPIN.

Latum, *à porter.*

GÉRONDIF.

Ferendi, *de porter.*
Ferendo, *en portant.*
Ferendum, *à ou pour porter.*

Ainsi se conjuguent tous les composés de *Fero.*

Affero, affers, attuli, allatum, afferre, *apporter.*
Aufero, aufers, abstuli, ablatum, auferre, *emporter.*

Offero, offers, obtuli, oblatum, offerre, *offrir,* etc. (Voyez *Racines latines.*)

Passif. Feror, ferris, latus sum, ferri, *être porté.*

INDICATIF.

PRÉSENT.

Feror, *je suis porté,*
Ferris *ou* ferre, *tu es porté,*
Fertur, *il est porté;*
Ferimur, *nous sommes portés,*
Ferimini, *vous êtes portés,*
Feruntur, *ils sont portés.*

IMPARFAIT.

Ferebar, *j'étais porté, etc.*

PARFAIT.

Latus sum *ou* fui, *j'ai été porté.*

PLUS-QUE-PARFAIT.

Latus eram *ou* fueram, *j'avais été porté, etc.*

FUTUR.

Ferar, *je serai porté, etc.*

FUTUR PASSÉ.

Latus ero *ou* fuero, *j'aurai été porté, etc.*

IMPÉRATIF.

Ferre *ou* fertor, *sois porté,*
Fertor (ille), *qu'il soit porté;*
Feramur, *soyons portés,*
Ferimini, *soyez portés,*
Feruntor, *qu'ils soient portés.*

SUBJONCTIF.

PRÉSENT.

Ferar, *que je sois porté, etc.*

IMPARFAIT.

Ferrer, *que je fusse porté, etc.*

PARFAIT.

Latus sim *ou* fuerim, *que j'aie été porté, etc.*

PLUS-QUE-PARFAIT.

Latus essem *ou* fuissem, *que j'eusse été porté, etc.*

INFINITIF.

PRÉSENT.

Ferri, *être porté.*

PARFAIT.

Latum esse *ou* fuisse, *avoir été porté.*

PARTICIPE.

FUTUR.

Ferendus, a, um, *devant être porté.*

SUPIN.

Latu, *à être porté.*

Volo, vis, volui, velle, *vouloir.*

INDICATIF.

PRÉSENT.

Volo, *je veux,*
Vis, *tu veux,*
Vult, *il veut ;*
Volumus, *nous voulons,*
Vultis, *vous voulez,*
Volunt, *ils veulent.*

IMPARFAIT.

Volebam, *je voulais, etc.*

PARFAIT.

Volui, *j'ai voulu, etc.*

PLUS-QUE-PARFAIT.

Volueram, *j'avais voulu, etc.*

FUTUR.

Volam, *je voudrai,*
Voles, *tu voudras, etc.*

FUTUR PASSÉ.

Voluero, *j'aurai voulu, etc.*
Il n'y a pas d'impératif.

SUBJONCTIF.

PRÉSENT.

Velim, *que je veuille, etc.*

IMPARFAIT.

Vellem, *je voudrais, etc.*

PARFAIT.

Voluerim, *que j'aie voulu, etc.*

PLUS-QUE-PARFAIT.

Voluissem, *que j'eusse voulu, etc.*

INFINITIF.

PRÉSENT.

Velle, *vouloir.*

PARFAIT.

Voluisse, *avoir voulu.*

PARTICIPE.

PRÉSENT.

Volens, tis, *voulant.*

De *non volo* on a fait *nolo,* je ne veux pas ; et de *magis volo* on a fait *malo,* j'aime mieux. Ces verbes se conjuguent sur *volo.*

Nolo, non vis, nolui, nolle, *ne vouloir pas.*

INDICATIF.

PRÉSENT.

Nolo, *je ne veux pas,*
Non vis, *tu ne veux pas,*
Non vult, *il ne veut pas ;*
Nolumus, *nous ne voulons pas,*
Non vultis, *vous ne voulez pas,*
Nolunt, *ils ne veulent pas.*

IMPARFAIT.

Nolebam, *je ne voulais pas, etc.*

PARFAIT.

Nolui, *je n'ai pas voulu, etc.*

PLUS-QUE-PARFAIT.

Nolueram, *je n'avais pas voulu, etc.*

FUTUR.

Nolam, *je ne voudrai pas,*
Noles, *tu ne voudras pas, etc.*

FUTUR PASSÉ.

Noluero, *je n'aurai pas voulu.*

IMPÉRATIF.

Noli *ou* nolito, *ne veuille pas,*
Nolito (ille), *qu'il ne veuille pas;*
Nolimus, *ne veuillons pas;*
Nolite *ou* nolitote, *ne veuillez
    pas,*
Nolunto, *qu'ils ne veuillent pas.*

SUBJONCTIF.

PRÉSENT.

Nolim, *que je ne veuille pas,
    etc.*

IMPARFAIT.

Nollem, *je ne voudrais pas, etc.*

PARFAIT.

Nolueram, *que je n'aie pas vou-
    lu, etc.*

PLUS-QUE-PARFAIT.

Noluissem, *je n'aurais pas vou-
    lu, etc.*

INFINITIF.

PRÉSENT.

Nolle, *ne vouloir pas.*

PARFAIT.

Noluisse, *n'avoir pas voulu.*

PARTICIPE.

PRÉSENT.

Nolens, tis, *ne voulant pas.*

Malo, mavis, malui, malle, *aimer mieux.*

INDICATIF.

PRÉSENT.

Malo, *j'aime mieux,*
Mavis, *tu aimes mieux,*
Mavult, *il aime mieux;*
Malumus, *nous aimons mieux,*
Mavultis, *vous aimez mieux,*
Malunt, *ils aiment mieux.*

IMPARFAIT.

Malebam, *j'aimais mieux, etc.*

PARFAIT.

Malui, *j'ai mieux aimé, etc.*

PLUS-QUE-PARFAIT.

Malueram, *j'avais mieux ai-
    mé, etc.*

FUTUR.

Malam, *j'aimerai mieux,*
Males, *tu aimeras mieux, etc.*

FUTUR PASSÉ.

Maluero, *j'aurai mieux ai-
    mé, etc.*

Il n'y a pas d'impératif.

SUBJONCTIF.

PRÉSENT.

Malim, *que j'aime mieux, etc.*

IMPARFAIT.

Mallem, *j'aimerais mieux, etc.*

PARFAIT.

Maluerim, *que j'aie mieux ai-
    mé, etc.*

PLUS-QUE-PARFAIT.

Maluissem, *j'aurais mieux aimé.*

INFINITIF.

PRÉSENT.

Malle, *aimer mieux.*

PARFAIT.

Maluisse, *avoir mieux aimé.*

Il n'y a pas de participe.

Fio, fis, factus sum, fieri, *devenir* ou *être fait*, passif de Facere.

INDICATIF.

PRÉSENT.

Fio, *je deviens ou je suis fait,*
Fis, *tu deviens,*
Fit, *il devient;*
Fimus, *nous devenons;*
Fitis, *vous devenez,*
Fiunt, *ils deviennent.*

IMPARFAIT.

Fiebam, *je devenais, etc.*

PARFAIT.

Factus sum *ou* fui, *je suis devenu, etc.*

PLUS-QUE-PARFAIT.

Factus eram *ou* fueram, *j'étais devenu, etc.*

FUTUR.

Fiam, *je deviendrai.*
Fies, *tu deviendras, etc.*

FUTUR PASSÉ.

Factus ero, *ou* fuero, *je serai devenu, etc.*

IMPÉRATIF.

Fi, *deviens.*
Fite, fitote, *devenez.*

SUBJONCTIF.

PRÉSENT.

Fiam, *que je devienne, etc.*

IMPARFAIT.

Fierem, *que je devinsse, etc.*

PARFAIT.

Factus sim *ou* fuerim, *que je sois devenu, etc.*

PLUS-QUE-PARFAIT.

Factus essem *ou* fuissem *que je fusse devenu, etc.*

INFINITIF.

PRÉSENT.

Fieri, *devenir.*

PARFAIT.

Factum esse *ou* fuisse, *être devenu.*

PARTICIPE.

PASSÉ.

Factus, a, um, *devenu, étant devenu.*

FUTUR.

Faciendus, a, um, *devant être fait.*

SUPIN.

Factu, *à être fait.*

Eo, ivi *ou* ii, itum, ire, *aller.*

INDICATIF

PRÉSENT.

Eo, *je vais ou je vas,*
Is, *tu vas,*
It, *il va;*
Imus, *nous allons,*
Itis, *vous allez,*
Eunt, *ils vont.*

IMPARFAIT.

Ibam, *j'allais, etc.*

PARFAIT.

Ivi, *je suis allé, etc.*

PLUS-QUE-PARFAIT.

Iveram, *j'étais allé, etc.*

FUTUR.

Ibo, *j'irai, etc.*

FUTUR PASSÉ.

Ivero, *je serai allé, etc.*

IMPÉRATIF.

I *ou* ito, *va*,
Ito (ille), *qu'il aille ;*
Eamus , *allons,*
Ite *ou* itote , *allez,*
Eunto , *qu'ils aillent.*

SUBJONCTIF.

PRÉSENT.

Eam , *que j'aille, etc.*

IMPARFAIT.

Irem , *que j'allasse, etc.*

PARFAIT.

Iverim , *que je sois allé, etc.*

PLUS-QUE-PARFAIT.

Ivissem , *que je fusse allé , etc.*

INFINITIF.

PRÉSENT.

Ire, *aller.*

PARFAIT.

Ivisse, *être allé.*

PARTICIPE.

PRÉSENT.

Iens , euntis , *allant.*

FUTUR.

Iturus , a , um , *devant aller.*

SUPIN.

Itum , *à aller* ou *pour aller.*
Itu , *à être allé.*

GÉRONDIF.

Eundi , *d'aller.*
Eundo , *en allant.*
Eundum , *à ou pour aller.*

Ainsi se conjuguent les composés d'*ire, adire,* aller trouver; *exire,* sortir, etc. (Voyez *Racines latines.*) (1).

Queo, quis , quivi , quire, *pouvoir.*

Ce verbe, qui se conjugue comme *eo,* n'a guère que les temps et les personnes qui sont ici.

INDICATIF.

PRÉSENT.

Queo, *je peux,*
Quis, *tu peux,*
Quit, *il peut ;*
Quimus, *nous pouvons,*
Quitis, *vous pouvez,*
Queunt, *ils peuvent.*

IMPARFAIT.

Quibam , *je pouvais.*

PARFAIT.

Quivi, *j'ai pu,*
Quivimus, *nous avons pu.*

PLUS-QUE-PARFAIT.

Quiveram , *j'avais pu.*

FUTUR.

Quibo , *je pourrai.*

FUTUR PASSÉ.

Quivero , *j'aurai pu.*

SUBJONCTIF.

PRÉSENT.

Queam , *que je puisse,*
Queas , *que tu puisses,*
Queat , *qu'il puisse ;*
Queamus , *que nous puissions ,*

(1, *Ambire,* aller autour, se conjugue sur *audio. Circumire* perd *m* avant un *i* seulement : *circumeo, circuis, circuimus, circuitis, circumeunt.* (Pelletier.)

Queatis, *que vous puissiez,*
Queant, *qu'ils puissent.*

IMPARFAIT.

Quirem, *que je pusse,*
Quiremus, *que nous pussions.*

PARFAIT.

Quiverim, *que j'aie pu.*
Quiverimus, *que nous ayons pu.*

PLUS-QUE-PARFAIT.

Quivissem, *que j'eusse pu.*
Quivissemus, *que nous eussions pu.*

Ainsi se conjugue *nequeo*, nequire, ne pouvoir pas.

Verbes irréguliers composés de Sum.

Possum, potes, potui, posse, *pouvoir.*

INDICATIF.

PRÉSENT.

Possum, *je puis, je peux,*
Potes, *tu peux,*
Potest, *il peut;*
Possumus, *nous pouvons,*
Potestis, *vous pouvez,*
Possunt, *ils peuvent.*

IMPARFAIT.

Poteram, *je pouvais, etc.*

PARFAIT.

Potui, *j'ai pu, etc.*

PLUS-QUE-PARFAIT.

Potueram, *j'avais pu, etc.*

FUTUR.

Potero, *je pourrai, etc.*

FUTUR PASSÉ.

Potuero, *j'aurai pu, etc.*

SUBJONCTIF.

PRÉSENT.

Possim, *que je puisse, etc.*

IMPARFAIT.

Possem, *que je pusse, etc.*

PARFAIT.

Potuerim, *que j'aie pu, etc.*

PLUS-QUE-PARFAIT.

Potuissem, *que j'eusse pu, etc.*

INFINITIF.

PRÉSENT.

Posse, *pouvoir.*

PARFAIT.

Potuisse, *avoir pu.*

Prosum, prodes, profui, prodesse, *servir* (1).

INDICATIF.

PRÉSENT.

Prosum, *je sers,*
Prodes, *tu sers,*
Prodest, *il sert;*
Prosumus, *nous servons,*
Prodestis, *vous servez,*
Prosunt, *ils servent.*

IMPARFAIT.

Proderam, *je servais, etc.*

PARFAIT.

Profui, *j'ai servi.*

PLUS-QUE-PARFAIT.

Profueram, *j'avais servi, etc.*

(1) *Pro* se change en *prod* devant *e.*

FUTUR.

Prodero , *je servirai , etc.*

FUTUR PASSÉ.

Profuero , *j'aurai servi, etc.*

IMPÉRATIF.

Prodes, prodesto, *sers,*
Prodesto (ille) *qu'il serve ;*
Prosimus , *servons,*
Prodeste, tote , *servez,*
Prosunto , *qu'ils servent.*

SUBJONCTIF.

PRÉSENT.

Prosim , *que je serve , etc.*

IMPARFAIT.

Prodessem , *que je servisse, etc.*

PARFAIT.

Profuerim , *que j'aie servi, etc.*

PLUS-QUE-PARFAIT.

Profuissem , *que j'eusse servi.*

INFINITIF.

PRÉSENT.

Prodesse, *servir.*

PARFAIT.

Profuisse, *avoir servi.*

PARTICIPE.

FUTUR.

Profuturus , a , um , *devant servir.*

Memini , meminisse, *se souvenir.*

INDICATIF.

PRÉSENT.

Memini , *je me souviens,*
Meministi , *tu te souviens ,*
Meminit , *il se souvient ;*
Meminimus , *nous nous souve-nons ,*
Meministis, *vous vous souvenez,*
Meminerunt *ou* êre, *ils se sou-viennent.*

IMPARFAIT.

Memineram , *je me souvenais , etc.*
Sans parfait ni plus-que-par-fait.

FUTUR.

Meminero, *je me souviendrai , etc.*
Sans futur passé.

IMPÉRATIF.

Memento , *souviens-toi.*
Memento (ille), *qu'il se sou-vienne ;*
Mementote, *souvenez-vous.*

SUBJONCTIF.

PRÉSENT.

Meminerim , *que je me sou-vienne, etc.*

IMPARFAIT.

Meminissem, *que je me sou-vinsse, etc.*
Sans parfait ni plus-que-parfait.

INFINITIF.

PRÉSENT.

Meminisse, *se souvenir.*

Ainsi se conjuguent :

Cœpi, isse, *commencer.* Novi, isse, *connaître.* Odi, isse, *haïr.*

NOTA. Ce dernier verbe a un parfait et tous les temps qui en dérivent. *Osus sum* ou *fui.* Les trois verbes *cœpi, novi, odi* n'ont point d'impératif.

Cœpi et *odi* ont deux participes, le participe passé *cœptus, a,* um ; *osus, a, um* ; et le participe futur *cæpturus, a, um ; osurus, a, um.* Le participe *osus,* ainsi que ses composés *exosus, perosus* a la signification active. *Captus* a la signification passive. Le premier signifie *qui a haï ;* le second , *qui est commencé. Osurus* et *cæpturus* sont tous deux actifs, *devant haïr,* devant *commencer.*

Aio , *je dis.*

INDICATIF.	**SUBJONCTIF.**
PRÉSENT.	PRÉSENT.
Aio, *je dis,*	Aias, *que tu dises,*
Ais, *tu dis,*	Aiat, *qu'il dise ;*
Ait, *il dit ;*	Aiant, *qu'ils disent.*
Aiunt, *ils disent.*	**PARTICIPE.**
IMPARFAIT.	PRÉSENT.
Aiebam, *je disais,* etc.	Aiens, entis, *disant.*
PARFAIT.	
Aisti, *tu as dit,*	
Aistis, *vous avez dit.*	

Inquam , *dis-je.*

INDICATIF.	PARFAIT.
PRÉSENT.	Inquisti, *as-tu dit,*
Inquam *ou* inquio, *dis-je,*	Inquit, *a·t-il dit ;*
Inquis, *dis-tu,*	Inquistis, *avez-vous dit.*
Inquit, *dit-il ;*	FUTUR.
Inquimus, *disons-nous,*	Inquies, *diras-tu,*
Inquitis, *dites-vous,*	Inquiet, *dira-t-il.*
Inquiunt, *disent-ils.*	IMPÉRATIF.
IMPARFAIT.	Inque, ito, *dis.*
Inquiebat, *disait-il,*	**SUBJONCTIF.**
Inquiebant, *disaient-ils.*	Inquiat, *qu'il dise.*

AUTRES VERBES.

ESSE, *manger.* INDIC. PRÉSENT. Es, *tu manges.* Est, *il mange.* Estis, *vous mangez.* IMPÉRATIF. Es *ou* esto, *mange.* Este *ou* estote, *mangez.* SUBJ. IMPARF. Essem, *que je mangeasse ou je mangerais.* Esses, etc. INFIN. Esse, *manger.* (Les temps qui manquent ici se prennent de *edo, is, edi, esum, edere,* manger, de la troisième conjugaison. Ainsi se conjuguent *comesse, exesse.*

FORE, *devoir être.* SUBJ. IMPARF. Forem, es, et, ent, *que je fusse ou je serais,* etc. INFIN. Fore, *devoir être.*

DÉFIT, *il manque.* INDIC. PRÉSENT. Defit, *il manque.* FUT. Defict, *il manquera.* SUBJ. PRÉSENT. Defiat, *qu'il manque.* IMPARF. Defieret, *il manquerait.* INFIN. Defieri, *manquer.*

INFIT, *il commence.*

AVERE, *être salué.* IMPÉR. Ave ou aveto, *sois salué.* Avete, tote, *soyez salués.*

SALVERE, *être en bonne santé.* IMPÉR. Salve ou salveto, *sois en bonne santé.* Salvete ou salvetote, *portez-vous bien.* FUTUR. Salvebis, *vous vous porterez bien.*

FAXO, *je ferai.* INDIC. FUTUR. Faxo, is, it, imus, itis, int. *Je ferai, tu feras, il fera,* etc. SUBJ. PRÉSENT. Faxim, is, it, etc., *que je fasse, que tu fasses,* etc.

AUSIM, *que j'ose.* SUBJ. PRÉSENT. Ausim, is, it, int, *que j'ose ou j'oserais,* etc.

QUÆSO, *je vous prie.* INDIC. PRÉSENT. Quæso, *je vous prie.* Quæsumus, *nous vous prions.*

CEDO. IMPÉRATIF. *Donne, dis; donnez, dites.*

Dari, être donné, et *fari,* parler, manquent de la première personne au présent de l'indicatif et au présent du subjonctif. On ne dit pas : *dor, der, for, fer.*

VERBES IMPERSONNELS.

On appelle vulgairement *impersonnels,* et il serait mieux de nommer *unipersonnels,* certains verbes qui ne s'emploient qu'à la troisième personne du singulier.

Les verbes impersonnels sont neutres ou passifs.

Conjugaison d'un impersonnel neutre.

INDICATIF.

PRÉSENT.

Oportet, *il faut.*

IMPARFAIT.

Oportebat, *il fallait.*

PARFAIT.

Oportuit, *il a fallu.*

PLUS-QUE-PARFAIT.

Oportuerat, *il avait fallu.*

FUTUR.

Oportebit, *il faudra.*

FUTUR PASSÉ.

Oportuerit, *il aura fallu.*

SUBJONCTIF.

PRÉSENT.

Oporteat, *qu'il faille.*

IMPARFAIT.

Oporteret, *qu'il fallût, il faudrait.*

PARFAIT.

Oportuerit, *qu'il ait fallu.*

PLUS-QUE-PARFAIT.

Oportuisset, *qu'il eût fallu, il aurait fallu.*

INFINITIF.

PRÉSENT.

Oportere, *falloir.*

PARFAIT.

Oportuisse, *avoir fallu.*

Les verbes impersonnels n'ont ni impératif, ni gérondif, ni supin, ni participes.

Impersonnels de la première conjugaison. *Tonat,* il tonne ; *fulgurat,* il fait des éclairs; *grandinat,* il grêle, etc.

Impersonnels de la deuxième conjugaison. *Decet,* il convient; *libet,* il plaît ; *licet,* il est permis ; *liquet,* il est clair. (Ce dernier verbe n'a pas de parfait; *libet* et *licet* en ont deux , *libuit* et *licuit ; libitum est* et *licitum est.*)

Impersonnels de la troisième conjugaison. *Accidit, contingit,* il arrive ; *conducit,* il est avantageux ; *pluit,* il pleut; *ningit ,* il neige, etc.

Impersonnels de la quatrième conjugaison. *Evenit,* il arrive ; *expedit,* il est avantageux, etc.

Interest, il importe, suit la conjugaison de *sum. Intererat , interfuit.* etc. *Refert,* il importe, suit la conjugaison de *fero , referebat,* etc.

Certains verbes qui ne sont point impersonnels de leur nature s'emploient quelquefois comme tels : Ex. : *delectat , juvat,* il plaît ; *constat,* il est constant ; *præstat,* il vaut mieux; *vacat,* on a le temps ; *apparet,* il est clair ; *convenit,* il convient ; *fit,* il se fait , il arrive.

Conjugaison d'un verbe impersonnel avec les pronoms me , te , etc.

INDICATIF.

PRÉSENT.

Me pœnitet , *je me repens ,*
Te pœnitet , *tu te repens,*
Illum *ou* illam pœnitet, *il* ou *elle se repent ;*
Nos pœnitet , *nous nous repentons,*
Vos pœnitet, *vous vous repentez,*
Illos *ou* illas pœnitet , *ils* ou *elles se repentent.*

IMPARFAIT.

Me pœnitebat, *je me repentais.*

PARFAIT.

Me pœnituit, *je me suis repenti.*

PLUS-QUE-PARFAIT.

Me pœnituerat , *je m'étais repenti.*

FUTUR.

Me pœnitebit , *je me repentirai.*

FUTUR PASSÉ.

Me pœnituerit , *je me serai repenti.*

SUBJONCTIF.

PRÉSENT.

Me pœniteat, *que je me repente.*

IMPARFAIT.

Me pœniteret, *que je me repentisse.*

PARFAIT.

Me pœnituerit, *que je me sois repenti.*

PLUS-QUE-PARFAIT.

Me pœnituisset, *que je me fusse repenti.*

INFINITIF.

PRÉSENT.

Pœnitere, *se repentir.*

PARFAIT.

Pœnituisse, *s'être repenti.*

<table>
<tr><td>

PARTICIPE.

FUTUR PASSIF.

Pœnitendus, a, um, *dont on doit se repentir.*

</td><td>

GÉRONDIF.

Pœnitendi, *de se repentir.*
Pœnitendo, *en se repentant.*
Pœnitendum, *à ou pour se repentir.*

</td></tr>
</table>

Ainsi se conjuguent :

Me pudet, *j'ai honte ;* me piget, *je suis fâché ;* me miseret, *qui fait au parfait* misertum est, *j'ai pitié ;* me tædet, *je m'ennuie.*

Conjugaison d'un impersonnel passif.

Les impersonnels passifs sont des verbes neutres qui n'ont du passif que la troisième personne du singulier.

<table>
<tr><td>

INDICATIF.

PRÉSENT.

Venitur, *on vient.*

IMPARFAIT.

Veniebatur, *on venait.*

PARFAIT.

Ventum est *ou* fuit, *on est venu.*

PLUS-QUE-PARFAIT.

Ventum erat *ou* fuerat, *on était venu.*

FUTUR.

Venietur, *on viendra.*

</td><td>

FUTUR PASSÉ.

Ventum erit *ou* fuerit, *on sera venu.*

SUBJONCTIF.

PRÉSENT.

Veniatur, *qu'on vienne.*

IMPARFAIT.

Veniretur, *qu'on vînt.*

PARFAIT.

Ventum sit *ou* fuerit, *qu'on soit venu.*

PLUS-QUE-PARFAIT.

Ventum esset *ou* fuisset, *qu'on fût venu.*

</td></tr>
</table>

Impersonnels passifs de la première conjugaison, *certatur,* on combat, on rivalise ; de la deuxième, *siletur,* on se tait ; de la troisième, *curritur,* on court ; *vivitur,* on vit ; de la quatrième, *itur,* on va, etc.

VERBES COMPOSÉS.

Les verbes composés se conjuguent ordinairement comme le simple dont ils sont formés. *Produco* et *abigo* sont de la troisième conjugaison comme leurs simples, *duco* et *ago,* et comme eux font au parfait *duxi, egi, produxi, abegi ;* au supin *ductum, actum, productum, abactum.*

Les verbes qui, au parfait, redoublent la première syllabe ne conservent pas ce redoublement dans la plûpart de leurs composés ; *spondere,* parfait *spopondi, respondere,* parfait *respondi* (et non *respopondi*) ; *pendere,* parfait *pependi, dependere,* parfait *dependi* (et non *depependi*); *cœdere*, parfait *cecidi*, *incidere*, parfait *incidi*; *tangere*, parfait *tetigi* ; *attingere* , parfait *attigi*. Cependant les verbes suivants conservent le redoublement; *præcurro, repungo*, et les composés de *posco* et de *disco*. On dit donc : *præcucurri, repupugi, repoposci, addidici.*

Les composés de *sto* font au parfait *stiti* et au supin *stitum*. Ex. : *persto, perstiti, perstitum*, excepté *circumsto* qui, comme le simple, fait *steti, circumsteti*, supin *circumstitum*.

Les composés de *do* sont de la troisième conjugaison et font *didi, ditum*. Ex. : *trado, tradidi, traditum*. Quatre composés de *do* conservent la conjugaison et les temps primitifs du simple : *circumdo , pessundo, satisdo, venundo*; *circumdedi , circum-datum* , etc.

LIVRE TROISIÈME.

MOTS INVARIABLES.

CHAPITRE PREMIER. Prépositions.

Trente prépositions gouvernent l'accusatif.

Ad , *auprès de, vers , chez, pour, à.*
Adversùm , adversùs, *contre , vis-à-vis de.*
Ante , *devant, avant.*
Apud, *auprès de, chez.*
Circa, *aux environs de.*
Circum , *autour de.*
Cis, Citra, *deçà, en-deçà.*
Contrà, *contre, vis-à-vis de.*
Erga, *envers, à l'égard de.*
Extra , *hors, outre, excepté.*
Infra , *sous, au-dessous de.*
Inter , *entre, parmi.*
Intra , *au-dedans, dans l'espace de.*
Juxta , *auprès de, proche.*
Ob , *pour, devant, à cause de.*
Penès, *en la puissance de.*
Per , *par, au travers de, pendant.*
Pone , *après, derrière.*
Post , *après, depuis.*
Propè, *proche, auprès de.*
Præter , *excepté, au delà de.*
Propter, *pour, à cause de.*
Secundùm , *le long de, selon, après.*
Secus , *auprès, le long de.*
Supra , *sur, au-dessus de.*
Trans, Ultra, *au delà.*
Versùs, *vers, du côté de.*

Douze prépositions gouvernent l'ablatif.

A , ab, abs, *de, depuis, par.*
Absque , *sans.*
Clam , *à l'insu de.*
Coram, *devant, en présence de,*
Cum , *avec.*
De , *de, sur, touchant.*
E , ex, *de, par.*
Palam, *devant, en présence de.*
Præ , *devant, en comparaison de, à cause de.*

Pro, *pour*, *au lieu de*, *selon*, | Sine, *sans*.
devant. | Tenùs, *jusqu'à*.

Quatre prépositions gouvernent l'accusatif *ou* l'ablatif.

In, *dans, en, sur, contre*. | Subter, *au-dessous de*.
Sub, *sous*. | Super, *sur, au-dessus de*.

CHAPITRE II. ADVERBES.

Cras, *demain*.
Ecce, En, *voici, voilà*.
Ferè, *fermé, presque, à peu près*.
Frustrà, *en vain, inutilement*.
Haud, *non pas, point*.
Heri, *hier*.
Indè, *de là, à cause de cela, ensuite*.
Ita, *ainsi, oui, si, tellement*.
Jam, *déjà, maintenant, tantôt*.
Mox, *bientôt, ensuite*.
Ne, *ne...pas, non*.
Nempè, *assurément, c'est-à-dire*.
Non, *non, ne... pas, ne...point*.
Nunc, *maintenant*.
Olim, *autrefois, un jour*.

Palàm, *en public, ouvertement*.
Penè, *presque, quasi*.
Procul, *loin, au loin*.
Prorsùs, *tout droit, tout-à-fait*.
Retro, *par derrière, à reculons*.
Sæpè, *souvent*.
Satis, *assez*.
Semper, *toujours*.
Sic, *ainsi, tellement*.
Simul, *en même temps*.
Tam, *autant, tellement*.
Tandem, *enfin*.
Tum, Tunc, *alors*.
Temerè, *témérairement, au hasard*.
Ultrò, *de plein gré, volontiers*.
Usquè, *toujours, jusque*.
Vix, *à peine, difficilement*.

Formation du comparatif et du superlatif dans quelques adverbes.

Les adverbes dérivés des adjectifs ont les trois degrés de signification. Le comparatif est en *ùs*, le superlatif en *issimè*.

Positif.	Comparatif.	Superlatif.
Doctè, *doctement*,	Doctiùs,	Doctissimè.
Citò, *vite*,	Citiùs,	Citissimè.
Breviter, *brièvement*,	Breviùs,	Brevissimè.

OBSERVATIONS. 1. La terminaison *rimus* se change pour l'adverbe en *rimè* : *celerrimus, celerrimè; miserrimus, miserrimè*.

2. La terminaison *illimus* se change pour l'adverbe en *illimè* : *facillimus, facillimè*.

3. Les adverbes qui ont une voyelle devant *è* ou *ò*, comme : *piè, strenuè, necessariò* ne changent point de terminaison : le comparatif se rend par *magis*, le superlatif par *maximè, valdè* ou *perquàm* : *magis piè, maximè piè*.

4. Quelques adverbes ont les trois degrés de signification, quoiqu'ils ne soient pas dérivés d'un adjectif: *diu*, long-temps ; *diutiùs, diutissimè ; sæpè*, souvent ; *sæpiùs, sæpissimè*.

5. Les adverbes suivants forment leur comparatif et leur superlatif très-irrégulièrement.

Positif.	Comparatif.	Superlatif.
Benè, *bien.*	Melius, *mieux.*	Optimè, *très-bien.*
Malè, *mal.*	Pejùs, *plus mal.*	Pessimè, *très-mal.*
Multùm, *beaucoup.*	Plus, *plus.*	Plurimùm, *le plus.*
Parùm, *peu.*	Minùs, *moins.*	Minimùm, *le moins.*
Propè, *proche.*	Propiùs, *plus proche.*	Proximè, *très-proche.*

6. Les adverbes suivants n'ont pas de superlatif.

Serò, *tard.*	Seriùs, *plus tard.*
Satis, *assez.*	Satiùs, *mieux.*

Nuper, récemment, sans comparatif, fait au superlatif *nuperrimè.*

7. Les trois adverbes suivants n'ont pas de positif.

Ociùs, *plus vite.*	Ocissimè, *très-vite.*
Potiùs, *plutôt.*	Potissimè, potissimùm, *principalement.*
Magis, *plus.*	Maximè, *le plus.*

TABLEAU *des adverbes qui, au moyen de diverses terminaisons, expriment les divers rapports de lieu.*

Lieu où l'on est.	Lieu où l'on va.	Lieu d'où l'on vient	Lieu par où l'on passe.
Ubi, *où.*	Quò, *où.*	Undè, *d'où.*	Quà, *par où.*
Hîc, *ici où je suis.*	Hùc, *ici où je suis.*	Hinc, *d'ici où je suis.*	Hàc, *par ici où je suis.*
Istìc, *là où tu es.*	Istùc, *là où tu es.*	Istinc, *de là où tu es.*	Istàc, *par là où tu es.*
Illìc, *là où il est.*	Illùc, *là où il est.*	Illinc, *de là où il est.*	Illàc, *par là où il est.*
Ibi, *là, y.*	Eò, illò, *là, y.*	Indè, *de là, en.*	Eà, *par là, y.*
Alibi, *ailleurs.*	Aliò, *ailleurs.*	Alkundè, *d'autre part.*	Aliàs, *par un autre endroit.*
Alicubi, uspiam, *quelque part.*	Aliquò, *en quelque lieu.*	Alicundè, *de quelque endroit.*	Aliquà, *par quelque lieu.*
Ubicumque, ubivis, ubiubi, *en quelque lieu que ce soit.*	Quòcumque, quovis, quoquò, *en quelque lieu que ce soit.*	Undecumque, *de quelque endroit que ce soit.*	Quàcumque, *par quelque endroit que ce soit.*
Ibidem, *là, au même lieu.*	Eòdem, *au même lieu.*	Indidem, *du même lieu.*	Eàdem, *par le même lieu.*
Nusquàm, *nulle part.*	Nusquàm, *nulle part.*		
Foris, *dehors.*	Foràs, *dehors.*		
Intùs, *dedans.*	Intrò, *dedans.*	Intùs, *de dedans.*	

CHAPITRE III. Conjonctions.

Ac, *et. que.*
An, Num, *ou, si.*
At, Ast, Sed, *mais.*
Aut, *ou, ou bien.*
Autem, *or, même, mais.*
Ceu, *comme.		puisque]*
Cùm, Quum, *lorsque, quoique,*
Cur, *pourquoi.*
Dum, *tandis que, pourvu que.*
Enim, Nam, *car.*
Ergo, Igitur, *donc, ainsi.*
Et, *et.*

Ne, *de peur que.*
Porrò, *or ; adv. au loin, certes.*
Quandò, *quand ? lorsque.*
Quanquàm, *quoique.*
Que (*après un mot*), *et.*
Si, *si.*
Tamen, *cependant.*
Tanquàm, *comme, comme si.*
Ve (*après un mot*), *ou.*
Vel, *ou, ou bien, même.*
Ubi, *quand, lorsque.*
Ut, *afin que, dès que, comme.*

CHAPITRE IV. Interjections.

Ah ! heu ! eheu ! *ah ! hélas !*
Apage ! *loin , loin ! ôtez !*
Eia ! *allons, courage.*
Euge, *fort bien ! courage.*
Evax ! *bon !*
Hem ! hem ! *hé ! ah ! ah !*
Heus ! *hé ! holà !*
Hui ! *oh ! hà !*

O ! oh ! ô ! oh ! holà !
Papæ ! *ah !*
Proh ! *oh !*
Væ ! *malheur, malédiction !*
Age, agete (impératif d'*ago*
	s'emploie comme interjec-
	tion) *allons, or çà, courage.*

LIVRE QUATRIÈME.

FORMATION DES COMPOSÉS et DES DÉRIVÉS.

Tous les mots de la langue latine peuvent se réduire à un
petit nombre de familles. Chaque famille se compose d'un
mot radical ou primitif, et de mots, soit composés, soit
dérivés, dans lesquels le primitif se reproduit avec plus
ou moins d'altération, en s'accroissant d'éléments accessoires qui en modifient la signification (1). Dans les composés, le primitif s'accroît, par le commencement, de
noms ou de prépositions qu'on nomme *initiales. Tibi-
cinium, parti-ceps, ab-jectus, con-clamare* sont des mots
composés. Dans les dérivés, le primitif s'accroît, par la

(1) Voyez dans l'avant-propos *ager* et ses dérivés et composés.

fin, de différentes inflexions qu'on nomme *désinences* : télles sont pour les noms les désinences *ator*, *atrix*, *orius*, *osus*, etc.; pour les verbes *itare*, *urire*, *escere*, etc.; *adul-ator*, *adul-atrix*, *adulat-orius*, *anim-osus; cant-itare*, *es-urire*, *cal-escere*, sont des mots dérivés. Les initiales et désinences indiquant invariablement les mêmes idées accessoires, leur intelligence donne celle de tous les mots composés ou dérivés dont la racine est connue.

CHAPITRE PREMIER. De la composition.

§ 1. *Prépositions séparables.*

Ab, *de là, d'auprès.*

A, ab, abs, marquent une idée d'éloignement, de séparation et se changent en *au, as.*

A-vertere, *tirer d'auprès, détourner.*

Ab-ire, *s'en aller, s'éloigner d'auprès.*

Abs-trahere, *entraîner de là, séparer de.*

As-portare, *enlever, emporter.*

Au-ferre, *ôter, enlever.*

Ad, *auprès, proche, à, vers.*

Ad marque le terme, la tendance. Le *d* se change en la consonne du mot qui suit et se supprime devant une *s* suivie d'une consonne.

Ad-ire, *aller à, auprès, vers.*

Af-ferre, *apporter à.* (p. ad-ferre)

Ap-ponere, *placer proche.* (p. ad-ponere)

A-scendere, *monter, parvenir.* (p. ad-scendere)

Ante, *avant, auparavant, devant.*

Ante-ponere, *mettre en avant, préférer.*

Ante-cedere, *précéder, aller devant.*

Circum, *autour, alentour, auprès.*

Circum-currere, *courir tout autour, çà et là.*

Contrà, *contre, vis-à-vis, à l'opposite.*

Contrà marque l'opposition, la contrariété, la résistance, et se change en *contro* dans *controversari* et ses dérivés.

Contra-dicere, *contredire.*

Contro-versari, *être en différend.*

Cum , *avec.*

Cum se change en *com, con, col, cor, co* et exprime une idée de société, d'ensemble, de cumulation d'objets.

Com-milito, *compagnon d'armes.*
Com-bibere, *boire ensemble.*
Con-certare, *se battre avec un autre.*
Col-lacrymare , *pleurer avec quelqu'un.*
Cor-ridere, *rire avec d'autres.*
Co-acervare, *mettre en tas.*

De, *du haut en bas, entièrement, contraire de.*

De a trois significations : 1°. il signifie *hors de , du haut en bas.*

De-ducere , *conduire hors de , tirer du haut en bas.*
De-jicere, *jeter en bas, faire tomber.*
De-spicere, *regarder du haut en bas, mépriser.*
De-ponere, *mettre bas, abaisser.*
De-ferre, *porter du haut en bas.*

2°. Il marque augmentation.

De-bellare , *vaincre entièrement.*
De-albare , *rendre tout-à-fait blanc.*

3°. Il indique la privation.

De-sperare, *désespérer, contraire d'espérer.*
De-bere, *devoir, contraire d'avoir.* (habere.)
De-decus, *déshonorer.*
De-cedere, *sortir.*
De-moliri, *démolir.*

E, ex , *dehors, pleinement , tout-à-fait.*

E, ex a deux significations : 1°. il exprime le mouvement de dedans en dehors, d'extraction, par opposition à *in* , qui exprime le mouvement de dehors en dedans. 2°. Il exprime l'action que l'on fait pleinement, tout-à-fait. *Ex* devant *f* se change en *ef.*

E-ducere, *mettre dehors, faire sortir.*
E-gredi, *aller dehors, partir.*
Ex-trahere, *tirer de, arracher.*
E-discere, *apprendre par cœur.*
E-loqui, *s'exprimer, s'énoncer noblement.*
Ef-fluere, *découler, couler au dehors.*
Ef-fari, *proférer.*

Extra, *hors de , au delà.*

Extra-neus, *qui est né au dehors, étranger.* (natus)

In , *dedans* ou *le contraire de.*

Cette initiale a deux sens différents : 1°. elle marque

nne idée d'intériorité et quelquefois un rapport de tendance vers ou contre un objet. 2°. Elle exprime la négation. Elle se change en *im* devant les consonnes *b*, *m*,
p, et en *il*, *ir*, devant *l*, *r*.

In-cidere, *tomber dedans.*
In ire, *aller dedans, entrer.*
Im-mergere, *plonger dedans.*
Ir-ruere, *se précipiter sur.*

Im-berbis, *imberbe.* (barba)
In-cautus, *imprudent.*
Il-lepidus, *qui n'est pas ai-
mable.*

Inter, *entre, parmi, au milieu.*

Inter-venire, *survenir, venir à
à la traverse.*

Inter-jicere, *jeter entre, inter-
poser.*

Ob, *devant, en avant, en face, contre.*

Ob se change en *oc*, *of*, *op*, *os*.

Ob-ambulare, *se promener devant, autour.*
Ob-stare, *être un obstacle.*
Oc-currere, *accourir, venir au-
devant.*

Of-ferre, *présenter devant, offrir.*
Op-ponere, *mettre devant, op-
poser.*
Os-tendere, *montrer.*

Per, *au travers ou beaucoup, entièrement, tout-à-fait.*

Per-agrare, *traverser, passer
par.*   [*fin.*
Per-agere, *conduire jusqu'à la*

Per-similis, *très-ressemblant.*
Per-facilè, *très-facilement.*
Per-ficere, *faire entièrement.*

Post, *après.*

Post-ponere, *placer après un autre, estimer moins.*

Præ, *avant, d'avance, ou plus que tous.*

Præ-dicere, *dire par avance,
prédire.*

Præ-altus, *plus haut que tous
les autres.*

Præter, *au-delà, outre.*

Præter-ire, *passer outre, aller
au delà.*

Præter-mittere, *laisser outre,
omettre.*

Pro, *en devant, en avant, ou à la place de.*

Pro-cedere, *marcher en avant,
s'avancer.*
Prod-ire, *aller en avant.* (On a
intercalé le *d* pour éviter le
hiatus.)

Pro-consul, *proconsul, vice-
consul.*
Pro-rex, *vice-roi.*
Pro-magister, *sous-maître.*

Sine, *sans.*

Sine se change en *sim, sin, se, so.*

Sim-plex , *sans plis, simple.*
(sine plicâ)
Sin-cerus , *sans fard, sincère.*
(sine cerâ)

Se-curus , *qui est sans souci.*
(sine curâ)
So-cors, *sans cœur, lâche.* (sine
corde)

Sub, *sous, dessous,* ou *presque, un peu.*

Sub-ire, *se mettre sous, subir.*
Sub-alpinus , *qui est sous les
Alpes.*

Sub-agrestis, *un peu rustique.*
Sub-ater, *qui tire sur le noir.*

Sub se change en *suc, suf, sug, sup, sus, su.*

Suc-cumbere , *succomber, tomber.*
Suf-ferre, *souffrir, supporter.*
Sug-gerere , *suggérer, substituer.*

Sup-plex, *suppliant.* (qui plicat
sub)
Sus-tinere, *soutenir, endurer.*
Su-spicere, *regarder du bas en
haut, admirer.*

Subter , *en dessous, par dessous.*

Subter-fluere, *couler par dessous.*

Subter-secare, *couper par dessous.*

Super, *dessus, par-dessus.*

Super-fluere , *couler par-dessus.*

Super-eminere, *s'élever au-dessus.*

Trans., *au delà, par delà, outre.*

Trans se change en *tran , tra.*

Trans-currere, *courir au delà,
passer vite.*
Trans-ire, *passer outre.*

Tran-scribere , *écrire outre,
transcrire.*
Tra-ducere, *faire passer au delà.*

§ II. *Prépositions inséparables.*

Am , amb , *tout autour.*

Amb-ire *aller, tout autour.*

Am-putare , *couper tout autour, amputer.*

Dis, *de part et d'autre, çà et là.*

Dis marque le plus souvent séparation, division; quelquefois augmentation ; quelquefois opposition, négation.
Il se change en *di, dif.*

Di-ducere, *mener de côté et
d'autre.*

Dif-fundere, *répandre, verser
çà et là.*

Dis-cernere, *discerner, démêler.*
Dif-ficilis, *difficile, contraire de facile.*

Intro, *dedans, au dedans.*

Intro-ire, *entrer dedans, s'introduire.*
Intro-ducere *introduire, amener dedans.*

Se, *à part, séparément.*

Se est une abréviation de *seorsùm.*

Se-ligere, *mettre à part, trier.* Se-cernere, *séparer, distinguer.*

Sus, *en haut.*

Sus est une abréviation de *sursùm.*

Sus-pendere, *attacher en haut, suspendre.*
Sus-tinere, *soutenir, supporter* (tenere).

Re, *en arrière, de nouveau; le contraire de.*

Re est une abréviation de *retrò.*

Re-fluere, *couler en arrière, refluer.*
Re-gredi, *revenir sur ses pas, retourner.*
Re-ædificare, *bâtir de nouveau, rebâtir.*
Re-foděre, *déterrer, contraire de fouir en terre.*

Re devant les voyelles se change souvent en *red.*

Red-ire, *retourner sur ses pas, revenir.*
Red-imere, *racheter* (emere).

Ve *marque privation.*

Ve vient de l'interjection *væ*, malheur à, et se prend
en mauvaise part.

Ve-cors, *sans cœur, pervers, insensé.*
Ve-sanus, *fou, malsain d'esprit.*

§ III. *Adverbes latins employés comme initiales.*

Plusieurs adverbes latins sont employés comme initiales.
Nous citerons ici les principaux.

Bis, qui signifie deux ou deux fois, se change presque toujours
en *bi*. Bi-pes, *qui a deux pieds, bipède*; bi-dens, *hoyau, instru-*
ment à deux fourches; brebis de deux ans.

Benè, *bien.* Bene-volentia, *bienveillance*; bene-facere, *faire du*
bien.

Malè, *mal.* Male-suadus, *qui donne de mauvais conseils*; male-
dicere, *médire.*

Ne, *non.* Ne-scius, *qui ne sait pas*; ne-fandus, *dont on ne doit pas parler ;* ne-uter, *ni l'un ni l'autre ;* ne-quire, *ne pou-voir pas.*

Porrò, *au loin ;* por-tendere, *présager, prédire l'avenir ;* por-rigere, *tendre, étendre, allonger.*

Retro, *en arrière, à reculons ;* retro-gradi, *aller en arrière, rétrograder.*

Satis, *assez ;* satis-facere, *satisfaire.*

Semi, *pour* semis, *demi, moitié ;* semi-vivus, *à moitié mort ;* semi-deus, *demi-dieu ;* sem-esus, *à demi-mangé.*

§ IV. *Initiales grecques transportées en latin.*

A marque la privation. A-mens, *sans esprit, insensé.*

Anti marque l'opposition. Anti-dotus, *antidote, contre-poison ;* anti-podes, *antipodes (* peuples qui ont les pieds opposés, qui habitent un lieu de la terre diamétralement opposé *).*

Amphi, *autour.* Amphi-theatrum, *amphithéâtre.*

Archi, réveille une idée de commandement, de prééminence. Archi-pirata, *chef de corsaires ;* archi-episcopus, *archevêque.*

Epi, *sur ;* epi-gramma, *inscription sur, épigramme.*

Hémi, *moitié ;* c'est le *semi* des latins. Hemi-cyclus, *chaises réunies en demi-cercle.*

Hyper, *sur ;* c'est le *super* des latins. Hyper-bole, *exagération, hyperbole.*

Hypo, *sous ;* c'est le *sub* des latins. Hypo-crita, *qui dissimule, hypocrite.*

Peri, *autour.* Peri-odus, *circuit ;* peri-phrasis, *périphrase, circonlocution.*

Syn, *avec, ensemble.* Syn-taxis, *syntaxe (* τάσσω *, arranger).*

§ V. *Des altérations que subissent les primitifs dans la composition.*

A et Æ se changent en I : habeo, adhibeo ; taceo, reticeo ; fateor, confiteor ; cado, incido ; ago, exigo ; tango, attingo ; jacio, abjicio ; capio, accipio ; statuo, restituo ; cædo, occido ; lædo, allido ; quæro, acquiro ; sapiens, insipiens ; æquus, iniquus.

A se change en E : arceo, coerceo ; carpo, decerpo ; scando, accendo ; spargo, aspergo ; patior, perpetior ; gradior, aggredior ; partior, impertior.

E se change en I : teneo, abstineo ; lego, eligo ; premo, comprimo, rego, dirigo.

CHAPITRE II. De la dérivation.

§ 1. *Désinences des substantifs.*

Ator, tor, sor, atrix, trix.

Ces désinences désignent celui ou celle qui a l'habitude de faire l'action.

Adul-ator, *flatteur.*   Adul-atrix, *flatteuse.*
Ul-tor, *vengeur.*   Ul-trix, *vengeresse.*
Ton-sor, *barbier.*

Ces noms se forment d'un supin en changeant *um* en *or.*

Arius.

Cette désinence désigne celui qui exerce l'art, qui a soin de.

Argent-arius, *banquier, caissier.* Statu-arius, *statuaire.*

Men, mentum.

Ces deux terminaisons expriment l'effet d'une action.

Flu-men (res quæ fluit), *fleuve.*
Ali-mentum (res quæ alit), *aliment.*

Tio, sio, atio, etio, itio.

Ces désinences annoncent l'action et son effet ou son habitude.

Destruc-tio, *l'action de détruire.*   Adul-atio, *l'action de flatter.*
Ac-tio, *action.*   Expl-etio, *contentement.*
Confu-sio, *confusion.*   Trad-itio, *tradition.*

Ces noms se forment d'un supin en changeant *um* en *io.*

Itas, itia, ities, ia, or.

Ces désinences désignent la qualité en général, l'état des personnes et des choses.

Æqu-itas, *la qualité d'un homme*   Audac-ia, *audace.*
  juste, l'équité.   Terr-or, *terreur.*
Amic-itia, *amitié.*   Alb-or, *blancheur.*
Segn-ities, *paresse.*

Tudo.

Cette désinence exprime une manière d'être, en y ajoutant une idée de développement ou de mouvement prolongé.

Ægri-tudo, *tristesse.*   Beati-tudo, *béatitude, bonheur.*

Antia, entia.

Ces désinences expriment la qualité, la disposition habituelle de l'âme à une chose : ainsi *const-antia* est la disposition habituelle de l'âme à la constance.

Eleg-antia, *élégance.*   Am-entia, *folie.*

Tus.

Cette désinence marque une espèce particulière d'action ou son résultat ; elle désigne aussi un office ou une personne qui en est revêtue.

Æmula-tus, *émulation.*   Consula-tus, *consulat.*
Fremi-tus, *frémissement.*   Magistra-tus, *magistrat.*

Parmi ces noms, ceux qui dérivent d'un verbe se forment du supin en changeant *um* en *us.*

Tura, sura.

Ces désinences expriment l'effet, le résultat de l'action ou du travail.

Cens-ura, *censure, l'effet de l'action de censurer.*
Cap-tura, *capture, prise.*

Ces désinences se forment d'un supin en changeant *um* en *ura.*

Arium, orium.

Ces désinences désignent la destination propre des choses, le lieu disposé, un moyen préparé pour tel dessein, pour tel objet.

Dormit-orium, *lieu où l'on dort.* Avi-arium, *volière.*

Etum.

Cette désinence exprime le lieu où se trouvent réunis plusieurs objets de la même espèce.

Aln-etum, *aunaie, lieu planté d'aunes.*
Dum-etum, *lieu plein des buissons.*

Ficium.

Cette désinence, qui vient du verbe *facere*, désigne la façon, ce qui est fait.

Lani-ficium, *l'art d'aprêter la laine.*
Ædi-ficium, *édifice, bâtiment.*

Diminutifs.

Ellus, ella ; illus, illa ; ulus, ula ; olus, ola ; culus, cula.

Ces désinences réveillent une idée de petitesse. Les mots qu'elles terminent sont appelés *diminutifs.*

Ág-ellus, *petit champ.*
Arc-ella, *petit coffre.*
Lap-illus, *petite pierre.*
Amic-ulus, *petit, tendre ami.*
Puer-ulus, *petit enfant.*
Cell-ula, *petit cellier.*
Alve-olus, *petit canal.*

Are-ola, *petite place, petite grange.*
Funi-culus, *petite corde.*
Navi-cula, *barque.*
Hom-unculus, *pauvre homme.*
Narrati-uncula, *court récit, historiette.*

Les diminutifs gardent le genre de leurs primitifs (1).

Noms patronymiques.

Ades, ides ; is, as.

Ces terminaisons sont celles des noms *patronymiques.* On nomme ainsi les noms propres donnés soit au fils ou à la fille, soit à toute une race, et tirés de celui qui en est le père. *Ades, ides* sont pour les noms masculins ; *is, as,* pour les noms féminins.

Anchisi-ades, æ, m. *Enée, fils d'Anchise.*

Inach-idæ, arum } *les Grecs, des-*
Inach-ides, um } *cendans d'I-*
                  } *nachus.*

Priam-ides, æ, *fils de Priam.*
Dardan-ides, æ, *descendant de Dardanus, comme Enée, etc.*

Dardan-is, idis, *troyenne.*
Priame-is, idis, *fille de Priam, Cassandre.*
Abanti-as, adis, *Danaé, petite-fille d'Abas.*
Thesti-as, adis, *Althée, fille de Thestius.*

(1) *Furem masculinum esse funiculus ostendit.* Qu. 1. 6. 5.

§ II. *Désinences des adjectifs.*

Abilis, ibilis.

Ces désinences expriment ce qui est possible, ce qui est digne d'être ou propre à être fait, enfin l'aptitude passive.

Eff-abilis, *qui se peut dire.*
Am-abilis, *digne d'être aimé,* aimable.
Cred-ibilis, *qu'on peut croire,* croyable.

Ibilis se change en *ilis.*
Fac-ilis, *qui peut se faire, fa-*cile.

Alis, ilis.

Ces désinences signifient ce qui concerne, ce qui tient à ou appartient à.

Leg-alis, *qui concerne la loi, légal.*
Puer-ilis, *qui sent l'enfant, puéril.*

Aris, arius, orius.

Ces désinences désignent ce qui a la forme d'une chose, ce qui la regarde, ce qui la concerne.

Angul-aris, *angulaire, fait en angle.*
Honor-arius, *honoraire; fait pour honorer.*
Adulat-orius, *qui concerne la flatterie.*

Anus, inus, ensis.

Ces désinences marquent le lieu, la patrie, l'origine.

Rom-anus, *Romain.*
Vic-inus, *voisin, du même canton,* (vicus).
Rhem-ensis, *Rhemois.*
For-ensis, *qui est du barreau.*

Estris, inus, atus.

Ces désinences désignent ce qui à la qualité de, la propriété de.

Silv-estris, *qui est des bois.*
Adamant-inus, *dur comme le diamant.*
Acut-atus, *aiguisé, aigu,* (acus).

Ivus, itius.

Ces désinences expriment ce qui va, ce qui tend à

Purgat-ivus, *ce qui tend à purger ou a la faculté de purger.*
Fict-itius, *fait par l'art, artificiel.*

Ax , osus , undus , idus.

Ces désinences expriment l'abondance , la plénitude , la force , l'excès.

Loqu-ax, *qui parle beaucoup.*
Anim-osus, *plein de courage.*
Verec-undus, *plein d'une crainte respectueuse.*
Luc-idus , *qui abonde en lumière, lumineux.*

Fer, ger.

Ces désinences , qui viennent des verbes *fero* , *gero* , signifient celui ou celle qui porte.

Luci-fer, *étoile du matin, qui porte la lumière.*
Armi-ger, *qui porte les armes, écuyer.*

Stus.

Cette désinence , qui vient de *sto* , marque stabilité habituelle.

Justus (in jure constans) *juste.*
Scele-stus (in scelere constans), *scélérat.*

Ficus.

Cette terminaison, qui vient de *facio*, signifie produire, causer.

Honori-ficus, *qui rapporte de l'honneur, honorable.*
Bene-ficus, *bienfaisant.*

Eus.

Cette désinence exprime la qualité , ce qui concerne.

Aure-us , *d'or , fait avec de l'or.*
Arbor-eus, *d'arbre, qui concerne les arbres.*

Comparatifs.

Ior, ius.

Terminaisons des comparatifs.

Fort-ior, fort-ius , *plus courageux.*

Superlatifs.

Issimus, errimus, illimus, imus, emus.

Terminaisons des superlatifs.

Sanct-issimus, *très-saint, le plus saint.*
Pulch-errimus , *très-beau, le plus beau.*

Max-imus, *très-grand;*   Fac-illimus, *très-facile, le plus*
Supr-emus, *très-haut.*   *facile.*

On peut encore citer parmi les désinences :

Cida *de* cædere, *tuer;* homi-cida, *homicide.*

Ceps *de* caput, *tête;* prin-ceps, *prince, le premier chef;* præ-ceps, *qui se précipite la tête en avant.*

Cola *de* colere, *cultiver;* agri-cola, *qui cultive les champs.*

Parus, pera *de* parere, *produire;* ovi-parus, *qui produit des* œufs*;* puer-pera , *accouchée.*

Pes *de* pes, *pied;* soni-pes, *qui frappe du pied.*

Aster; cette désinence exprime le blâme. Philosoph-aster, *prétendu philosophe.*

Plex *de* plicare , *plier;* du-plex, *double;* sim-plex, *simple, qui n'est pas replié.*

Dicus *de* dicere, *dire;* male-dicus, *médisant.*

Gena *de* genitus, *engendré, né;* alieni-gena, *né dans un autre pays.*

Loquus *de* loqui, *parler;* vani-loquus, *diseur de riens.*

Logus *de* λόγος *discours;* epi-logus, *épilogue,* pro-logus , *prologue.*

§ III. Désinences des verbes.

Ascere , escere , iscere.

Ces désinences marquent un commencement d'action. Les verbes qu'elles terminent se nomment *inchoatifs* ou *inceptifs* des verbes *inchoare* et *incipere*, commencer. Les inchoatifs marquent aussi quelquefois la continuité ou l'accroissement de l'action. Ils se forment ordinairement de la seconde personne du présent de l'indicatif de leurs primitifs, comme de *labo , as , labascere;* de *caleo , es, calescere;* de *dormio, is, dormiscere;* ils n'ont ni parfait ni supin , et sont tous de la troisième conjugaison.

Vesper-ascit , *il commence à faire nuit.* (*de* vesper, *le soir*).
Matur-escere, *commencer à mûrir.* (*de* maturus).
Ard-escere, *commencer à brûler.*
Dorm-iscere, *commencer à dormir.*

Essere.

Cette terminaison exprime la perfection de l'action.

Fac-essere, *accomplir, exécuter.*
Cap-essere, *prendre avec empressement.*

Itare.

Les verbes terminés en *itare* expriment la fréquence de l'action, et sont nommés par cette raison *fréquentatifs*. Ils se forment du supin en changeant *um* en *itare*, et quelquefois en *are*. Exem. : *ductare* et *ductitare* de *ductum*. Le supin change *a* en *i* dans la formation de quelques fréquentatifs. *Clamatum* forme *clamito*. D'autres fréquentatifs se forment de la seconde personne du primitif comme *agito*, d'*agis*.

Cant-itare, *chanter souvent.*
Act-itare, *faire souvent.*

Dormit-are, *sommeiller, s'endormir souvent.*
Ag-itare, *agiter, faire souvent.*

Illare.

Cette désinence marque la diminution.

Cant - illare, *chanter à voix basse, fredonner.*
Sorb-illans, *qui avale à petits traits.*

Utire, icare.

Ces terminaisons expriment la disposition, la tendance.

Cæc-utire, *devenir aveugle*, (cæcus).
Alb-icare, *devenir blanc.*

Urire.

Cette terminaison exprime un désir ardent de faire quelque chose. Elle paraît avoir été formée du verbe *urere*, brûler. Les verbes ainsi terminés se nomment *désidératifs*, et se forment du supin de leurs primitifs en changeant *um* en *urio*.

Es-urire, *avoir un grand désir de manger, avoir faim.*
Cœnat-urire, *avoir grande envie de souper.*

Ficare.

Cette terminaison, prise du verbe *facere*, marque l'action de faire, de produire une chose.

Nidi-ficare, *faire son nid.*

Ædi-ficare, *élever un bâtiment.*

§ iv. *Désinences des adverbes.*

È, ter.

Ces désinences expriment la manière.

Acut-è, *subtilement.*   Arden-ter, *ardemment.*

O.

Cette désinence exprime la manière ou le temps.

Merit-ò, *avec raison.*   Ser-ò, *tard.*

Tim, atim.

Ces désinences expriment la quantité ou la manière.

Cumul-atim, *par tas.*   Pedeten-tim, *pas-à-pas*, *peu,*
Anser-atim, *à la manière des*   *lentement* (pede tentare).
oies.

Fariam.

Cette désinence marque la division.

Bi-fariam, *en deux parties.*   Multi-fariam, *en plusieurs fa-*
çons.

OBSERVATION. Les moyens que nous venons de développer ne sont pas les seuls que les latins emploient pour multiplier les mots. Souvent, pour simplifier l'expression, ils réunissent plusieurs mots en un seul, en leur faisant subir plus ou moins d'altérations. Au lieu de *mater altera*, seconde mère, tante maternelle, ils ont dit *matertera*. *Auceps*, oiseleur, est pour *aves capiens*, qui prend les oiseaux.

Il est quelques mots qui appartiennent également à la composition et à la dérivation, tels sont : *im-pav-idus*, intrépide ; *ir-re-par-abilis*, irréparable.

§ v. *Désinences des noms et des adverbes de nombre.*

Imus, esimus, eni, iès.

Les désinences *imus, esimus* indiquent le nom de nombre ordinal. Exem. : *primus*, premier ; *millesimus*, millième. Il n'y a que sept nombres ordinaux qui ne prennent pas ces terminaisons : *secundus*, *tertius*, *quartus*, *quintus*, *sextus*, *octavus*, *nonus*.

La désinence *eni* ou *ni* indique le nom de nombre distributif. Exem. : *bini*, *terni*, *deni*, etc., deux à deux, chacun deux ou deux à chacun ; trois à trois, chacun trois ou trois à chacun, etc. *Singuli* est le seul nombre distributif qui ne soit pas terminé en *ni*.

La désinence *iès* désigne l'adverbe de nombre. *Quinquiès*, cinq fois ; *sexiès*, six fois. Les quatre premiers adverbes de nombre sont les seuls qui ne prennent pas la terminaison *iès*.

Les noms de nombre ordinaux et distributifs, et les adverbes de nombre se forment des noms de nombre cardinaux.

Tableau des noms et des adverbes de nombre.

NOTA. Le tiret sépare, dans les nombres cardinaux, ce qu'on doit conserver de ce qu'on doit changer pour en former les ordinaux, les distributifs et les adverbes de nombre.

Cardinaux.	Ordinaux.	Distributifs.	Adverbes de nombre.
1 Unus, a, um	Primus, a, um	Singuli, æ, a	Semel.
2 Duo, æ, o	Secundus	Bini	Bis.
3 Tres, tria	Tertius	Terni	Ter.
4 Quatuor	Quartus	Quaterni	Quater.
5 Quinqu-e	Quintus	Quini	— iès.
6 Sex	Sextus.	Seni	— iès.
7 Sept-em	Septimus	— eni	— iès.
8 Oct-o	Octavus	— oni	— iès.
9 Nov-em	Nonus	— eni	— iès.
10 Dec-em	— imus	Deni	— iès.
11 Undec-im	— imus	Undeni	— iès.
12 Duodec-im	— imus	Duodeni	— iès.
13 Tredec-im	Tertius decimus (1)	Terni deni	— iès.
14 Quatuordec-im	Quartus decimus	Quaterni deni	— iès.
15 Quindec-im	Quintus decimus	Quini deni	— iès.
16 Sexdecim	Sextus decimus	Seni deni	Sedeciès.
17 Septemdec-im	Septimus decimus	Septeni deni	Deciès septiès.
18 Octodec-im	Octavus decimus	Octoni deni	Deciès octiès.
19 Novemdec-im	Nonus decimus	Noveni deni	Deciès noviès.
20 Viginti	Vicesimus	Viceni	Viciès.
21 Unus et viginti	Vicesimus primus	Viceni singuli	Viciès semel.
Viginti unus	Primus et vicesimus	Singuli et viceni.	Semel et viciès.

(1) *Ou* decimus et tertius, decimus et quartus, etc., *ou* decimus tertius, decimus quartus, etc.

Cardinaux.	Ordinaux.	Distributifs.	Adverbes de nombre.
30 Triginta	Tricesimus	Triceni	Triciès *ou* trigiès.
40 Quadrag-inta	— esimus	— eni	— iès.
50 Quinquag-inta	— esimus	— eni	— iès.
60 Sexag-inta	— esimus	— eni	— iès.
70 Septuag-inta	— esimus	— eni	— iès.
80 Octog-inta	— esimus	— eni	— iès.
90 Nonag-inta	— esimus	— eni	— iès.
100 Cent-um	— esimus	— eni	— iès.
101 Centum et unus	— esimus primus	— eni singuli	— iès semel.
110 Centum et decem	— esimus decimus	— eni deni	— iès deciès.
200 Ducent i, æ, a	— esimus	Duceni	— iès.
300 Trecent-i, æ, a	— esimus	Treceni	— iès.
400 Quadringent-i, æ, a	— esimus	Quadringeni	— iès.
500 Quingent-i, æ, a	— esimus	Quingeni	— iès.
600 Sexcent-i, æ, a	— esimus	— eni *ou* sexceni	— iès.
700 Septingent-i, æ, a	— esimus	Septingeni	— iès.
800 Octingent-i, æ, a	— esimus	Octingeni	— iès.
900 Nongent-i, æ, a	— esimus	Nongeni	Noningentiès.
1000 Mill-e	— esimus	— eni	— iès.
2000 Bis millia duo mille	Bis — esimus		

5000 quinquiès mille *ou* quinque millia ; 100,000 centiès mille *ou* centum millia *ou* centena millia ; 1,000,000 deciès centiès mille *ou* deciès centena millia ; 2,000,000 viciès centena millia *ou* viciès centiès mille ; 4,500,000 quadragiès quinquiès centena millia.

Observations sur les noms de nombre.

I. On peut exprimer les nombres dont le second chiffre est un 8 ou un 9 par la dizaine immédiatement supérieure précédée de *duode* (*deme duo ... ôtez deux ..*) pour les nombres qui se terminent par 8, et de *unde* (*deme unum ... ôtez un ...*) pour les nombres qui se terminent par 9. *Duodeviginti*, dix-huit; *undeviginti*, dix-neuf; *duodetriginta*, vingt-huit ; *undetriginta*, vingt-neuf.

II. Dans les nombres au-dessous de cent, le plus petit nombre se place le premier en mettant *et* entre les deux nombres ou le dernier sans conjonction. *Unus et viginti, viginti unus.*

Dans les nombres au-dessus de cent, le nombre le plus fort précède toujours le plus faible ; on peut employer ou non la conjonction. *Centum unus, centum et unus.*

Pour les nombres ordinaux au-dessous du vingtième,

on place le plus grand nombre le premier avec la conjonction, ou le dernier sans conjonction. *Dec'mus et
tertius, tertius decimus* (1).

Au-dessus du vingtième, le plus petit nombre se place
le premier avec la conjonction, ou le dernier sans la
conjonction. *Primus et vicesimus, vicesimus primus.*

Au-dessus du centième, on commence toujours par le
nombre le plus grand avec ou sans *et. Trecentesimus
nonagesimus quartus.*

III. Avec les noms qui ne s'emploient qu'au pluriel on
se sert des noms de nombre distributifs au lieu des cardinaux. *Binæ litteræ*, deux lettres ; *bina castra*, deux
camps.

IV. *Mille* indéclinable est un adjectif. *Mille homines.*

Il s'emploie substantivement, et répond à notre substantif millier. *Mille hominum.* Il est singulier.

Millia, pluriel, est un substantif, il se décline. *Millium, millibus. Millia hominum*, des milliers d'hommes.

Mille se précède des adverbes de nombre, *millia* des
noms de nombre cardinaux. *Bis, ter, mille; duo, tria
millia.*

V. Les latins emploient le nombre ordinal dans deux
cas où nous employons abusivement le nombre cardinal.
Louis dix-huit, *Ludovicus decimus octavus*; l'an mil huit
cent vingt-quatre, *annus millesimus octingentesimus vicesimus quartus.*

---

(1) Telle est la règle que donne Priscien et qu'il est plus sûr de suivre
quoiqu'on trouve aussi dans les bons auteurs *decimus tertius, decimus
quartus*, etc. , ce qui peut venir de l'erreur des copistes qui ont exprimé
ce qui était en chiffres comme ils l'ont voulu.

FIN DE LA PREMIÈRE PARTIE.

GRAMMAIRE LATINE.

SECONDE PARTIE.
SYNTAXE.

Iʟ ne suffit pas de connaître le sens des mots et les différentes formes dont ils peuvent être revêtus ; il faut encore savoir comment ils s'emploient, quelles sont les règles qui déterminent le choix des formes sous lesquelles ils doivent paraître dans la proposition et la place qu'ils y doivent occuper. C'est ce qu'enseigne la *Syntaxe*.

INTRODUCTION.

CHAPITRE Iᵉʳ. — Aɴᴀʟʏsᴇ ᴅᴇ ʟᴀ ᴘʀᴏᴘᴏsɪᴛɪᴏɴ.

§ 1ᵉʳ. *Des élémens de la proposition.*

I. La *proposition* est une réunion de mots qui énoncent un jugement. Toute proposition contient trois élémens : le *sujet*, c'est l'objet auquel on affirme appartenir telle ou telle qualité ; le *verbe*, c'est le mot par lequel on exprime l'affirmation ; l'*attribut*, c'est la qualité qu'on affirme appartenir au sujet. Dans cette proposition : *Dieu est éternel*, *Dieu* est le sujet, c'est l'objet qu'on affirme exister avec la qualité d'être éternel ; *est*, qui sert à affirmer que cette qualité appartient à Dieu, est le verbe ; *éternel*, qualité qu'on affirme appartenir au sujet, est l'attribut.

II. Il n'y a, à proprement parler, qu'un verbe, c'est le verbe *être*. Tous les autres mots que nous appelons verbes ne sont autre chose que la combinaison du verbe *être* et d'un attribut : *j'enseigne* est pour *je suis enseignant*.

On nomme verbe *attributif* tout verbe qui renferme en lui-même le sens du verbe *être* et celui d'un attribut. Le verbe *être*, qui n'exprime que l'idée pure et simple d'existence, se nomme verbe *substantif* (1).

§ II. *Des modifications du sujet et de l'attribut.*

III. Il n'y a point de proposition sans un sujet et sans un attribut, mais il peut y en avoir sans modifications. Ex. : *César vainquit.* Le sujet *César* et le verbe attributif *vainquit* suffisent pour énoncer un jugement. Les mots que l'on pourrait ajouter à cette proposition pour expliquer qui était César, quelle armée il vainquit, quand, où et comment il la vainquit, seraient des modifications.

IV. Un substantif est qualifié ou déterminé : 1°. Par un adjectif, soit qualificatif, soit déterminatif : *Petite* étincelle. *Mes* livres. 2°. Par un participe : Ennemis *vaincus.* 3°. Par un autre substantif mis en rapport avec lui par *de* : Les richesses *de Crassus.* 4°. Par un autre substantif exprimant le même objet : *Rome, ville* éternelle ; *Cicéron,* premier *orateur* romain. (C'est ce qu'on nomme apposition.) 5°. Enfin, par une proposition que le pronom relatif lie avec ce substantif : Les biens *que donne la fortune.*

V. Les modifications des verbes sont le complément direct, le complément indirect, les termes circonstanciels.

Parmi les verbes attributifs, il en est qui renferment en eux-mêmes un sens complet, comme *dormir, naître* ; d'autres qui exigent un complément, comme *voir, acheter;* car, pour la plénitude du sens, il est nécessaire d'ajouter quelle est la chose qu'on voit, qu'on achète. Plusieurs verbes exigent même deux complémens. Tel est le verbe *donner,* qui suppose nécessairement une chose que l'on donne et une personne à qui l'on donne (2).

(1) Le verbe *être* devient attributif lorsqu'il n'est joint à aucun attribut, et qu'il est synonyme d'exister : *Dieu est avant tous les siècles,* c'est-à-dire Dieu *existe, est existant* avant tous les siècles.

(2) La relation qui existe entre un verbe et son complément peut être envisagée comme une sorte de domination que le verbe exerce sur son complément, en lui imposant l'obligation de se mettre à tel ou tel cas; par cette raison on donne aussi au complément le nom de *régime,* de *regere,* gouverner.

Si le complément est uni au verbe immédiatement, c'est-à-dire sans le secours d'une préposition, il se nomme *complément direct*, et le verbe qui admet cette sorte de complément se nomme *actif* ou *transitif*, parce qu'il présente le sujet agissant sur un objet qui est hors de lui. Dans cette phrase, *la vertu produit la gloire*, *la gloire* est le complément direct du verbe actif *produit*.

Si le complément est uni au verbe par le moyen d'une préposition, comme dans ces phrases, *j'obéis à Dieu, je viens de Rome*, il se nomme *complément indirect*.

Quelques verbes actifs admettent les deux sortes de compléments : *tendez la main aux malheureux*.

On nomme verbes *neutres* ou *intransitifs* les verbes qui n'admettent qu'un complément indirect, comme *obéir*, *venir*, et ceux qui, exprimant par eux-mêmes une action complète et absolue, n'ont besoin d'aucun complément, tels sont, *dormir*, *naître*.

Si le sujet ne fait pas l'action, mais la reçoit, la souffre, le verbe est *passif*, et son complément se précède des prépositions *de*, *par* : *Je suis aimé de Dieu, un jour est chassé par l'autre*.

VI. Outre le complément direct et le complément indirect, qui sont ses deux plus importantes modifications, l'attribut peut être encore modifié par des *termes circonstanciels*, exprimant différentes circonstances de temps, de lieu, de manière, etc., et différant des complémens en ce que ceux-ci sont nécessaires pour déterminer parfaitement la signification du verbe, pendant que ceux-là ne sont qu'accessoires, qu'accidentels. Ces termes circonstanciels sont :

1°. Un adverbe : L'avare est *toujours* pauvre.

2°. Une préposition avec son complément : Dieu tient le cœur des rois *entre ses mains puissantes*.

3°. Une proposition entière précédée d'une conjonction autre que *et, ni, ou, mais*. Ex. : Pendant que *nous parlons*, le temps jaloux s'enfuit.

VII. L'adjectif peut être modifié par un adverbe. Ex. : *Plus* pieux. Certains adjectifs admettent différens complémens : Semblable *au père*, utile *à l'état*, doué *de vertu*.

6.

L'adverbe est modifié par un autre adverbe : *plus sagement, très-sagement.*

VIII. On distingue le sujet grammatical du sujet logique. Dans cette proposition : « L'exemple d'une bonne vie est la meilleure leçon qu'on puisse donner au genre humain. » *L'exemple d'une bonne vie* est le sujet logique, *l'exemple* est le sujet grammatical. On voit que le sujet grammatical est le sujet dépouillé de toutes ses modifications et réduit à la plus simple expression, et que le sujet logique est le sujet accompagné de tous les mots qui servent à l'expliquer ou à le déterminer. La même distinction s'applique à l'attribut et à ses compléments. *La meilleure leçon qu'on puisse donner au genre humain* est l'attribut logique, *la leçon* est l'attribut grammatical.

§ III. *De la construction logique et de l'inversion.*

IX. On peut dans toutes les langues ramener le discours à une construction qui semble conforme, sinon à l'ordre de nos sensations, du moins à la marche des opérations de notre esprit, et que nous nommerons la construction logique.

Dans cette construction le sujet se présente toujours le premier, ensuite le verbe, puis l'attribut. Les modifications de l'attribut se rangent dans cet ordre : adverbe, complément direct, complément indirect, puis les termes circonstanciels exprimés par une préposition avec son complément ou par une proposition entière.

L'adjectif ou la proposition qui modifie le nom vient immédiatement après lui ; le complément d'un substantif, d'un adjectif, d'un verbe ou d'une préposition suit sans intervalle le mot auquel il sert de complément.

Toute transposition dans cet ordre est une inversion.

Cette phrase, *Dieu donna sa loi à Moïse sur le mont Sinaï*, est construite logiquement ; car les parties en sont rangées dans cet ordre : sujet, verbe, complément direct, complément indirect, terme circonstanciel.

Cette autre phrase, *Dans ce désordre à mes yeux se présente un jeune enfant*, est aussi inverse qu'elle peut l'être, puisqu'aucun de ses membres n'est à la place qu'assigne. la construction logique. Ramenons-la à cette construction : *Un enfant jeune présente se (lui) à mes yeux dans ce désordre.* Autre exemple :

> Borné dans sa nature, infini dans ses vœux,
> L'homme est un dieu tombé qui se souvient des cieux.

Dans cette phrase la modification du sujet, au lieu de le suivre, le précède ; il y a donc inversion. La construction logique est : *L'homme borné dans sa nature, infini dans ses vœux, est un dieu tombé,* etc.

La langue française s'écarte peu, en prose surtout, de la construction logique. Dans la langue latine, au contraire, la variété des désinences des noms et des verbes permet d'employer très-fréquemment l'inversion sans qu'il en résulte aucune obscurité, parce que les formes des mots indiquent suffisamment les rapports de concordance et de dépendance qui les lient les uns avec les autres.

§ IV. *De la construction elliptique.*

X. Il y a plusieurs mots que l'usage permet de supprimer, sans pour cela que le discours perde rien de sa clarté, parce que la tournure, le sens de la phrase suppléent à ce retranchement : c'est ce qu'on nomme *ellipse*. En rétablissant tous les mots sous-entendus, on rend la construction pleine et entière.

Des voleurs m'ont pillé. CONSTRUCTION PLEINE. Quelques-uns *des voleurs m'ont pillé.*—*Donnez-moi du pain.* Donnez-moi une portion *du pain* (1). — *Qui ne sait se borner ne sut jamais écrire.* Celui *qui ne sait.* — *Nulle paix pour l'impie.* N'est *pour l'impie.* — *Gloire à Dieu.* Gloire soit à *Dieu.* — *Plus fait douceur que violence.* Douceur fait plus *que violence* ne fait. — *Il ne dort ni nuit, ni jour.* Il ne dort ni pendant *la nuit,* ni pendant *le jour.*

§ V. *De la dépendance des propositions entre elles.*

XI. Considérées sous le rapport de leur liaison dans le

---

(1) Les Latins n'admettent point cette ellipse. Ces trois phrases : Donnez-moi *le pain,* donnez-moi *un pain,* donnez-moi *du pain,* quoique ex-

discours et de leur dépendance entre elles, les propositions sont ou *principales* ou *subordonnées*.

La proposition *principale* exprime ce qu'on veut spécialement faire entendre : c'est elle qui renferme le sens principal.

La proposition *subordonnée* est une proposition secondaire et accessoire qui se rattache plus ou moins directement à la proposition principale, et qui s'y lie ordinairement par le moyen d'un pronom relatif ou d'une conjonction autre que *et, ni, ou, mais*. Ex. :

L'homme, qui est un être raisonnable, ne devrait jamais oublier la dignité de sa nature. Proposition principale : *L'homme ne devrait jamais oublier la dignité de sa nature*. Proposition subordonnée liée à la principale par un pronom relatif : *Qui est un être raisonnable*.

Lorsqu'on est jeune, la vie paraît sans terme. Proposition principale : *La vie paraît sans terme*. Proposition subordonnée liée à la principale par une conjonction : *Lorsqu'on est jeune*.

CHAPITRE II. — SYNTAXE ÉLÉMENTAIRE.

XII. Plusieurs mots peuvent s'accorder en genre, en nombre, en cas, en personne ; un mot peut en régir un autre à tel cas, à tel mode : de là deux sortes de syntaxe, la syntaxe d'accord ou de concordance, et la syntaxe de régime ou de dépendance.

Les règles de syntaxe qui conviennent aux substantifs conviennent également aux pronoms qui, comme les substantifs, désignent des personnes ou des choses.

Les mêmes règles de syntaxe s'appliquent aux adjectifs, soit qualificatifs, comme *pius, bonus* ; soit déterminatifs, comme *hic, meus* ; et aux participes qui, comme les adjectifs, modifient les substantifs.

§ 1er. *Syntaxe de concordance.*

XIII. L'adjectif s'accorde en genre, en nombre et en

primant des idées différentes, se rendent de la même manière, *Præbe mihi panem* ; l'avantage du français sur le latin est ici incontestable.

cas avec le substantif auquel il se rapporte. Ex. : *Pater bonus*, le père bon ; *mater bona*, la mère bonne ; *templum sanctum*, le temple saint.

Si l'adjectif se rapporte à plusieurs substantifs, on le met au pluriel ; et si les substantifs sont de différents genres, l'adjectif se met au genre qui a la priorité. (Le masculin a la priorité sur les deux autres, le féminin a la priorité sur le neutre.) Ex. : *Pater et filius boni*, le père et le fils bons ; *mater et filia bonæ*, la mère et la fille bonnes ; *pater et mater boni*, le père et la mère bons.

XIV. Deux substantifs employés de suite pour désigner un seul et même objet se mettent au même cas. Ex. : *Ludovicus rex*, Louis roi ; *Ludovici regis*, de Louis roi.

XV. Le verbe s'accorde en nombre et en personne avec le sujet de la proposition. Ex. : *Ego audio*, j'entends ; *præceptor docet*, le maître enseigne ; *discipuli discunt*, les élèves apprennent.

Le verbe qui a plusieurs sujets se met au pluriel, et si les sujets sont de différentes personnes, le verbe se met à la personne qui a la priorité. (La première a la priorité sur les deux autres, la seconde a la priorité sur la troisième.) Ex. : *Petrus et Paulus ludunt*, Pierre et Paul jouent ; *ego ac tu loquimur*, moi et vous, vous et moi, nous parlons.

XVI. L'attribut soit adjectif, soit substantif, s'accorde en cas avec le sujet. Si l'attribut est adjectif, il s'accorde de plus avec le sujet en genre et en nombre. Ex. : *Deus est sanctus*, Dieu est saint. *Parcimonia est vectigal*. Cic. L'économie est un revenu. Lorsque le sujet est un infinitif, l'attribut, s'il est adjectif, se met au neutre. Ex. : *Mentiri est turpe*, mentir est honteux.

§ II. *Syntaxe de régime ou de dépendance.*

XVII. Quatre sortes de mots admettent des régimes ou complémens, savoir : les substantifs, les verbes, les adjectifs et les prépositions.

Le complément d'un substantif se met au génitif. Ex. : *Liber* Petri, le livre de Pierre.

XVIII. Le complément direct d'un verbe actif se met

à l'accusatif. Ex. : *Amo* DEUM, j'aime Dieu ; *imitor* PATREM, j'imite mon père.

XIX. Un grand nombre de verbes actifs veulent leur complément indirect au datif. Ex. : *Do vestem* PAUPERI, je donne un habit au pauvre. D'autres verbes actifs veulent leur complément à l'ablatif avec ou sans préposition. Ex. : *Accepi beneficium* A REGE, j'ai reçu un bienfait du roi. *Impleo dolium* VINO, j'emplis un tonneau de vin.

XX. Le complément d'un verbe passif se met à l'ablatif avec ou sans la préposition *à, ab*. Elle s'exprime ordinairement avant les noms de personnes, et se sous-entend avant les noms de choses. Ex. : *Amor* A DEO, je suis aimé de Dieu. MOERORE *conficior*, je suis accablé de chagrin.

XXI. Le complément d'un verbe neutre se met ordinairement au datif, ex. : *Nocet* NEMINI, il ne nuit à personne ; ou à l'ablatif, ex. : *Gaude* FELICITATE ALIENA, réjouis-toi du bonheur d'autrui.

XXII. Certains adjectifs reçoivent leur complément au génitif. Ex. : *Avidus* LAUDUM, avide de louanges.

D'autres au datif. Ex. : *Id* MIHI *utile est*, cela m'est utile.

D'autres enfin à l'ablatif. Ex. : *Dignus* LAUDE, digne de louange.

XXIII. Les comparatifs veulent leur complément à l'ablatif à cause de la préposition *præ*, en comparaison de, sous-entendue. Ex. : *Doctior* PETRO, plus savant que Pierre.

XXIV. Les superlatifs et les noms partitifs, c'est-à-dire exprimant une partie d'un tout, veulent leur complément au génitif ou à l'accusatif avec *inter*, ou à l'ablatif avec *e, ex*. Ex. : *Altissima* ARBORUM, ou INTER ARBORES, ou EX ARBORIBUS, le plus haut des arbres. *Quis* VESTRUM? ou EX VOBIS? ou INTER VOS? qui de vous?

XXV. Le datif marque souvent en latin l'objet à l'avantage, ou au désavantage duquel se fait une chose, une action ; il est alors le complément d'un verbe ou d'un adjectif, et se traduit en français par *pour*. Ex. : *Non canimus* SURDIS, nous ne chantons pas pour les sourds ; *est vita* MISERO *longa*, la vie est longue pour le malheureux.

XXVI. Le complément des prépositions se met au cas qu'elles régissent. Trente veulent l'accusatif, douze l'ablatif ; quatre, *in, sub, subter, super*, gouvernent l'accusatif lorsqu'elles sont jointes à un verbe de mouvement, et l'ablatif lorsqu'elles sont jointes à un verbe de repos (1). Ex. : *Pauci homines veniunt* AD SENECTUTEM, peu d'hommes parviennent jusqu'à la vieillesse ; *Araris* IN RHODANUM *influit*, la Saône se jette dans le Rhône ; *felium* IN TENEBRIS *fulgent oculi*, les yeux des chats brillent dans les ténèbres.

XXVII. Les prépositions se sous-entendent devant diverses sortes de compléments.

Les noms de temps se mettent à l'ablatif et l'on sous-entend *in*, ou à l'accusatif et l'on sous-entend *per*. Ex. : *Veniet* DIE DOMINICA (in *die*), il viendra dimanche ; *Cicero vixit* TRES ET SEXAGINTA ANNOS (per *tres*, etc.) Cicéron vécut soixante-trois ans.

XXVIII. Le nom de ville où l'on est, se met à l'ablatif en sous-entendant *in* ; celui de la ville où l'on va à l'accusatif en sous-entendant *ad* ou *in*, celui de la ville d'où l'on sort à l'ablatif en sous-entendant *à* ou *ex*. Ex. : *Natus est* AVENIONE (in *Avenione*), il est né à Avignon ; *ibo* LUTETIAM (ad *Lutetiam*), j'irai à Paris ; *redeo* LUGDUNO, je reviens de Lyon.

XXIX. Les noms d'instrument, de cause, de manière, de prix, se mettent à l'ablatif, en sous-entendant *cum*, *à*, *pro*. Ex. : *Ferire* GLADIO (cum *gladio*), frapper de l'épée ; *pallere* METU (à *metu*), pâlir de crainte ; *vincis* FORMA (à *formâ*), tu l'emportes en beauté ; *hic liber constat viginti assibus* (pro *viginti assibus*), ce livre coûte vingt sous.

XXX. Le VOCATIF n'est ni sujet, ni complément ; il est hors de la construction grammaticale de la proposition, et indique l'objet auquel on adresse la parole. Ex. : *Vicimus o* SOCII, nous avons vaincu, ô compagnons.

XXXI. L'INFINITIF s'emploie souvent comme complément d'un verbe. Ex. : *Amat* LUDERE, il aime à jouer.

XXXII. Le PARTICIPE prend le genre, le nombre et le cas du substantif ou du pronom auquel il se rapporte, et veut son complément au même cas que le verbe auquel il appartient. Ex. : *Gallus escam* QUÆRENS *margaritam reperit*, un coq cherchant de la nourriture trouva une perle.

Le participe actif présent *quærens* s'accorde en genre,

____

(1) Voyez ces prépositions et leur signification, page 89.

en nombre et en cas avec *gallus*, et veut l'accusatif parce qu'il vient du verbe actif *quærere*.

XXXIII. Le SUPIN est un nom verbal qui, à l'accusatif, est le complément d'un verbe, ex. : *Eo* LUSUM, je vais jouer, et à l'ablatif est le complément d'un adjectif, ex. : *Res* DICTU *facilis*, chose facile à être dite, à dire.

XXXIV. Le GÉRONDIF est un nom verbal qui, au nominatif, ne s'emploie qu'avec *est*, *dicendum est*, on doit parler, et qui, aux autres cas, est le complément d'un substantif, d'un adjectif ou d'une préposition exprimée ou sous-entendue. Ex. : *Tempus* LEGENDI, le temps de lire ; *cupidus* VIDENDI, curieux de voir ; *corpus assuetum* PATIENDO, corps accoutumé à souffrir ; *pronus ad* IRASCENDUM, prompt à se mettre en colère ; *redeo ab* AMBULANDO, je reviens de me promener ; *consumit tempus* LEGENDO (*in legendo*), il passe son temps à lire.

Le supin et le gérondif veulent leur complément au même cas que les verbes auxquels ils appartiennent. Ex. : *Tempus studendi* GRAMMATICÆ, le temps d'étudier la grammaire. (*Studere* est un verbe neutre qui veut le datif.) — *Ibo adjutum* EOS, j'irai les secourir.

§ III. *Dépendance des propositions entre elles.*

XXXV. La nature grammaticale des propositions est distinguée en latin par le cas auquel on met le sujet.

Si le sujet est au nominatif, la proposition est *directe* : NEMO *potest esse beatus sine virtute*, personne ne peut être heureux sans la vertu.

Si le sujet est à l'accusatif, la proposition est dite *infinitive*, parce qu'alors le verbe en est toujours au mode infinitif : *Credo* TE FLERE, je crois toi pleurer, je crois que tu pleures.

Si le sujet et l'attribut sont à l'ablatif, la proposition peut être nommée *adverbiale*, parce que, comme un adverbe, elle exprime toujours un terme circonstanciel : PARTIBUS FACTIS, *sic locutus est leo*, les parts étant faites, le lion parla ainsi.

La proposition principale est toujours une proposition directe. La proposition subordonnée est, ou directe, ou infinitive, ou adverbiale.

XXXVI. La proposition subordonnée se lie à la principale, par un pronom relatif suivi, soit de l'indicatif, soit du subjonctif. Ex. : *Scipio,* QUI VICIT *Hannibalem, accepit cognomen Africani*, Scipion, qui vainquit Annibal, reçut le surnom d'Africain. — *Nemo reperitur* QUI SIT *studio nihil consecutus*, personne n'est trouvé, on ne trouve personne qui n'ait rien acquis par l'étude.

Le pronom relatif s'accorde en genre, en nombre et en personne avec son antécédent. Ex. : *Deus qui regnat*, Dieu qui règne ; *ego qui putabam*, moi qui pensais.

Le pronom relatif est ou le sujet de la proposition subordonnée, comme dans les deux exemples précédents, ou le complément d'un verbe, d'un substantif, d'un adjectif qui le suivent, ou d'une préposition qui le précède. Ex. : *Deus* QUEM AMO, Dieu que j'aime ; *commoda* QUIBUS UTIMUR, les avantages dont nous jouissons ; *Deus* CUJUS PROVIDENTIAM *miramur*, Dieu dont nous admirons la providence ; *merces* QUA DIGNUS *es*, la récompense dont vous êtes digne ; *locus* IN QUO *Germani consederant*, le lieu où les Germains étaient campés.

XXXVII. La proposition subordonnée se lie à la principale par des mots conjonctifs exprimant l'interrogation, le doute, tels que *quis, quæ*, *quid*, qui, quel, quelle chose ; *an*, *utrum*, si ; *cur, quarè*, pourquoi ; *quàm*, *quantùm*, combien, etc., toujours suivis du subjonctif. Ex. : *Nescio* QUID AGAS, je ne sais quelle chose vous faites, ce que vous faites. *Multæ gentes nondùm sciunt* CUR *luna* DEFICIAT. SEN. Beaucoup de nations ignorent encore pourquoi la lune s'éclipse.

XXXVIII. La proposition subordonnée se lie à la principale par des conjonctions telles que *cùm*, lorsque ; *dùm*, tandis que ; *quia*, parce que ; *ut*, afin que ; *quin*, que.... ne ; *quòd*, que, de ce que, parce que ; *si*, si ; *quamvis*, quoique, etc. ; les unes suivies de l'indicatif, les autres du subjonctif ; d'autres enfin, tantôt de l'indicatif, tantôt du subjonctif. Ex. : *Facilè omnes,* CUM VALEMUS, *recta consilia ægrotis damus.* TER. Nous donnons tous facilement de bons conseils aux malades, quand nous nous portons bien. *Oportet edere* UT VIVAS, il faut manger pour que tu vives, pour vivre.

XXXIX. La proposition subordonnée se lie à la principale par des *corrélatifs*, espèce de mots ayant dans la proposition principale un antécédent qui leur est propre et dont ils sont la suite nécessaire. Tels sont *quantùm*, *quot*, *qualis*, dont les antécédents sont *tantùm*, *tot*, *talis*. Néanmoins certains corrélatifs conviennent à plusieurs antécédents : tel est *quàm*, qui peut avoir pour antécédents *plus*, *magis*, *minùs*, *tam*, *alius*. Exemples :

Tantùm te amo quantùm me amas, je vous aime autant que vous m'aimez. Antécédent *tantùm*, corrélatif *quantùm*.

Est magis pius quàm tu, il est plus pieux que vous. (Sous-entendu *es*.) *Magis* antécédent, *quàm* corrélatif.

Virtus est pretiosior quàm aurum, la vertu est plus précieuse que l'or. L'antécédent *magis* est renfermé dans le comparatif *pretiosior* qui veut dire *magis pretiosa*. (On pourrait dire aussi : *virtue est pretiosior auro*, voy. XXII.)

XL. La proposition infinitive et la proposition adverbiale sont toujours des propositions subordonnées. (Voyez XX, XXII, XXIII, XXVII.) Elles ne se lient pas à la principale par un mot conjonctif; mais leur forme particulière en indique suffisamment la dépendance. Elles peuvent d'ailleurs se tourner par une proposition directe, ayant en tête une conjonction : ainsi, *credo te flere* est pour *credo quòd tu fles*, et *partibus factis* pour *quùm partes factæ fuissent*.

LIVRE PREMIER.

CHAPITRE PREMIER. Accord de l'adjectif avec le substantif.

1. Deus sanctus.

L'adjectif s'accorde en genre, en nombre et en cas avec le substantif auquel il se rapporte. Exemples :
Deus sanctus, Dieu saint ; *Dei sancti*, du Dieu saint. — *Virgo sancta*, Vierge sainte ; *Virginis sanctæ*, de la Vierge sainte. — *Templum sanctum*, temple saint ; *templi sancti*, du temple saint.

2. Pater et filius boni.

Lorsqu'un adjectif se rapporte à plusieurs substantifs, on le met au pluriel. Ex. :
Pater et filius boni, le père et le fils bons ; *mater et filia bonæ*, la mère et la fille bonnes.

3. Pater et mater boni.

Quand un adjectif se rapporte à plusieurs substantifs de différents genres, si ces substantifs sont des noms d'objets animés, l'adjectif se met au pluriel et prend le genre qui a la priorité. (Le masculin a la priorité sur les deux autres genres, le féminin a la priorité sur le neutre.) Ex. :
Pater et mater boni, le père et la mère bons ; *uxor et mancipium salvæ*, l'épouse et l'esclave sauvés.

4. Virtus et vitium contraria.

Quand un adjectif se rapporte à plusieurs substantifs de genres différents, si ces substantifs sont des noms d'objets inanimés, l'adjectif se met au pluriel neutre. On

sous-entend le substantif neutre *negotia*, choses. Ex. :
Virtus et vitium contraria, la vertu et le vice contraires,
c'est-à-dire *negotia contraria*, choses contraires.

5. Cum summâ virtute et honore.

Les Latins n'ont pas toujours observé les deux règles précédentes.

Souvent, lorsqu'un adjectif ou un participe se rapporte à plusieurs substantifs, ils le placent à côté du premier, ou à côté du dernier substantif, en le faisant accorder avec le substantif auquel ils le joignent, et en le sous-entendant auprès de l'autre.

Mais si l'adjectif ou le participe, se rapportant à plusieurs substantifs, est employé comme attribut de la proposition, on doit toujours le mettre au neutre. Ex. :

Cum summâ virtute et honore. AD HER., c'est-à-dire *cum summâ virtute et summo honore*, avec le plus grand courage et le plus grand honneur.

Sociis et rege recepto. VIRG. c'est-à-dire *sociis receptis et rege recepto*, les compagnons et le roi étant retrouvés.

Inter se contraria sunt beneficium et injuria. SEN. c'est-à-dire, *sunt negotia contraria*, le bienfait et l'injure sont choses contraires entre elles.

6. Omnia præclara rara sunt.

Tout adjectif ou participe suppose un substantif avec lequel il puisse s'accorder, en genre, en nombre, en cas. Si ce substantif n'est point exprimé, il est nécessairement sous-entendu. Les substantifs le plus ordinairement sous-entendus sont *homo, homines; negotium, negotia;* cette dernière ellipse est la plus fréquente de toutes. Ex. :

Omnia præclara rara sunt. CIC. (*Omnia negotia*), toutes les belles choses sont rares.

Omnes immemorem beneficii oderunt. CIC. (*Omnes homines oderunt hominem immemorem...*), tout le monde hait l'homme qui ne se souvient pas d'un bienfait.

7. Meum est loqui.

Officium ou *negotium* est sous-entendu dans les expressions *meum est*, c'est à moi; *tuum est*, c'est à toi; *nostrum est*, c'est à nous, etc. Ex. :

Meum est loqui, c'est-à-dire *loqui est meum negotium* ou *officium*, parler est mon affaire, mon devoir; c'est à moi de parler.

CHAPITRE II. Accord de deux substantifs.

8. Ludovicus rex.

Lorsque deux substantifs sont employés de suite pour désigner un seul et même objet, ils se mettent au même cas. C'est ce qu'on nomme *apposition*. Ex. :

Ludovicus rex, Louis roi ; *Ludovici regis*, de Louis roi ; *Æsopus auctor*, Ésope auteur ; *Æsopo auctori*, à Ésope auteur ; *urbs Roma*, la ville de Rome. (Les Romains disaient : la ville Rome.)

CHAPITRE III. Accord du verbe avec le sujet.

9. Ego audio.

Le verbe s'accorde en nombre et en personne avec le sujet de la proposition. Ex. :

Ego audio, j'entends ; *nos audimus*, nous entendons.
Petrus iudit, Pierre joue.
Probitas laudatur, la probité est louée.

Les pronoms *ego*, *tu*, *ille*, *nos*, *vos*, *illi* sont ordinairement sous-entendus, parce qu'ils sont suffisamment indiqués par la terminaison des verbes. *Lego*, *legis*, *legit ;* je lis, tu lis, il lit.

Remarque. Nous employons la seconde personne du pluriel alors même que nous adressons la parole à une seule personne : les Latins emploient toujours le singulier. Ainsi, nous disons, en parlant à un seul : vous viendrez ; en latin on dit : *venies*, tu viendras.

10. Tu rides, ego fleo.

Les pronoms de première et de seconde personne ne s'expriment que pour marquer une opposition ou pour donner plus de force à l'expression. Ex. :

Tu rides, ego fleo; tu ris, et moi je pleure.
Tu Marcellus eris. Virg. Toi, tu seras Marcellus.

11. Petrus et Paulus ludunt.

Le verbe qui a plusieurs sujets se met au pluriel. Ex. :
Petrus et Paulus ludunt, Pierre et Paul jouent.

12. Mens et ratio et consilium in senibus est.

Les Latins n'ont pas toujours observé la règle précédente. Ils mettent au singulier comme au pluriel le verbe dont les différens sujets sont des noms de choses inanimées.
Si parmi les sujets il y en a un au pluriel, le verbe se met ordinairement au pluriel. Ex. :
Mens et ratio et consilium in senibus est. Cic. Le bon sens, la raison, la prudence sont l'apanage de la vieillesse.
Frons, oculi, vultus persæpè mentiuntur. Cic. Le front, les yeux, le visage mentent très-souvent.

13. Ego ac tu loquimur.

Quand un verbe a plusieurs sujets de différentes personnes, on le met à la personne qui a la priorité : la première a la priorité sur les deux autres, la seconde a la priorité sur la troisième. Ex. :
Ego ac tu loquimur, vous et moi nous parlons (1).
Tu fraterque tuus vultis, vous et votre frère, vous voulez.

14. Turba ruit *ou* ruunt.

Les noms collectifs, c'est-à-dire ceux qui, quoiqu'au singulier, présentent à l'esprit l'idée de plusieurs personnes ou de plusieurs choses, sont quelquefois suivis d'un verbe pluriel. Ex. :
Turba ruit ou *ruunt*, la foule se précipite.
Magna pars occisi sunt. Sall. Une grande partie furent tués.

15. Tullia, deliciæ nostræ, adscribit.

Les substantifs apposés sont toujours au même cas, mais ils

______
(1) En latin la personne qui a la priorité est mise avant l'autre ; en français l'usage veut que la première personne ne se nomme qu'en dernier.

ne sont pas toujours du même genre et du même nombre. Le verbe s'accorde avec le substantif principal. Ex. :

Tullia , deliciæ nostræ, salutem tibi plurimam adscribit. Cic. Tullie , mes délices, vous fait mille complimens.

CHAPITRE IV. Accord de l'attribut avec le sujet.

16. Deus est sanctus. Parcimonia est vectigal.

L'attribut, soit adjectif, soit substantif, s'accorde en cas avec le sujet. Si l'attribut est un adjectif, il s'accorde de plus avec le sujet en genre et en nombre. Ex. :

Deus est sanctus, Dieu est saint.

Parcimonia est vectigal, l'économie est un revenu.

17. Ego nominor leo.

Tout adjectif ou tout substantif faisant partie de l'attribut de la proposition s'accorde avec le sujet, quand le verbe attributif est neutre ou passif. L'adjectif s'accorde de plus avec le sujet en genre et en nombre (1). Cette règle regarde les verbes *fio*, *evado*, je deviens ; *appellor*, *vocor*, *dicor*, *nominor*, je suis nommé ; *creor*, je suis créé ; *judicor*, je suis jugé ; *eligor*, je suis élu ; *habeor*, je passe pour ; *videor*, je semble , etc. Ex. :

Ego nominor leo, je suis nommé, je m'appelle lion.

Junius Brutus creatus est consul, Junius Brutus fut créé consul.

Demosthenes evasit orator celeberrimus, Démosthène devint un orateur très-célèbre.

18. Turpe est mentiri.

Lorsque le sujet de la proposition est un infinitif, l'attribut, s'il est adjectif, se met au neutre, parce que l'infinitif est regardé comme un substantif neutre. Ex. :

Turpe est mentiri, mentir est honteux , il est honteux de mentir.

---

(1) C'est ce que M. Lemare regarde comme une espèce d'apposition, et ce que M. Silvestre de Sacy appelle fort bien *sur-attribut.*

LIVRE DEUXIÈME.

SYNTAXE DE RÉGIME OU DE COMPLÉMENT.

CHAPITRE PREMIER. Complément des substantifs.

19. Liber *Petri.*

Lorsque deux substantifs employés de suite désignent des objets différents, celui qui sert de complément à l'autre se met en latin au génitif, et se précède en français de la préposition *de.* Ex. :

Liber Petri, le livre de Pierre.

Remarque. Nous disons : la ville de Rome, le fleuve du Rhin, le mois d'août ; les Latins disaient par apposition : la ville Rome, le fleuve Rhin, le mois août : *urbs Roma, flumen Rhenus, mensis augustus* (1).

20. Puer *egregiæ indolis* ou *egregiâ indole.*

Si à un substantif on en joint un autre, suivi d'un adjectif, pour exprimer une qualité, un avantage, une propriété quelconque du premier substantif, le second peut se mettre au génitif, ou à l'ablatif en sous-entendant *præditus*, doué de, ou la préposition *cum*, avec. Ex. :

Puer egregiæ indolis ou *egregiâ indole*, c'est-à-dire *præditus egregiâ indole*, enfant d'un bon naturel.

21. Cato erat *singularis prudentiæ* ou mieux *singulari prudentiâ.*

Si le verbe *sum* est suivi d'un substantif et d'un adjectif au génitif exprimant une qualité, une propriété quelconque du

(1) Il y a néanmoins des exemples de l'emploi du génitif après les mots *urbs, oppidum, amnis, flumen.* On trouve dans Cicéron *in oppido Antiochiæ*, et dans Virgile *urbem Patavi, amnis Eridani.*

sujet, ce génitif est amené par les substantifs sous-entendus *homo*, *negotium*. Comme dans la règle précédente, et par la même ellipse, on peut, au lieu du génitif, employer l'ablatif, et il est à remarquer qu'ici il est même préférable. Ex. :

Cato erat singularis prudentiœ, et mieux, *singulari prudentiá*, c'est-à-dire *homo singularis prudentiœ*, ou *prœditus singulari prudentiá*, Caton était d'une singulière prudence.

22. Instar *montis*.

Instar, suivi d'un génitif, est un substantif neutre indéclinable, devant lequel on sous-entend ordinairement *ad*, et qu'il faut rendre par *d'après la ressemblance, à la façon, comme* (1). Ex. :

Instar montis equum œdificant Danaï. VIRG. c'est-à-dire *ad instar*. Les Grecs construisent un cheval comme une montagne, aussi haut qu'une montagne.

23. *Amici* causâ *ou* gratiâ. *Virtutis* ergo.

Causá, *gratiá*, *ergo*, à cause de, pour l'amour de, suivent toujours leur complément. *Ergo* est le datif grec ἔργῳ de ἔργον, fait, œuvre, chose. *Causá* et *gratiá* se construisent avec les adjectifs possessifs *meus*, *tuus*, etc., et non avec le génitif des pronoms personnels *mei*, *tui*, etc. Ex. :

Amici causá, pour la cause d'un ami, pour un ami; *hominum gratiá*, en faveur des hommes, pour les hommes; *meá causá*, pour moi ; *tuá gratiá*, en ta faveur ; *virtutis ergo*, pour le fait de la vertu, à cause de la vertu.

24. Nihil *boni*. Nihil *puerile*. Nihil *prœmii*.

Nihil, employé substantivement, est quelquefois suivi d'un adjectif de la deuxième déclinaison, ou d'un substantif au génitif.

Si l'adjectif est de la troisième déclinaison, on ne le met point au génitif ; on le fait accorder avec *nihil*. Ex. :

Nihil boni, rien de bon ; *nihil puerile*, rien de puéril ; *nihil prœmii*, pour *nullum prœmium*, aucune récompense.

25. Quid *negotii*?

Les adjectifs *hoc, id, illud, istud, idem, quod, quid* et ses composés, au nominatif ou à l'accusatif, se trouvent très-fréquem-

____

(1) Virgile a employé ce mot au nominatif : *Quantum* instar *in ipso est !* Æ. VI, 866 ; Cicéron l'a employé à l'accusatif : *Persuadent mathematici terram, ad universi cœli complexum, quasi puncti* instar *obtinere*. Justin a dit sans ellipse : *Est vallis quœ continuis montibus velut muro quodam ad ins- tar castrorum clauditur.*

ment suivis d'un génitif. *Negotium*, ou tout autre substantif, doit être suppléé. Ex. :

Aliquid pristini roboris, c'est-à-dire *aliquid (negotium) pristini roboris*, quelque chose de l'ancienne vigueur.

Quid negotii? c'est-à-dire *quod (genus) negotii?* quelle sorte d'affaire? quelle affaire?

Quod auri fuit, eripuisti, c'est-à-dire *quod (pondus) auri fuit*, ce qu'il y avait d'or, tu l'as ravi.

26. Hoc *boni*. Hoc *naturale*.

Les adjectifs de la deuxième déclinaison seuls se mettent au génitif après *quidquam, aliquid, hoc*, etc. Les adjectifs de la troisième déclinaison s'accordent en cas avec *quidquam, aliquid, hoc*, etc. Dans l'un et l'autre cas, *negotium* est sous-entendu. Exemples :

Hoc boni, c'est-à-dire *hoc (negotium) boni*, cela de bon ; *hoc naturale*, c'est-à-dire *hoc negotium naturale*, cela de naturel.

27. Id *ætatis*.

La locution *id ætatis*, dans cet âge, est pour *circa id spatium ætatis*, et a le même sens que *eâ ætate*. *Id temporis*, dans ce temps, est pour *circa id spatium temporis*, et signifie la même chose que *eo tempore*. Il en est de même de *quid ætatis*, de quel âge, pour *quâ ætate*.

28. Incerta *belli*.

Les adjectifs neutres pluriels sont quelquefois suivis d'un génitif. *Negotia* ou *loca* doit toujours être sous-entendu. Ex. :

Incerta belli, c'est-à-dire *incerta (negotia) belli*, les incertitudes de la guerre.

Cuncta terrarum subacta. Hor. c'est-à-dire *cuncta (loca) terrarum*, toute la terre soumise.

29. Est *regis* tueri subditos.

Le génitif s'emploie après les verbes *sum*, je suis ; *videor*, je parais ; *habeor*, je passe pour, en vertu de l'ellipse des mots *indicium, proprium, officium, munus*, et le sujet de la proposition est presque toujours alors un infinitif. Ex. :

Est regis tueri subditos, c'est à-dire *tueri subditos est (officium) regis*, défendre ses sujets est le devoir d'un roi, il est d'un roi de défendre ses sujets.

Fraus vulpeculæ, vis leonis videtur. Cic. c'est-à-dire, *Fraus videtur (proprium) vulpeculæ*, etc. La ruse paraît être le propre du renard ; la force, le propre du lion.

Tempori cedere, *semper sapientis est habitum.* Cic. c'est-à-dire, *est habitum (proprium) sapientis*, céder aux circonstances a toujours été regardé comme le propre du sage.

30. Tota Syria *Macedonum* erat.

Esse, fieri, construits avec le génitif, se traduisent quelquefois par *appartenir à, être au pouvoir de.* Le génitif est encore dans ce cas le complément d'un substantif sous-entendu. Ex. :

Tota Syria Macedonum erat, c'est-à-dire *Syria tota erat (in ditione) Macedonum*, la Syrie entière était au pouvoir des Macédoniens.

Salamis insula Atheniensium facta est, c'est-à-dire *facta est (res) Atheniensium*, l'île de Salamine devint la chose, la propriété des Athéniens, tomba au pouvoir des Athéniens.

31. Virtutem *magni* facimus.

Après les verbes d'estime, tels que *æstimare, facere, pendere, ducere, putare*, pris dans le sens d'estimer; *æstimari, fieri, pendi, duci, putari, esse, stare*, pris dans le sens d'*être estimé*, comme après les verbes de prix, tels que *vendere*, vendre; *emere*, acheter; *venire*, être vendu; l'adjectif exprimant le degré d'estime, le prix, la valeur, se met au génitif, en vertu de l'ellipse de *pro re* ou *pro homine pretii*, et se rend en français par un adverbe : *parvi*, peu; *magni*, beaucoup; *minoris*, moins; *minimi*, très-peu; *pluris*, plus; *plurimi*, le plus, etc. Ex. :

Virtutem magni facimus, nous estimons beaucoup la vertu. *Magni* suppose le substantif *pretii*, et le génitif *pretii* exige un substantif dont il puisse être le complément. En rétablissant les deux ellipses, on dira : *facimus virtutem (pro re) magni (pretii)*, nous estimons la vertu comme une chose d'un grand prix.

REMARQUES : i. On ne dit pas *majoris, maximi æstimare*, mais *pluris, plurimi æstimare*, estimer plus, le plus. Ex. :

Pluris æstimatur, il est plus estimé. — *Minoris æstimatur*, il est moins estimé.

Plurimi æstimatur, il est le plus estimé. — *Minimi æstimatur*, il est le moins estimé.

ii. On trouve aussi après les verbes d'estime les génitifs *nihili*, d'un rien (de *ne* et *hilum*, point noir de la fève), et dans le même sens, *flocci* (de *floccus*, flocon de neige), *nauci* (de *naucum*, zeste de la noix), *pili* (de *pilus*, cheveu), *assis* (d'as, sou), *teruncii* (de *teruncius*, 4ᵉ. partie de l'as, liard). *Facere aliquem nihili*, *flocci*, *nauci*, etc., estimer quelqu'un comme un homme de rien, ou comme un homme de flocon, de zeste; c'est-à-dire, qui ne vaut pas un flocon, un zeste. C'est toujours la même idée présentée sous différentes images.

III. Il y a quelques exemples des ablatifs *parvo*, *magno*, etc., avec ou sans *pretio*, après les verbes d'estime. La préposition *pro* est toujours sous-entendue. Ex. :

Prata magno æstimant. Cic. Ils font grand cas des prés.

Magno ubique pretio virtus æstimatur. Val. Max. Partout la vertu est fort estimée.

32. Venit mihi *Platonis* in mentem.

Le génitif, dans la locution *venit mihi alicujus in mentem*, je me souviens de quelqu'un, s'explique par l'ellipse d'un substantif. Ex. :

Venit mihi Platonis in mentem. Cic. c'est-à-dire (*recordatio*) *Platonis venit mihi in mentem*, le souvenir de Platon m'est venu dans l'esprit.

CHAPITRE II. Complément des adjectifs.

33. Avidus *laudum*.

Reçoivent leur complément au génitif :

1°. Les adjectifs dérivés d'un verbe : *cupidus*, qui désire, de *cupere*; *avidus*, avide, d'*avere*; *studiosus*, qui a du goût pour, de *studere*; *inscius*, *nescius*, qui ne sait pas, *conscius*, qui sait, de *scire*; *peritus*, habile dans, *imperitus*, inhabile dans, de l'inusité *perior*; *consultus*, habile dans, de *consulere*; *memor*, qui se souvient, *immemor*, qui ne se souvient pas, de *meminisse*; *capax*, qui peut contenir, propre à, de *capere*, etc. Ex. :

Avidus laudum, avide de louanges.

Peritus musicæ, habile dans la musique.

2°. *Gnarus*, *prudens*, qui sait; *ignarus*, *imprudens*, *rudis*, qui ne sait pas; *particeps*, qui prend part; *compos*, maître de; *impotens*, qui n'est pas maître de; *securus*, tranquille au sujet de, etc. Ex. :

Prudens rei militaris, habile dans l'art militaire.

3°. Les adjectifs qui marquent abondance ou disette, comme *plenus*, plein de; *sterilis*, stérile en; *inops*, ex-

pers, qui manque de ; *prodigus*, prodigue de, etc. Ex. :

Verba plena minarum, paroles pleines de menaces.

Expers rationis, qui manque de raison.

4°. Les adjectifs verbaux en *ans*, *ens*. Ex. :

Amans virtutis, qui aime la vertu.

Patiens injuriæ, qui souffre l'injure.

REMARQUES : I. Il ne faut pas confondre l'adjectif verbal avec le participe actif présent. L'adjectif verbal marque une habitude et se construit avec le génitif ; le participe indique l'acte et régit le même cas que le verbe d'où il vient. *Amans virtutem* est celui qui actuellement aime la vertu, *amans virtutis* est celui qui a l'habitude constante de cet amour. L'adjectif verbal prend les formes du comparatif et du superlatif. *Amantior, amantissimus.*

II. Les adjectifs d'abondance ou de disette se construisent aussi avec l'ablatif. Ex. :

Vita plena voluptatibus, vie pleine de plaisirs. — *Inops amicis*, qui manque d'amis (1).

III. Les adjectifs verbaux terminés en *bundus* veulent leur complément au même cas que le verbe d'où ils dérivent. Ex. :

Populabundus agros, ravageant, *ou* devant ravager les campagnes. — *Gratulabundus victori*, félicitant le vainqueur.

34. Id *mihi* utile est.

Les adjectifs *utilis*, utile à ; *consentaneus*, conforme à ; *amicus*, ami de ; *inimicus*, ennemi de ; *carus*, cher à ; *gratus*, agréable à ; *par*, égal, pareil à ; *obvius*, qui va au devant de ; *contrarius*, contraire à ; *infensus*, *iratus*, irrité contre ; *assuetus*, accoutumé à, etc., reçoivent leur complément au datif. Ex. :

Id mihi utile est, cela m'est utile.

Corpus assuetum labori, corps accoutumé au travail.

35. Similis *patris* ou *patri*.

Les adjectifs *similis*, semblable ; *dissimilis*, dissemblable ; *affinis*, allié ; *communis*, commun ; *proprius*, particulier à, reçoivent leur complément au génitif ou au datif. Ex. :

Similis patris ou *patri*, semblable au père.

Affinis regis ou *regi*, allié au roi.

(1) On trouve dans Cicéron : *Nullâ in re rudis.* — *Jure consultus.*

36. Propensus *ad lenitatem*.

Les adjectifs qui expriment un penchant, une inclination, comme *pronus*, *propensus*, *proclivis*, porté à, etc., veulent leur complément à l'accusatif avec *ad*. Ex. :

Propensus ad lenitatem, porté à la douceur.

37. Aptus *militiæ* ou *ad militiam*.

Les adjectifs *aptus*, *idoneus*, propre à ; *accommodatus*, conforme à ; *natus*, né pour ; *necessarius*, nécessaire à ; *propior*, plus près de ; *proximus*, très-près de, veulent leur complément au datif ou à l'accusatif avec *ad*. Ex. :

Aptus militiæ ou *ad militiam*, propre à la guerre.

38. *Virtute* præditus.

Les adjectifs *dignus*, digne de ; *indignus*, indigne de ; *contentus*, content de ; *præditus*, doué de, etc., reçoivent leur complément à l'ablatif. Ex. :

Adolescens virtute præditus, jeune homme doué de vertu.

Dignus laude, digne de louange.

Contentus suâ sorte, content de son sort.

REMARQUES : I. *Dignus* se trouve quelquefois avec le génitif. Ex. :

Dignissimam suæ virtutis curam suscipere. CIC. Prendre un soin bien digne de sa vertu.

II. Les poëtes donnent quelquefois à *dignus* un infinitif pour complément. Ex. :

Digna perire (pour *pereundi*). OVID. Qui mérite de périr.

Dignus amari (pour *amore* ou *amatu*). VIRG. Digne d'être aimé.

39. *A sapiente* alienum. *Sapiente* alienum.

Les adjectifs *alienus*, étranger à, peu convenable à ; *vacuus*, vide de, privé de ; *immunis*, exempt de ; *liber*, libre, exempt de, veulent leur complément à l'ablatif, avec ou sans la préposition *à*, *ab*. Ex. :

A sapiente ou *sapiente alienum rei falsæ assentiri*, il est peu convenable au sage de donner son assentiment à une chose fausse.

40. *Omnia* Mercurio similis.

L'accusatif qu'on trouve dans les poëtes après les adjectifs s'explique par l'ellipse d'une préposition. Ce tour est pris des Grecs. Ex. :

Omnia Mercurio similis, c'est-à-dire *similis Mercurio* (*secundùm*) *omnia*, semblable en tout à Mercure.

CHAPITRE III. — COMPLÉMENT DES COMPARATIFS, DES SUPERLATIFS ET DES NOMS PARTITIFS.

41. Doctior *Petro*.

Après le comparatif, on met le second terme de la comparaison à l'ablatif en sous-entendant la préposition *præ*, en comparaison de. Ex. :

Paulus est doctior Petro (præ *Petro*), Paul est plus savant en comparaison de Pierre, est plus savant que Pierre.

REMARQUE. On pourrait dire aussi : *Paulus est doctior quàm Petrus.* Voyez Rég. 220.

42. Altissima *arborum*, ou *ex arboribus*, ou *inter arbores*.

Après le superlatif, on met le nom des objets comparés au génitif en sous-entendant *in numero*, ou à l'ablatif avec *ex*, ou à l'accusatif avec *inter*. Ex. :

Altissima arborum, *ex arboribus* ou *inter arbores*, le plus haut des arbres.

Le superlatif s'accorde le plus souvent en genre avec le nom des objets comparés. *Altissima* est au féminin, parce qu'il est l'adjectif de *arbor*, sous-entendu. *Arbor altissima in numero arborum.*

REMARQUE. Si le sujet est d'un autre genre que le complément du superlatif, on peut faire accorder le superlatif avec l'un ou l'autre nom. On dira également : *Leo est animalium fortissimum* ou *fortissimus*, le lion est le plus courageux des animaux.

43. Ditissimus *urbis*.

Si le complément du superlatif n'est pas le nom des objets comparés, mais un nom collectif, ce complément se met au génitif, et ne communique pas son genre au superlatif. Ex. :
Ditissimus urbis, c'est-à-dire *homo urbis ditissimus*, l'homme le plus riche de la ville. — *Sapientissimus Athenarum*, le plus sage d'Athènes.

44. *Validior* manuum.

Les Latins emploient le comparatif dans un cas où, en français, on se sert du superlatif, c'est lorsqu'il n'est question que de deux objets. Ex. :
Validior manuum, la plus forte des deux mains.
Seniores militum, les plus vieux des soldats. (La totalité des soldats est divisée en deux classes, les plus vieux, les plus jeunes.)
Major pars hominum, la plus grande partie des hommes. (La totalité des hommes est divisée en deux parties inégales, l'une plus grande, l'autre plus petite.)
Ces trois exemples font voir que le comparatif se constru quelquefois comme le superlatif, avec le génitif pluriel.

45. Quis *vestrûm?* quis *ex vobis?* quis *inter vos?*

On met aussi le génitif en sous-entendant *in numero* (1), l'ablatif avec *ex*, l'accusatif avec *inter* après les noms partitifs, c'est-à-dire exprimant une partie d'un tout. Ex. :
Quis vestrûm? quis ex vobis? quis inter vos? qui de vous?
— *Unus militum*, ou *ex militibus*, ou *inter milites*, un des soldats.

CHAPITRE IV. — Complément des verbes.

§ Ier. *Complément direct des verbes actifs.*

46. Amo *Deum.* Imitor *patrem.*

Tout verbe actif veut son complément à l'accusatif. Plusieurs verbes déponens veulent aussi leur complé-

(1) Justin a dit sans ellipse : *Thessalus, unus de numero ducum Jasonis, Armeniam condidit.* XLII, 3.

ment à l'accusatif ; ce sont des verbes actifs sous la forme passive. Ex. :

Amo Deum, j'aime Dieu. *Imitor patrem*, j'imite mon père.

Regem decet clementia, la clémence convient à un roi. (*Decere*, actif en latin, se traduit en français par un verbe neutre.)

47. *Musica* me *juvat* ou *delectat*.

Les verbes *juvare*, *delectare*, réjouir ; *latere*, être caché à ; *fallere*, tromper ; *fugere*, échapper à ; *præterire*, passer, se construisent avec un sujet de chose et un complément direct de personne. Ces locutions ne se rendent pas littéralement en français ; on prend un autre tour, dans lequel ce qui est sujet en latin devient en français complément direct, et ce qui est complément direct en latin devient sujet en français. Ex. :

Musica me juvat ou *delectat*, la musique me réjouit, j'aime la musique.

Nil illum sub orbe latet, rien ne le cache, ne voile sa vue sous le ciel, il n'ignore rien sous le ciel.

Non te hoc fallit, fugit, præterit, cela ne vous trompe pas, ne vous échappe pas, ne vous passe pas, vous n'ignorez pas cela.

48. Thebani Philippum *ducem* eligunt.

Les verbes actifs *facere*, faire ; *efficere*, faire, rendre ; *reddere*, rendre ; *vocare*, *appellare*, *nominare*, *dicere*, appeler, nommer, dire ; *creare*, créer ; *eligere*, choisir ; *habere*, avoir ; *præbere*, *præstare*, montrer ; *dare*, donner, etc., se construisent souvent avec deux accusatifs, dont l'un, substantif ou adjectif, fait partie de l'attribut, et l'autre, substantif ou pronom, en est le complément direct (1). Ex. :

Thebani Philippum ducem eligunt. Just. Les Thébains choisissent pour chef Philippe. *Ducem* fait corps pour ainsi dire avec l'attribut, *Philippum* en est le complément direct.

Timidus vocat se cautum. Hor. Le poltron se dit prudent. L'adjectif *cautum* fait partie de l'attribut, *se* en est le complément direct.

(1) M. Lemare voit dans cette construction un cas particulier de l'apposition, et M. Sylvestre de Sacy appelle *sur-attribut* le nom que nous disons faire partie de l'attribut.

49. Adire *oraculum*.

Plusieurs verbes composés d'une préposition régissant l'accusatif et d'un primitif neutre, se construisent avec l'accusatif. La préposition conserve alors sa force, quoiqu'elle entre dans la composition d'un mot. Ex.:

Alexander adire Jovis Hammonis oraculum statuit. Curt. Alexandre résolut d'aller trouver l'oracle de Jupiter Ammon.

Triginta tyranni Socratem circumsteterunt. Sen. Trente tyrans ont environné Socrate.

Xerxes Europam invasit. Nep. Xerxès fit une invasion en Europe.

Hannibal cum copiis Pyrenæum transgreditur. Liv. Annibal franchit avec ses troupes les Pyrénées.

50. *Ad nos* adire.

La préposition qui entre dans la composition du verbe se répète quelquefois devant le complément, particulièrement : *ad, in, trans.* Ex. :

Qui ad nos intempestivè adeunt molesti sæpè sunt. Cic. Ceux qui nous rendent visite à contre-temps sont importuns.

In fortunas alicujus invadere. Cic. Envahir les biens de quelqu'un.

Multitudinem hominum trans Rhenum transducere. Cæs. Conduire une multitude d'hommes au delà du Rhin.

51. *Exercitum Ligerim* transducere.

Les verbes actifs composés de *trans* se trouvent quelquefois avec deux accusatifs, l'un régi par le verbe, l'autre par la préposition. Ex. :

Cæsar exercitum Ligerim transducit. Cæs. César conduit son armée au delà de la Loire.

52. *Vitam* cupio vivere.

Quelques verbes neutres s'emploient comme actifs avec l'accusatif du substantif qu'ils forment. Ex. :

Vitam cupio vivere, je veux vivre la vie, je veux vivre.
Servitutem servire, être en servitude.

§ II. *Complément indirect des verbes actifs.*

53. Do vestem *pauperi*.

Les verbes actifs *dare, donare,* donner ; *condonare,* faire le sacrifice de ; *addere,* ajouter ; *debere,* devoir ;

promittere, *polliceri*, promettre ; *relinquere*, laisser ; *tradere*, livrer, et une foule d'autres, reçoivent leur complément indirect au datif. Ex. :

Do vestem pauperi, je donne un habit au pauvre.

54. Minari mortem *alicui*.

Les verbes *minari* et *gratulari* ont pour complément direct un nom de chose, et pour complément indirect un nom de personne. Les verbes *menacer* et *féliciter*, par lesquels on les traduit en français, veulent au contraire pour complément direct le nom de personne, et pour complément indirect, le nom de chose. Ex. :

Minari mortem alicui, menacer quelqu'un de la mort, mot-à-mot, menacer la mort à quelqu'un.

Victoriam alicui gratulari, féliciter quelqu'un de la victoire, mot-à-mot, féliciter la victoire à quelqu'un.

55. Fidem *commentitiis rebus* adjungere.

Un grand nombre de verbes dans la composition desquels entrent les prépositions *ad*, *ante*, *cum*, *de*, *è*, *in*, *ob*, *post*, *præ*, *sub*, reçoivent leur complément indirect au datif. Ex. :

Nullam fidem commentitiis rebus adjungere debemus. Cic. Nous ne devons ajouter aucune foi à des choses inventées à plaisir.

Amicos cognatis anteferre, préférer les amis aux parens.

Parva magnis conferre, comparer les petites choses aux grandes.

Hannibal magnum terrorem injecit exercitui Romanorum. Nep. Annibal inspira une grande terreur à l'armée des Romains.

Agesilaus opulentissimo regno præposuit bonam existimationem. Nep. Agésilas préféra une bonne réputation à un puissant empire.

56. *Ad bellicam laudem* doctrinæ gloriam *adjicere*.

Après quelques verbes composés, on peut, au lieu du datif, répéter la préposition qui entre dans leur composition, en mettant le complément du verbe au cas qu'exige cette préposition. L'usage apprendra quels sont les verbes qui admettent cette double construction. Ex. :

Timotheus ad bellicam laudem doctrinæ gloriam adjecit. Cic. Timothée ajouta la gloire des lettres à celle des armes.

Confer nostrum ætatem cum æternitate. Cic. Comparez notre vie à l'éternité.

57. *Magistratu* se abdicare.

Les verbes actifs où se trouvent les prépositions *à*, *ab*, *de*, *è*, *ex* reçoivent leur complément à l'ablatif, à cause de la préposition qu'ils renferment. Cette préposition se répète très-fréquemment devant le complément. On emploie quelquefois une préposition autre que celle qui est dans le verbe, mais ayant une signification analogue. *Abdicare* se construit toujours sans préposition. Ex. :

Magistratu se abdicare. Cic. Abdiquer une magistrature. (On dit aussi : *Magistratum abdicare.*)

Abalienare aliquem à senatu. Cic. Détacher quelqu'un de l'intérêt du sénat.

Homines suis rebus abalienare. Nep. Détacher les gens de ses intérêts.

Depellere regem de solio ou *solio*, détrôner un roi.

Eximere aliquem ex servitio ou *servitio*, délivrer quelqu'un de l'esclavage.

Devocare philosophiam è cœlo. Cic. Faire descendre la philosophie du ciel.

Avellere poma ex arboribus. Cic. Arracher les fruits des arbres.

Depellere agnos à matribus, sevrer les agneaux.

58. Hæc via nos ducit *ad virtutem*.

Les verbes actifs qui expriment une idée de mouvement, de tendance, d'inclination, etc., comme *ducere*, conduire à; *trahere*, *allicere*, attirer à; *invitare*, inviter à; *hortari*, exhorter à, etc., veulent leur complément indirect à l'accusatif avec *ad*. Ex. :

Hæc via nos ducit ad virtutem, ce chemin nous conduit à la vertu.

Te hortor ad laborem, je vous exhorte au travail.

59. Doceo pueros *grammaticam*.

On trouve souvent deux accusatifs après les verbes *docere*, enseigner; *dedocere*, désapprendre; *monere*, *admonere*, avertir; *rogare*, *poscere*, demander; *celare*, cacher. L'accusatif de la personne est le complément direct du verbe, celui de la chose en est le complément indirect; il est régi par une préposition sous-entendue, *ad*, *in*, ou *secundùm*. Ex. :

Doceo pueros grammaticam (*ad* ou *secundùm grammati-*

cam). J'instruis les enfans sur la grammaire, j'apprends la grammaire aux enfans.

Nunquàm divitias Deos rogavi (ad divitias). Je n'ai jamais prié les dieux pour des richesses, je n'ai jamais demandé aux dieux les richesses.

REMARQUE. *Monere* et ses composés ne se construisent ainsi qu'avec les accusatifs neutres, *illud*, *hoc*, *id*, *unum*. Ex. :

Eos hoc moneo. CIC. Je les avertis de cela.

Illud me præclarè admones. CIC. Tu m'avertis fort bien de cela.

60. Accepi litteras *à patre meo.*

Les verbes *petere*, demander : *accipere*, recevoir ; *emere*, acheter ; *exspectare*, attendre ; *liberare*, délivrer ; *sperare*, espérer ; *obtinere*, *impetrare*, obtenir ; *vindicare*, affranchir ; *redimere*, racheter ; *removere*, éloigner ; *divellere*, arracher ; *separare*, séparer ; *avocare*, *deterrere*, détourner, etc., etc., veulent leur complément indirect à l'ablatif avec *à* ou *ab*. Ex. :

Accepi litteras à patre meo, j'ai reçu une lettre de mon père.

Petivit beneficium à rege, il a demandé une grâce au roi.

REMARQUES. I. Lorsque le complément indirect de *accipere* est un nom de chose inanimée, on se sert de *è* ou *ex*, au lieu de *à* ou *ab*. Ex. :

Accepi magnam voluptatem ex litteris tuis, j'ai ressenti une grande joie de votre lettre.

II. *Liberare* se construit le plus ordinairement sans préposition. Ex. :

Nihil est præstabilius quàm periculis patriam liberare. CIC. Rien n'est plus beau que de délivrer sa patrie des dangers.

61. Aquam haurire *ex fonte.*

Les verbes *capere*, dans le sens de recevoir, ressentir, retirer ; *cognoscere*, *agnoscere*, connaître ; *tollere*, ôter de ; *accendere*, allumer à ; *haurire*, puiser ; *suspendere*, suspendre à, etc., veulent leur complément indirect à l'ablatif avec *è* ou *ex*. Ex. :

Aquam haurire ex fonte, puiser de l'eau à une fontaine.

Ea ex tuis litteris cognovi, j'ai connu ces choses par votre lettre.

62. Id audivi *ex amico* ou *ab amico meo*.

Les verbes *audire*, apprendre ; *quærere*, s'informer, etc., veulent leur complément indirect à l'ablatif avec *à* ou *ab*, *è* ou *ex*. Ex. :

Id audivi ex amico ou *ab amico meo*, j'ai appris cela de mon ami.

63. Implere dolium *vino*.

Les verbes actifs qui signifient abondance, disette, privation, tels que *implere*, emplir ; *explere*, remplir ; *cumulare*, combler ; *privare*, *orbare*, *nudare*, priver ; *spoliare*, dépouiller, etc., veulent leur régime indirect à l'ablatif, à cause d'une préposition sous-entendue. Ex. :

Implere dolium vino (*cum vino*), emplir un tonneau de vin.

Nudare aliquem præsidio (*à præsidio*), priver quelqu'un de secours.

64. Admonui eum *periculi* ou *de periculo*.

Les verbes *monere*, et ses composés *admonere*, *commonere*, *commonefacere*, avertir ; *certiorem facere*, informer, veulent leur complément indirect au génitif, ou bien à l'ablatif avec la préposition *de*. Ex. :

Admonui eum periculi ou *de periculo*, je l'ai averti du danger.

Aliquem certiorem facere rei ou *de re*, informer quelqu'un d'une chose.

65. Insimulare aliquem *furti* ou *furto*.

Les verbes *accusare*, *incusare*, *insimulare*, *arguere*, accuser ; *convincere*, convaincre ; *absolvere*, absoudre ; *damnare*, *condemnare*, condamner, reçoivent leur complément indirect au génitif par l'ellipse de *nomine* ou *crimine*, et plus rarement à l'ablatif, en vertu de la préposition *de* sous-entendue (1). Ex. :

(1) *Nomine* ou *crimine* sont exprimés quelquefois devant le génitif, et

Insimulare aliquem furti ou *furto*, accuser quelqu'un de vol.

Themistoclem proditionis damnârunt Athenienses, les Athéniens condamnèrent Thémistocle pour crime de trahison.

66. *Capitis* damnare aliquem.

Avec *damnare, condemnare, absolvere, caput* se met au génitif; *pœna* est sous-entendu. *Damnare capitis*, c'est-à-dire *damnare (ad pœnam) capitis*, condamner à la peine de la tête, de la vie, condamner à mort; *absolvere capitis*, c'est-à-dire *absolvere (pœnâ) capitis*, absoudre de la peine de la tête, de la vie, de la peine capitale, de la peine de mort.

67. Damnare aliquem *ad triremes*.

Avec *damnare, condemnare*, le complément indirect se met à 'accusatif avec *ad*, s'il exprime l'espèce de peine à subir. Ex.:
Damnare aliquem ad triremes, condamner quelqu'un aux galères; *ad molam*, à la meule, à tourner la meule du moulin.

§ III. *Complément des verbes passifs.*

68. Amor *à Deo*.

Le complément des verbes passifs, se met à l'ablatif, avec *à* ou *ab*, quand c'est un nom d'objet animé ou considéré comme tel. Ex. :
Amor à Deo, je suis aimé de Dieu.
Darius ab Alexandro superatus est. Cic. Darius fut vaincu par Alexandre.
Themistocles ad Artaxerxem confugit, exagitatus à cunctâ Græciâ. Nep. Thémistocle, poursuivi par toute la Grèce, se réfugia auprès d'Artaxerce.

69. *Mœrore* conficior.

Si le complément des verbes passifs est un nom de chose

de devant l'ablatif. Ex. : Lupus arguebat vulpem furti *crimine.* Phæd. — *Nomine* sceleris conjurationisque damnati sunt multi. Cic. — Lex vetat, eum, qui *de pecuniis repetundis* damnatus sit, in concione orationem habere. Ad Her.

inanimée, ou le met à l'ablatif sans exprimer la préposition. Ex. :

Mœrore conficior, je suis accablé de chagrin.

Dei providentiâ mundus administratur. Cic. Le monde est gouverné par la providence de Dieu.

70. Hæc sententia neque *nobis*, neque *illi* probatur.

Au lieu de l'ablatif régi par la préposition *à* ou *ab*, les Latins donnent quelquefois un datif pour complément aux verbes passifs, tels que *probor*, je suis approuvé ; *improbor*, je suis désapprouvé; *quæror*, je suis cherché ; *laudor*, je suis loué ; *intelligor*, je suis compris; *audior*, je suis écouté ; *videor*, je suis vu, etc. Ex. :

Hæc sententia neque nobis, neque illi probatur, ce sentiment n'est approuvé ni de lui, ni de nous.

Barbarus hîc ego sum, quia non intelligor ulli. Ovid. Je suis ici un barbare, parce que je ne suis compris de personne.

71. Datum est *Neptuno* maritimum regnum.

Les verbes passifs se construisent avec le même complément indirect que les verbes actifs d'où ils dérivent. Ex. :

Datum est Neptuno maritimum regnum. Cic. L'empire de la mer fut donné à Neptune.

Docemur grammaticam. (*Ad* ou *secundùm grammaticam*.) Nous sommes enseignés sur la grammaire, on nous apprend la grammaire.

Ab honesto vir bonus nullâ spe deterrebitur. Sen. L'homme de bien ne sera détourné de l'honnêteté par aucune espérance.

A victore multis civibus respublica orbata est, la république a été privée par le vainqueur de beaucoup de citoyens.

72. *Inutile ferrum* cingitur.

C'est par l'ellipse d'une préposition que s'explique l'accusatif qu'on trouve très-fréquemment dans les poëtes, après les verbes et les participes passifs. Ce tour est pris des Grecs qui, après les verbes passifs, mettent souvent l'accusatif en sous-entendant la préposition κατά. Ex. :

Inutile ferrum cingitur. Virg. (*secundùm ferrum*.) Il se ceint d'un fer inutile.

Redimitus tempora lauro. Virg. (*Circa tempora*), couronné de laurier autour des tempes, le front couronné de laurier.

§ IV. *Complément des verbes neutres.*

73. Studeo *grammaticæ.*

La plupart des verbes neutres veulent leur complément au datif. Ex. :

Studeo grammaticæ, j'étudie la grammaire.

Vir bonus nemini nocet, l'homme de bien ne nuit à personne.

Remarque. Certains verbes neutres en latin sont actifs en français, comme *studere*, étudier ; *favere*, favoriser ; *parcere*, épargner, etc.

74. Hic homo irascitur *mihi.*

Un grand nombre de verbes déponens, qui ne sont autre chose que des verbes neutres sous la forme passive, veulent aussi leur complément au datif ; tels sont : *irasci*, se fâcher contre ; *opitulari*, secourir ; *mederi*, guérir ; *blandiri*, flatter, etc. Ex :

Hic homo irascitur mihi, cet homme se fâche contre moi.

Medetur animo virtus. Cic. La vertu guérit l'âme.

75. Defuit *officio.*

Les composés de *sum*, tels que *prodesse*, être utile à, *præesse*, commander à ; *adesse*, être présent à ; *inesse*, être dans ; *interesse*, assister à ; *deesse*, manquer à, veulent leur complément au datif. Exemples :

Defuit officio, il a manqué à son devoir.

Nobis bona exempla prosunt. Sen. Les bons exemples nous sont profitables.

Thebanorum genti plus inest virium quàm ingenii. Nep. Plus de force de corps que d'esprit est dans la nation des Thébains, les Thébains ont plus de force de corps que d'esprit.

Remarques. 1. *Abesse*, être éloigné de, absent de, veut son

complément à l'ablatif, à cause de *à* ou *ab*, ordinairement exprimé, et quelquefois sous-entendu. Ex. :
Abesse ab urbe ou *abesse urbe*, être absent de la ville.
II. *Inesse* se construit aussi avec *in* et l'ablatif. Ex. :
Inest in verbis fides. TER. On peut compter sur sa parole.

76. Spartani *parcimoniæ* adsuescebant.

Un grand nombre de verbes neutres où se trouvent les prépositions *ad, ante, cum, in, inter, ob, sub, super*, veulent leur complément au datif. Ex. :
Spartani parcimoniæ adsuescebant. JUST. Les Spartiates s'accoutumaient à l'économie.
Fac ut principiis consentiant exitus. CIC. Faites en sorte que la fin réponde au commencement.
Miseris succurrere disco. VIRG. J'apprends à secourir les malheureux.

77. Decedere *de suo jure* ou *suo jure*.

Certains verbes neutres où entrent les prépositions *à, de, ex*, veulent leur complément à l'ablatif, à cause de la préposition qu'ils renferment. Le plus ordinairement cette préposition se répète devant le complément. Ex. :
Aberrare à proposito ou *proposito*, s'éloigner de son sujet.
Decedere de suo jure ou *suo jure*, se relâcher de son droit.
Excedere ex prælio ou *prælio*, sortir du combat.

78. *Mihi* est liber.

Le verbe *esse*, pris dans le sens d'appartenir, se construit avec le datif. Ex. :
Est mihi liber, un livre est à moi, j'ai un livre.

REMARQUE. Les Latins disent aussi : *Habeo librum*, mais bien plus rarement.

79. Est mihi nomen *Mercurius*, *Mercurio* ou *Mercurii*.

Avec la locution *Est mihi nomen*, j'ai nom, je m'appelle, la dénomination se met au nominatif, au datif, et quelquefois, mais plus rarement au génitif. Ex :
Fons cui nomen Arethusa est. CIC. Une fontaine à laquelle le nom est Aréthuse, qu'on nomme Aréthuse.
C. Marcio cognomen Coriolano fuit. LIV. C. Marcius fut surnommé Coriolan.
Nomen Mercurii est mihi. PLAUT. J'ai nom Mercure.

80. Hoc erit *tibi dolori.*

Le verbe *esse*, dans le sens de causer, apporter, se construit avec deux datifs. Ex. :

Hoc erit tibi dolori, cela sera à douleur à vous, cela vous causera de la douleur.

REMARQUE. Plusieurs verbes, tels que *dare*, donner ; *vertere*, tourner ; *ducere*, estimer ; *tribuere*, attribuer ; *habere*, avoir, etc., admettent une semblable construction, avec cette différence qu'ils ont en outre leur complément direct à l'accusatif. Ex. :

Crimini dedit mihi fidem, il m'a fait un crime de ma bonne foi.

Vitio vertere aliquid alicui, blâmer quelqu'un de quelque chose.

81. Abundat *divitiis. Nullâ re* caret.

Les verbes neutres qui signifient abondance, disette, privation, tels que *abundare, redundare, diffluere, affluere, scatere,* abonder ; *egere, indigere, carere,* avoir besoin ; *vacare,* être exempt, etc., veulent leur complément à l'ablatif, à cause d'une préposition sous entendue, *cum, de, à.* Ex. :

Abundat divitiis, il régorge de biens.

Nullâ re caret, il ne manque de rien.

Vacare culpâ magnum est solatium. Cic. Être exempt de faute, c'est une grande consolation.

REMARQUES. I. *Egere, indigere,* se construisent aussi avec le génitif. Ex. :

Egeo, indigeo consilii, j'ai besoin de conseil.

II. *Vacare* se construit aussi avec *à, ab.* Ex. :

Vacare à culpâ. SEN.

82. Gaudere *felicitate alienâ.*

Gaudere, se réjouir ; *superbire,* s'enorgueillir ; *laborare,* être travaillé, tourmenté de ; *constare,* être composé de, consister en, se construisent avec l'ablatif. Ex. :

Gaudere felicitate alienâ, se réjouir du bonheur d'autrui.

Duobus vitiis diversis, avaritiâ et luxuriâ, civitas labo-

rat. Liv. La république est travaillée de deux vices contraires, l'avarice et le luxe.

Tempus tribus partibus constat, præterito, præsente et futuro. Cic. Le temps est composé de trois parties, le passé, le présent et l'avenir.

Remarque. *Laborare* se construit encore avec les prépositions *à, ab, è, ex, de; constare* avec la préposition *è, ex.* Ex. :

Ab re frumentariâ laborare. Cæs. Manquer de blé.

Ex ære alieno laborare. Cæs. Être criblé de dettes.

Non laboro de nomine. Cic. Je ne suis pas en peine du nom.

Constamus ex animo et corpore. Cic. Nous sommes composés d'une âme et d'un corps.

83. Fruor *otio.*

Les sept verbes déponens qui suivent, *uti,* user; *potiri,* se rendre maître; *vesci,* se nourrir; *lætari,* se réjouir; *frui,* jouir; *fungi,* s'acquitter; *gloriari,* se glorifier, veulent leur complément à l'ablatif. Ex. :

Fruor otio, je jouis du repos. — *Utor libris,* je me sers de livres. — *Vescor pane,* je me nourris de pain. — *Fungor officio,* je m'acquitte du devoir.

Remarque. *Potiri* se construit aussi avec le génitif, et *gloriari* avec la préposition *de.* Ex. :

Potiri rerum. Cic. Se rendre le maître des affaires.

Quis aut de miserâ vitâ possit gloriari, aut non de beatâ? Cic. Qui pourrait se glorifier d'une vie misérable, ou ne pas se glorifier d'une vie heureuse?

84. Miserere *pauperum.*

Misereri et *miserescere,* avoir pitié, reçoivent leur complément au génitif (1). Ex. :

Miserere pauperum, ayez pitié des pauvres; *miserere mei,* ayez pitié de moi; *nostri,* et non pas *nostrûm,* ayez pitié de nous.

85. *Animi* pendeo.

Le génitif *animi,* dans ces locutions *animi pendere, animi angi,* être inquiet, en peine, en doute, est un héllénisme, c'est-à-dire un tour emprunté à la langue grecque. Les Latins se ser-

______
(1) Sous-entendu *causâ.*

vent également de l'ablatif *animo* quand le verbe est au singulier, et *animis* quand il est au pluriel.

§ V. *Complément des verbes unipersonnels.*

86. Me pœnitet *culpæ meæ.*

Avec les verbes *pœnitet, piget, pudet, tædet, miseret,* le nom de la personne qui est affectée de repentir, de regret, de honte, d'ennui, de pitié, se met à l'accusatif ; et le nom de la chose qui cause le repentir, le regret, la honte, l'ennui, la pitié, au génitif. Ex. :

Me pœnitet culpæ meæ, je me repens de ma faute.

Regem miseret hominis, le roi a pitié de cet homme.

Le seul mot *pœnitet* équivaut à ceux-ci, *pœnitentia tenet,* le repentir tient. *Pœnitentia culpæ meæ tenet me,* le repentir de ma faute me tient, s'empare de moi, je me repens de ma faute.

Pudet remplace *pudor tenet; piget, pigredo tenet; tædet, tædium tenet; miseret, miseratio tenet.*

87. Non me piget *mori.*

Les cinq verbes *pœnitet, pudet,* etc., peuvent avoir pour sujet un infinitif (1). Ex. :

Non me piget mori, je ne regrette point de mourir.

Quem pœnitet peccâsse, penè est innocens. SEN. Celui qui se repent d'avoir mal fait est presque innocent.

88. *Incipit* me pœnitere culpæ meæ.

Devant les cinq verbes *pœnitet, pudet,* etc., tous les verbes, excepté *amo, volo, nolo, malo, audeo, cupio* et autres semblables, se mettent à la troisième personne du singulier. La phrase, *Incipit me pœnitere culpæ meæ,* équivaut à celle-ci : *Pœnitentia culpæ meæ incipit tenere me,* le repentir de ma faute commence à s'emparer de moi, je commence à me repentir de ma faute. Autre exemple :

Debet te pudere ignorantiæ tuæ, vous devez avoir honte de votre ignorance.

____

(1) Ces verbes semblent alors tenir lieu de *afficit pœnitentiâ, pudore, pigredine, tædio, miseratione.*

89. Refert, interest *regis* tueri subditos.

Après les verbes *refert*, *interest*, il importe, le nom de la personne, et quelquefois celui de la chose à qui il importe, se mettent au génitif. Ex. :

Refert ou *interest regis tueri subditos*. Il importe à un roi de défendre ses sujets.

Interest omnium rectè facere. Cic. Il importe à tous de bien agir.

Le génitif est amené ici par un substantif sous-entendu. *Refert (ad negotia* ou *commoda) regis, est inter (negotia* ou *commoda) regis tueri subditos*. Il importe aux affaires, aux intérêts du roi, il est parmi les affaires, les intérêts du roi, il importe au roi de défendre ses sujets.

90. Refert, interest *mea*.

Les adjectifs possessifs *mea*, *tua*, *sua*, *nostra*, *vestra*, qu'on emploie après les verbes *refert*, *interest*, et qu'on traduit en français par les pronoms *me*, *te*, *nous*, *vous*, *lui*, *leur*, se rapportent au substantif *negotia* sous-entendu. Ex. :

Refert ou *interest mea*, c'est-à-dire *refert (ad) mea (negotia)*, *est inter mea (negotia)*, il importe à mes affaires, il est parmi mes affaires, il m'importe (1).

91. Refert mea *Cæsaris*.

Le génitif qui suit les adjectifs possessifs *mea*, *tua*, etc., s'explique par l'ellipse ou par la syllepse, figure qui consiste à faire la construction non selon les mots, mais d'après le sens. L'esprit voit, dans les adjectifs *mea*, *tua*, etc., l'équivalent des génitifs *mei*, *tui*, etc., avec lesquels s'accorde l'adjectif ou le substantif qui suit. Ex.:

Refert mea Cæsaris, c'est-à-dire par l'ellipse : *Refert (ad) mea (negotia quæ sunt negotia mei) Cæsaris*, et par la syllepse : *Refert (ad negotia) mei Cæsaris*, il importe à moi, César.

Interest tua unius (est inter negotia tui unius), il importe à vous seul.

(1) Quelques grammairiens voient dans *mea*, *tua*, etc., des ablatifs féminins, ils sous-entendent *gratiâ* ou *causâ*, et s'appuient de ce passage de Plaute : *Meâ istuc nihil refert, tuâ refert gratiâ*.

Nostra utriusque interest (est inter negotia utriusque nostrûm), il importe à l'un et à l'autre de nous.

REMARQUE. Au lieu de *nostra, vestra*, on peut se servir des génitifs *nostrûm, vestrûm*. Ex. :

Utriusque nostrûm interest, il importe à l'un et à l'autre de nous.

92. *Magni* mea interest.

Pour exprimer à quel point une chose importe, on emploie non-seulement les adverbes *magnoperè, minimè, maximè, nihil, multùm, plus, tantùm, quantùm ;* mais encore, comme pour les verbes de prix ou d'estime, les génitifs *magni, parvi, tanti, quanti*, avec lesquels *pretii* est sous-entendu. Ex. :

Magni mea interest, c'est-à-dire *est inter mea (negotia) magni (pretii)*, il est parmi mes affaires d'un grand prix, d'une grande importance, il m'importe beaucoup.

Parvi mea refert, il m'importe peu.

REMARQUE. On ne dit pas *minimi, plurimi refert, interest*, mais *minimè, plurimùm refert, interest*.

93. *Ad honorem nostrum* interest.

Après *refert, interest*, les noms des choses inanimées se mettent ordinairement à l'accusatif avec *ad*. Ex. :

Ad honorem nostrum interest, il importe à notre honneur.

94. Mihi opus est *amico*.

Avec la locution *opus est*, le besoin est, le nom de l'objet dont on a besoin se met à l'ablatif, et quelque fois, mais plus rarement, au nominatif, et le nom de l'objet qui a besoin, toujours au datif. Ex. :

Mihi opus est amico, c'est-à-dire *opus est mihi (in) amico*, le besoin est à moi dans un ami, j'ai besoin d'un ami.

Dux nobis opus est. CIC. Un chef est besoin, chose nécessaire à nous, nous avons besoin d'un chef.

95. Hoc *ad me* pertinet.

Les verbes *pertinere*, appartenir; *attinere, spectare*, concerner, regarder, veulent leur complément à l'accusatif avec *ad*. Ex. :

Hoc ad me pertinet ou *spectat*, cela m'appartient ou me regarde.

Quod ad me attinet, pour ce qui me regarde.

96. Id *mihi* accidit, evenit, contigit.

Les verbes *accidit, evenit, contigit*, il arrive ; *conducit, expedit*, il est avantageux ; *placet*, il plaît ; *licet*, il
est permis, etc., veulent leur complément au datif.
Exemples :

Id mihi accidit, evenit, contigit, cela m'est arrivé.

Hoc tibi expedit, cela vous est avantageux.

Peccare nemini licet. Cic. Il n'est permis à personne de
faire le mal.

97. Mihi non licet esse *pigro*.

Quand le sujet de l'unipersonnel *licet*, il est permis,
est l'infinitif *esse*, l'adjectif qui suit cet infinitif se met au
datif comme le complément de *licet*, et quelquefois, mais
plus rarement, à l'accusatif. Ex. :

Mihi non licet esse pigro, il ne m'est pas permis d'être
paresseux.

Tibi licet esse quieto, il t'est permis d'être tranquille.

Nobis licet esse bonos, il nous est permis d'être des
gens de bien.

Remarque. Le premier tour est un hellénisme, c'est la puissance de l'attraction qui après *mihi, tibi* a déterminé *pigro, quieto*.
Dans le second tour il y a une ellipse : (*nos*) *esse bonos licet nobis*.

§ VI. *Des verbes qui reçoivent leur complément à
différens cas.*

98. *Vivorum* memini. *Beneficia* memento.

Les verbes *meminisse, recordari, reminisci*, se souvenir, *oblivisci*, oublier, reçoivent leur complément au
génitif ou à l'accusatif (1). Ex. :

Vivorum memini, nec mortuorum oblivisci possum. Cic.
Je me souviens des vivans, et je ne puis oublier les
morts.

(1) Le génitif après ces verbes s'explique par l'ellipse de *mentionem* ou
cogitationem.

Beneficia memento, souviens-toi des bienfaits.

99. Adulari *aliquem* ou *alicui*.

Quelques verbes reçoivent leur complément tantôt à l'accusatif, tantôt au datif, savoir :

Adulari, flatter; *antecedere, anteire*, surpasser; *attendere*, écouter attentivement; *desperare*, désespérer; *illudere*, se jouer de; *incessere*, s'emparer de l'esprit, occuper; *præcurrere*, prévenir, devancer; *præstare*, surpasser, exceller; *præstolari*, attendre. Ex. :

Aliquem ou *alicui adulari*, flatter quelqu'un.

Desperare saluti suæ ou *salutem suam*, désespérer de son salut.

Illudere præcepta, se moquer des préceptes.

Illudere dignitati, insulter à la dignité.

100. Impertire salutem alicui *ou* aliquem salute.

Quelques verbes admettent, sans changer de signification, différentes constructions.

Aspergere, mêler, répandre;	
Circumdare, mettre tout autour;	
Donare, donner, gratifier;	*alicui* rem ou *aliquem* re.
Impertire, communiquer, faire part;	
Intercludere, fermer, boucher;	
Confidere, se fier sur;	*alicui* ou *aliquo*.
Excellere, exceller, surpasser;	*aliis* ou *inter alios*.
Interdicere, interdire, défendre;	*alicui* rem ou *alicui* re.
Mittere, envoyer;	
Scribere, écrire;	*alicui* ou *ad aliquem*.
Ferre, porter;	
Excusare, excuser;	*alicui* ou *apud aliquem*.
Purgare, justifier;	

Exemples :

Impertire salutem alicui ou *aliquem salute*, donner le salut à quelqu'un.

Scribo tibi ou *ad te epistolam*, je t'écris une lettre.

Interdico tibi domo meâ ou *domum meam*, je t'interdis ma maison.

Ariovistus omni Galliâ Romanis interdixit. Cæs. Arioviste interdit toute la Gaule aux Romains.

Alicui aquâ et igni interdicere, interdire à quelqu'un l'eau et le feu.

Excusare se apud aliquem, ou mieux, *alicui*, s'excuser auprès de quelqu'un.

Purgare se apud aliquem, ou mieux *alicui*, se justifier auprès de quelqu'un.

101. Æmulari aliquem, alicui, cum aliquo.

Quelques verbes changent de signification en changeant de construction.

Æmulari aliquem, imiter quelqu'un ; *æmulari alicui*, porter envie à quelqu'un ; *æmulari cum aliquo*, rivaliser avec quelqu'un.

Cavere alicui rei, veiller à la conservation, à la sûreté ; *cavere aliquem* ou *ab aliquo*, se défier de, tenir pour suspect.

Consulere aliquem, consulter quelqu'un ; *consulere alicui*, avoir égard à quelqu'un, veiller à ses intérêts ; *consulere in aliquem*, méditer, agir contre quelqu'un.

Cupere alicui, favoriser quelqu'un ; *cupere aliquid*, désirer quelque chose.

Imponere aliquid alicui, imposer, obliger à recevoir ; *imponere alicui* (1), tromper, imposer ; *imponere aliquem* ou *aliquid in aliquid* ou *in aliquad re*, mettre dedans ou dessus.

Incumbere alicui rei, ou *in aliquam rem*, s'appuyer sur ; *incumbere ad rem* ou *in rem*, s'appliquer, s'adonner à.

Moderari rei, modérer, mettre un frein, des bornes ; *moderari rem*, régler, conduire.

Petere alicui, demander pour ; *petere ab aliquo*, demander à ; *petere aliquem*, attaquer ; *petere aliquem locum*, aller vers.

Prospicere alicui, pourvoir à ; *prospicere aliquid*, avoir la vue sur, prévoir.

Providere alicui, pourvoir à ; *providere aliquid*, prévoir.

Recipere alicui, promettre ; *recipere se*, revenir, retourner ; *recipere aliquid*, reprendre, recevoir, recouvrer.

Temperare alicui rei, mettre un frein, tempérer, modérer, épargner ; *temperare aliquid*, régler, modérer ; *temperare ab aliquâ re*, s'abstenir.

Timere alicui rei ou *de aliquâ re*, craindre pour ; *timere aliquem*, craindre quelqu'un.

Vacare rei, s'adonner à ; *vacare re* ou *ab re*, manquer de, être exempt de.

____

(1) S. e. *Clitellas*, un bât. Mettre un bât sur quelqu'un, le traiter comme un âne.

CHAPITRE V. — DU COMPLÉMENT DES MODES IMPERSONNELS ET DES MODES IMPERSONNELS CONSIDÉRÉS COMME COMPLÉMENS D'UN VERBE OU D'UN NOM.

§ I. *Participes.*

102. Gallus *escam quærens*, margaritam reperit.

Tout participe veut son complément au même cas que le verbe auquel il appartient. Ex. :

Gallus ESCAM QUÆRENS *margaritam reperit.* Un coq cherchant de la nourriture trouva une perle.

REPULSUS A SPARTANIS, *Pyrrhus Argos petit.* JUST. Repoussé par les Spartiates, Pyrrhus gagne Argos.

Cæsar Calpurniam Pisonis filiam SUCCESSURI SIBI *in consulatu duxit uxorem.* César épousa Calpurnie, fille de Pison qui devait lui succéder dans le consulat.

Cæsar ALEXANDRIA POTITUS, *regnum Cleopatræ dedit.* César, s'étant rendu maître d'Alexandrie, donna le royaume à Cléopâtre.

§ II. *Infinitif.*

103. Amat *ludere.*

L'infinitif s'emploie comme complément direct d'un verbe actif ou employé comme tel. Ex. :

Amat ludere, il aime à jouer.

Desiit loqui, il cessa de parler.

Vincere scit Hannibal, victoriâ uti nescit. LIV. Annibal sait vaincre, il ne sait pas profiter de sa victoire.

REMARQUES. I. L'infinitif est quelquefois le complément de *cœpit* sous-entendu. Ex. :

Plebs Catilinæ consilia exsecrari, Ciceronem ad cœlum tollere. SALL. (c'est-à-dire *cœpit exsecrari... cœpit tollere.*) La populace commença à détester les projets de Catilina, et à élever Cicéron jusqu'au ciel.

II. L'infinitif s'emploie comme complément indirect avec les verbes *docere,* instruire, enseigner, et *cogere,* forcer. Ex. :

Dionysius tondere filias suas docuit. Cic. Denys apprit à ses filles à faire la barbe.

Mori me denique cogis. Virg. Tu me forces enfin à mourir.

§ III. *Supin.*

104. Eo *lusum.*

L'accusatif du supin s'emploie, en sous-entendant *ad*, après les verbes qui marquent un mouvement vers quelque lieu. Ex :

Eo lusum, je vais jouer.

Venio lusum, je viens jouer.

Remarque. On trouve quelquefois dans les poëtes l'infinitif au lieu du supin. Ex :

Non... ferro Libycos populare penates venimus. Virg. (*Populare* pour *populatum.*) Nous ne venons point porter le meurtre et le carnage dans la Libye.

105. Res *visu* mirabilis.

L'ablatif du supin s'emploie, en sous-entendant *in*, comme complément des adjectifs *mirus*, *mirabilis*, admirable à ; *gratus*, *jucundus*, agréable à ; *facilis*, facile à ; *difficilis*, difficile à, etc. Ex. :

Res visu mirabilis, chose admirable à être vue, à voir ; *res dictu facilis*, chose facile à dire ; *inventu*, à trouver.

§ IV. *Gérondifs et participes futurs passifs.*

NOMINATIF.

106. Moriendum est.

Au nominatif le gérondif ne s'emploie qu'avec le verbe *esse* ; il ajoute à la signification du verbe l'idée de nécessité, de devoir, et se rend en français par l'infinitif précédé des verbes *falloir*, *devoir*. Ex. :

Moriendum est, il faut mourir.

Dicendum est, on doit parler.

107. Parendum est *legibus*.

Le gérondif veut son complément au même cas que le verbe d'où il vient. Ex. :

Parendum est legibus, il faut obéir aux lois. *Legibus* est au datif, parce que le gérondif *parendum* veut le même cas que le verbe neutre *parere*, d'où il vient.

108. Suo *cuique* judicio utendum est.

Outre le complément du verbe auquel il appartient, le gérondif a quelquefois, et au nominatif seulement, un complément qui lui est propre, et qu'on met au datif. Ce complément indique la personne par qui l'action doit être faite. Ex. :

Suo cuique judicio utendum est. Cic. Chacun doit se servir de son jugement.

109. *Colenda* est virtus.

Le nominatif du gérondif ne se construit pas avec un accusatif (1). On ne dit pas : *Colendum est virtutem*. Il faut substituer au gérondif le participe futur qu'on fait accorder avec le substantif, qui eût été le complément direct du gérondif, et qui devient le sujet de la proposition. Ex. :

Colenda est virtus, la vertu est devant être pratiquée, doit être pratiquée, on doit pratiquer la vertu.

110. *Mihi* colenda est virtus.

Le complément du participe futur passif se met au datif. Ex. :

Mihi colenda est virtus, la vertu doit être pratiquée par moi, je dois pratiquer la vertu. *Mihi* est pour *à me*.

---

(1) On en trouve néanmoins quelques exemples, dans les anciens auteurs, surtout. Canes *paucos et acres* habendum. Varr. — *Æternas quoniam* poenas *in morte* timendum. Lucr. — Iterándum *eadem* ista *mihi*. Cic. Ce tour est tombé en désuétude.

111. Tempus *legendi*. Cupidus *videndi*.

Le génitif du gérondif est le complément d'un substantif ou d'un des adjectifs qui veulent au génitif leur
complément. Ex. :

Tempus legendi, le temps de lire ; *ars dicendi*, l'art de
parler.

Cupidus videndi, curieux de voir ; *avidus cognoscendi*,
avide de connaître.

REMARQUE. On trouve quelquefois dans les poëtes l'infinitif au
lieu du génitif du gérondif. Ex. :
Et jam tempus equûm spumantia solvere colla. VIRG. (*Solvere* pour *solvendi*.) Il est temps de délivrer du joug nos cour-
siers tout écumans de sueur.
Pro patriâ non timidus perire. HOR. (*Perire* pour *pereundi*.)
Qui ne craint pas de périr pour la patrie.

112. Tempus *legendæ historiæ*. Cupidus *videndæ urbis*.

Dans le cas où il devrait être suivi d'un accusatif, le
génitif du gérondif se tourne ordinairement par le participe futur passif. Ex. :

Tempus legendæ historiæ, le temps de l'histoire devant
être lue, de lire l'histoire. (Au lieu de *tempus legendi
historiam*, qu'on pourrait dire aussi.)

Cupidus videndæ urbis, curieux de la ville devant être
vue, curieux de voir la ville. (Au lieu de *cupidus videndi
urbem*, qu'on pourrait dire également.) (1).

DATIF.

113. Corpus assuetum *patiendo*.

Le datif du gérondif s'emploie après l'un des adjectifs
qui veulent au datif leur complément. Ex. :

(1) Quelquefois le génitif du gérondif est suivi, non d'un accusatif,
mais d'un génitif. *Fuit exemplorum legendi potestas.* CIC. — *Antonio fa-
cultas detur* agrorum condonandi. CIC. — Ejus (*Philumelæ*) videndi cupidus. TER. — *Venerunt* purgandi suî *causâ.* CÆS.

Corpus assuetum patiendo, corps accoutumé à souffrir.
Par disserendo, qui est en état de disserter.

Remarque. On trouve quelquefois l'infinitif au lieu du datif
du gérondif. Ex. :
Cantare pares. Virg. Également habiles à chanter.

114. Corpus assuetum *tolerando labori.*

Dans le cas où il devrait être suivi d'un accusatif, le
datif du gérondif se tourne par le participe futur passif. Ex. :

Corpus assuetum tolerando laborem; et mieux, *tolerando labori*, corps accoutumé au travail devant être sup-
porté, à supporter le travail.

Remarque. On n'emploie guère le datif du gérondif comme
complément d'un verbe; mais on trouve des exemples de l'emploi du participe futur comme complément indirect d'un verbe
actif, ou comme complément d'un verbe neutre. Ex. :
Paucos dies insumere reficiendæ classi. Tac. Mettre peu de
jours à réparer une flotte.
Studere revocandis regibus. Hor. Tâcher de rappeler les rois.

ACCUSATIF.

115. Pronus *ad irascendum.* Te hortor *ad legendum.*

Le gérondif se met à l'accusatif avec *ad*, 1°. après les
adjectifs qui veulent leur complément à ce cas avec cette
préposition; 2°. après les verbes comme complément indirect, ou comme terme circonstanciel pour exprimer
l'intention dans laquelle on agit, le but où l'on tend.
Ex. :

Pronus ad irascendum, prompt à se mettre en colère.
Te hortor ad legendum, je t'exhorte à lire.
Surrexit ad respondendum, il se leva pour répondre.

Remarque. On trouve quelques exemples, dans les poëtes, de
l'emploi de l'infinitif au lieu du gérondif avec *ad*. Ex. :
Indocilis pauperiem pati (pour *ad patiendum.*) Hor. Indocile à
souffrir la pauvreté.

116. Pronus *ad ulciscendam injuriam*.

Dans le cas où il devrait être suivi d'un accusatif, le gérondif se tourne par le participe futur passif. Ex. :

Pronus ad ulciscendum injuriam, et mieux *ad ulciscendam injuriam*, prompt à venger une injure.

Te hortor ad legendum historiam, et mieux *ad legendam historiam*, je t'exhorte à lire l'histoire.

Pythagoras Lacedæmona ad cognoscendas Lycurgi leges contendit. Just. Pythagore alla à Lacédémone pour connaître les lois de Lycurgue.

117. Dedit mihi libros *legendos*.

Les verbes *dare*, donner ; *curare*, avoir soin ; *suscipere*, entreprendre, et autres semblables, se construisent élégamment avec l'accusatif du participe futur passif, qu'on rend en français par l'infinitif, précédé de la préposition *à* ou *de*. Ex. :

Dedit mihi libros legendos, il m'a donné des livres devant être lus, des livres à lire.

Conon muros reficiendos curat. Nep. Conon a soin de faire rebâtir les murs.

ABLATIF.

118. Redeo *ab ambulando*.

Le gérondif s'emploie à l'ablatif avec *à*, *ab*, *ex* comme complément indirect d'un verbe actif, ou comme complément d'un verbe neutre. Ex. :

Redeo ab ambulando, je reviens de me promener.

Aristotelem non deterruit à scribendo amplitudo Platonis. Cic. La grandeur de Platon n'a pas empêché Aristote d'écrire.

Magnam voluptatem ex discendo capere. Cic. Retirer de l'étude un grand plaisir.

119. *In judicando* criminosa est celeritas.

Le gérondif s'emploie à l'ablatif avec *in* pour exprimer une circonstance de temps. Ex. :

In judicando criminosa est celeritas, en jugeant, quand on juge, la promptitude est criminelle.

120. Consumit tempus *legendo*.

Le gérondif s'emploie à l'ablatif sans préposition pour exprimer la manière ou le moyen. Ex. :

Consumit tempus legendo, il passe son temps à lire.

121. Redibam *ab agris invisendis*.

Dans le cas où le gérondif devrait être suivi d'un accusatif, il se tourne par le participe futur. Ex. :

Redibam ab agros invisendo, et mieux *ab agris invisendis*, je revenais de visiter mes terres.

Consumit tempus historiam legendo, et mieux *in legendâ historiâ*, il passe son temps à lire l'histoire.

CHAPITRE VI. — Complément des prépositions.

122. Justitia *erga Deum*. Fulgere *in tenebris*.

Les prépositions avec leurs complémens expriment différentes circonstances de temps, de lieu, de manière, etc. Elles modifient soit le sujet : *Justitia erga Deum religio dicitur*, Cic., la justice envers Dieu se nomme religion; soit l'attribut : *Felium in tenebris fulgent oculi*, Plin., les yeux des chats brillent dans les ténèbres; soit un complément de l'attribut : *Templum de marmore ponam*, Virg., j'élèverai un temple de marbre.

Trente prépositions veulent leur complément à l'accusatif. (Voyez première partie, liv. III, chap. I.) Ex. :

Pauci veniunt ad senectutem, peu d'hommes parviennent jusqu'à la vieillesse.

8.

Douze prépositions veulent leur complément à l'ablatif. (Voyez première partie, liv. III, chap. I.) Ex. :

Nemo potest esse beatus sine virtute, personne ne peut être heureux sans la vertu.

OBSERVATIONS I. *E* ne s'emploie que devant les mots qui commencent par une consonne : *è memoriâ*. *Ex* s'emploie devant les consonnes comme devant les voyelles : *ex aquâ, ex vitâ*.

A s'emploie devant les consonnes : *à capite*. *Ab* devant les voyelles, et quelquefois devant *d, j, l, n, r, s* : *ab oculis, ab Jove, ab lege, ab nobilitate, ab reo, ab sede. Abs* se met ordinairement devant *q, r, s*, et particulièrement devant *t. Abs quolibet, abs te*.

II. Trois prépositions suivent leur complément, savoir :

Tenùs, qui gouverne l'ablatif, si le complément est au singulier, *cœlo tenùs*, jusqu'au ciel ; et le génitif, si le complément est pluriel, *lumborum tenùs*, jusqu'aux reins (on sous-entend *parte*).

Versùs, Brundusium versùs, vers Brindes. *Versùs* est joint quelquefois aux prépositions *ad* et *in* : *ad Alpes versùs, in forum versùs*.

Cum se met toujours après les pronoms *me, te, se, nobis, vobis*. On fait un seul mot du pronom et de la préposition : *Mecum, tecum, secum, nobiscum, vobiscum* ; au lieu de *cum me, cum te*, etc. On dit aussi *quocum, quîcum* (1), *quibuscum*.

Quatre prépositions, *in, sub, subter, super*, veulent leur complément à l'accusatif ou à l'ablatif.

Les deux premières prépositions veulent l'accusatif lorsqu'on marque un mouvement pour passer dans quelque lieu : *In mare se Rhodanus evolvit*, le Rhône se jette dans la mer, et l'ablatif lorsqu'il n'y a point de mouvement pour passer d'un lieu à un autre : *quædam aves se in mari mergunt*, quelques oiseaux se plongent dans la mer.

Emploi ou ellipse des prépositions devant diverses sortes de noms.

NOMS DE TEMPS.

123. Veniet *die dominicâ*.

Le nom du temps précis auquel une action se fait,

____

(1) *Quî* est un ablatif de *qui* ou de *quis*. Il est de tout genre et de tout nombre.

s'est faite, ou se fera, se met à l'ablatif sans préposition. On sous-entend *in.* Ex. :

Veniet die dominicâ (in die), il viendra dimanche. — *Mense proximo (in mense)*, le mois prochain. — *Horâ tertiâ (in horâ)*, à trois heures.

Roma condita est olympiadis sextæ anno tertio. Eut. Rome fut fondée la troisième année de la sixième olympiade.

Remarque. Dans ces locutions, *longo post tempore*, *paucis antè diebus*, *post* et *antè* sont employés adverbialement. *Longo tempore, paucis diebus*, sont les complémens de la préposition *in* sous-entendue.

124. Regnavit *tres annos*, ou *tribus annis*.

Le nom qui marque la durée du temps se met à l'accusatif, et l'on sous-entend *per*, ou à l'ablatif, et l'on sous-entend *in.* Ex. :

Regnavit tres annos (per tres annos) ou *tribus annis (in tribus annis)*, il a régné trois ans.

Imperium Assyrii mille trecentis annis tenuêre. Just. Les Assyriens possédèrent l'empire pendant treize cents ans.

Remarque. Le temps de guerre s'exprime par *militiæ*, le temps de paix par *domi*, suppléez *in tempore. In tempore domi*, dans le temps de la maison, qu'on reste à la maison, en temps de paix ; *in tempore militiæ*, en temps de guerre. Ex. :

Domi militiæque præclara facinora fecit. Sall. Il a fait de belles actions en temps de paix et en temps de guerre.

125. Deus mundum creavit *intrà sex dies* ou *sex diebus*.

Le nom qui marque en quel espace de temps une action se fait, s'est faite ou se fera, se met à l'accusatif avec *intra ;* ou à l'ablatif, et l'on sous-entend *in.* Ex. :

Deus mundum creavit intra sex dies ou *sex diebus*, Dieu a créé le monde en six jours.

Cæsar domuit annis novem omnem Galliam. Eut. César a dompté en neuf ans toute la Gaule.

Remarque. Le nom qui indique après combien de temps une action se fera, se met à l'accusatif avec *post.* Ex. :

Post tres dies proficiscar, je partirai dans trois jours.

126. Phaëton currum paternum *in diem* petit.

Le nom qui indique *pour combien de temps* l'action se fait, s'est faite ou se fera, se met à l'accusatif avec *in*. Exemples :

Phaëton currum paternum in diem petit, Phaëton demande le char de son père pour un jour.

Lacedæmonii in annos triginta pepigerunt pacem. Just. Les Lacédémoniens firent la paix pour trente ans.

127. *Tertium annum*, ou *à tribus annis* regnat.

Le nom de temps qui indique *depuis quand* l'action se fait, se met à l'accusatif sans préposition avec le nom de nombre ordinal; ou à l'ablatif avec *à*, et le nom de nombre cardinal. Ex. :

Tertium annum (1) ou *à tribus annis regnat*, il y a trois ans qu'il règne.

Punico bello duodecimum annum Italia urebatur. Liv. Il y avait douze ans que la guerre punique mettait l'Italie en feu.

128. *Tres* abhinc *annos* ou *tribus* abhinc *annis* mortuus est.

Si l'action est passée, on ajoute l'adverbe *abhinc*, et on met le nom de temps à l'accusatif, en sous-entendant *ante*, ou à l'ablatif, en sous-entendant *à*. Dans les deux cas on se sert du nom de nombre cardinal. Ex. :

Tres abhinc annos ou *tribus abhinc annis mortuus est.* Il y a trois ans qu'il est mort.

129. Decessit Philippus *quadraginta septem annos natus*, ou *quadraginta septem annorum*.

Il y a deux manières d'exprimer l'âge. On peut mettre

(1) *Regnat per tertium annum ex quo regnare cœpit*, il règne pendant la troisième année depuis qu'il a commencé à régner, il y a trois ans qu'il règne.

le nombre d'années à l'accusatif en sous-entendant *ante*
et en exprimant *natus*, ou bien au génitif en sous-entendant *vir*, *femina*, *puer*, et sans exprimer *natus*. Ex. :

*Decessit Alexander, mensem unum, annos tres et tri-
ginta natus.* Just. Alexandre mourut âgé de trente-trois
ans et un mois.

Decessit Philippus quadraginta septem annorum. Just.
Philippe mourut à l'âge de quarante-sept ans.

Remarque. Après *major* et *minor*, le nombre d'années se met
à l'ablatif ou au génitif. Ex. :
Minor annis viginti ou *annorum viginti*, âgé de moins de
vingt ans. — *Major annis viginti* ou *annorum viginti*, âgé de
plus de vingt ans.

NOMS DE MESURE.

130. Velum longum *tres ulnas*, ou *tribus ulnis*.

Le nom qui marque la mesure se met à l'accusatif en
sous-entendant *ad*, et plus rarement à l'ablatif en sous-
entendant *a* ou *ex*. Ex :
Velum longum tres ulnas ou *tribus ulnis*, voile long de
trois aunes.
*Muri Babylonis erant alti pedes ducentos, lati quinqua-
ginta.* Plin. Les murs de Babylone avaient deux cents
pieds de haut et cinquante de large.

131. *Duobus digitis* major me non es.

Avec le comparatif, le nom qui exprime la mesure,
c'est-à-dire de combien l'un des objets comparés surpasse
l'autre, se met à l'ablatif, en sous-entendant *à* ou *ab*.
Exemples :
Duobus digitis major me non es, vous n'êtes pas plus
grand que moi de deux doigts.
Hibernia est dimidio minor Britanniâ. Cæs. L'Irlande est
de moitié plus petite que la Grande-Bretagne.

132. Abest *ou* distat *viginti passus* ou *viginti passibus*.

Le terme précis de distance se met à l'accusatif à cause de la préposition *ad* qu'on sous-entend, et plus rarement à l'ablatif en sous-entendant *à* ou *ab*. Exemples :

Abest ou *distat viginti passus* ou *viginti passibus*, il est éloigné de vingt pas.

Herciniæ sylvæ latitudo novem dierum iter patet. Cæs. La largeur de la forêt Hercinienne s'étend à une marche de neuf jours.

Remarque. Le terme précis de distance où une chose est arrivée se met à l'ablatif sans préposition, ou à l'accusatif avec *ad*.
Dans les deux cas on emploie le nombre ordinal. Ex. :
Cecidit decimo abhinc passu ou *ad decimum abhinc passum*, il est tombé à dix pas d'ici.

NOMS DE MATIÈRE.

133. Vas *ex auro*.

Le nom de la matière dont une chose est faite se met à l'ablatif avec *è*, *ex*. Ex. :

Vas ex auro, un vase d'or. — *Signum ex ære*, une statue d'airain. — *Templum ex marmore*, un temple de marbre.

Remarque. On peut, au lieu de la préposition et de son complément, se servir d'un adjectif qui a la même valeur. Ex. :
Vas aureum, vase d'or. — *Signum æreum*, statue d'airain.
— *Templum marmoreum*, temple de marbre.

NOMS D'INSTRUMENT, DE CAUSE, DE MANIÈRE, DE PARTIE.

134. Ferire *gladio*. Pallere *metu*. Vincis *formâ*. Teneo lupum *auribus*.

Le nom du moyen ou de l'instrument par lequel une chose se fait, le nom de la cause pour laquelle cette chose se fait, le nom de la manière dont elle se fait, le nom de la partie, se mettent à l'ablatif en sous-entendant les prépositions *cum*, *in*, *à*, *ex*. Ex. :

Ferire gladio (*cum gladio*), frapper de l'épée.

Interiit fame (*à* ou *ex fame*), il mourut de faim.

Pallere metu (*à metu*), pâlir de crainte.

Vincis formâ, *vincis magnitudine* (*à formâ*, *à magnitudine*), tu l'emportes en beauté, tu l'emportes en grandeur.

Æquo animo moriar (*cum animo æquo*), Cic. Je mourrai avec une âme égale, avec calme.

Teneo lupum auribus (*ab auribus*), je tiens le loup par es oreilles.

Vulpes caseum avidis rapuit dentibus (*cum dentibus*). Phæd. Le renard saisit le fromage avec des dents avides.

NOMS DE PRIX.

135. Hic liber constat *viginti assibus*.

Le nom du prix ou de la valeur de la chose se met à l'ablatif en sous-entendant la préposition *pro*. Ex. :

Hic liber constat viginti assibus (*pro viginti assibus*), ce livre coûte vingt sous.

Licere præsenti pecuniâ, être mis en vente argent comptant.

Remarque. On doit suppléer *pro pretio* devant les adjectifs *parvo*, *magno*, *plurimo*, etc. Ex. :

Non potest parvo res magna constare. Sen. Une grande chose ne peut pas coûter peu.

NOMS DE LIEU.

Il y a quatre manières de considérer un lieu, on les désigne par les quatre questions suivantes :

Ubi? où? (lieu où l'on est) *Ubi est?* Où est-il?

Quò? où? (lieu où l'on va) *Quò vadit?* Où va-t-il?

Undè? d'où? (lieu d'où l'on vient) *Undè venit?* d'où vient-il?

Qua? par où? (lieu par où l'on passe) *Quà transiit?* par où est-il passé?

8 *

136. Sum *in Galliâ*.

Le nom du lieu où l'on est, où l'action se passe, se met à l'ablatif avec *in*. Ex. :

Sum in Galliâ, je suis en France ; *in urbe*, dans la ville.

Ambulat in horto, il se promène dans le jardin.

137. Natus est *Avenione*.

La préposition ne s'exprime pas devant les noms de villes, de villages, de bourgs et devant *rus*. Ex. :

Natus est Avenione, il est né à Avignon. — *Atticus Athenis habitabat*. Nep. Atticus habitait à Athènes.

Manlius rure juventam egit. Liv. Manlius passa sa jeunesse à la campagne.

138. Habitat *Romæ, Lugduni*.

Si le nom propre de ville, de village, de bourg est un nom singulier de la première ou de la seconde déclinaison, on le met au génitif en sous-entendant *in urbe*. Ex. :

Habitat Romæ, il habite à Rome ; *Lugduni*, à Lyon.

139. Est *domi*. Jacet *humi*.

Les noms *domus* et *humus* sont assimilés aux noms de villes de la seconde déclinaison, et se mettent au génitif. On sous-entend *in ædibus* pour le premier, et *in loco* pour le second. Ex. :

Est domi, il est à la maison.

Jacet humi, il est étendu par terre.

140. Cœnabam *apud patrem*.

Le nom de la personne chez qui l'action a lieu se met à l'accusatif avec *apud*. Ex. :

Cœnabam apud patrem, je soupais chez mon père.

QUESTION UNDÈ.

141. Redeo *ex Galliâ*.

Le nom du lieu d'où l'on vient, d'où l'on s'éloigne se met à l'ablatif avec *è* ou *ex*, *à* ou *ab*. Ex. :

Redeo ex Galliâ, je reviens de la France ; *ex urbe*, de la ville. — *Egressus est è cubiculo*, il est sorti de la chambre.

142. Redeo *Lugduno*.

La préposition se sous-entend devant les noms de villes, de villages, de bourgs, et devant *rus* et *domus*. Ex. :

Redeo Lugduno, je reviens de Lyon ; *Româ*, de Rome ; *rure*, de la campagne ; *domo*, de la maison.

143. Venio *à patre*, *à venatione*.

Le nom de la personne de chez qui l'on vient, de l'objet dont on s'éloigne, se met à l'ablatif avec *à* ou *ab*. Ex. :

Venio à patre, je viens de chez mon père ; *à venatione*, de la chasse.

QUESTION QUÒ.

144. Eo *in Galliam*.

Le nom du lieu où l'on va se met à l'accusatif avec *in*, quand on entre dans le lieu, et avec *ad*, quand on ne va qu'auprès. Ex. :

Eo in Galliam, je vais en France ; *in urbem*, dans la ville.

Ad eumdem rivum lupus et agnus venerant. PHÆD. Le loup et l'agneau étaient venus au même ruisseau.

145. Ibo *Lutetiam*.

La préposition ne s'exprime pas devant les noms de villes, de villages, de bourgs et devant *rus* et *domus*. Ex. :

Ibo Lutetiam, j'irai à Paris ; *Lugdunum*, à Lyon.

Eo rus, je vais à la campagne ; *eo domum*, je vais à la maison.

146. Eo *ad patrem, ad sacram concionem*.

Le nom de la personne, celui de la chose vers laquelle on va, se mettent à l'accusatif avec *ad.* Ex. :

Eo ad patrem, je vais chez mon père ; *ad sacram concionem*, au sermon.

Remarque. Avec *petere*, pris dans le sens d'*aller vers*, le nom du lieu, de l'objet vers lequel on va, ne se précède pas d'une préposition, parce qu'il est le complément direct d'un verbe actif. Ex. :

Peto collegium, je vais au collége.

QUESTION QUA.

147. Iter feci *per Galliam*.

Le nom du lieu par où l'on passe se met à l'accusatif avec *per.* Ex. :

Iter feci per Galliam, j'ai passé par la France ; *per Lugdunum*, par Lyon ; *per domum avunculi mei*, par la maison de mon oncle, par chez mon oncle.

Remarques. i. Avec *transire*, la préposition ne s'exprime pas, et l'accusatif dépend de *trans*. Ex. :

Transiit urbem, il passa par la ville.

ii. Avec *ire* et *transire* on trouve quelquefois l'ablatif par l'ellipse de *in*. Ex. :

Ibam viâ sacrâ. Hor. J'allais par la voie sacrée.

Transiit Româ, il a passé par Rome.

Observations qui se rapportent aux trois premières questions.

148. Consisterunt *Corinthi, in loco* nobili

Dans le cas où le nom propre de ville est suivi d'un nom commun, tels que *urbs, locus*, le nom propre se met au cas que veut chaque question, et la préposition s'exprime devant le nom commun. Ex. :

Consisterunt Corinthi, in loco nobili, ils s'arrêtèrent à Corinthe, lieu célèbre.

Redeo Lugduno, ex urbe Galliæ, je reviens de Lyon, ville de France.

Eo Romam, in urbem Italiæ, je vais à Rome, ville d'Italie.

149. Cimon *in oppido Citio* mortuus est.

Si le nom commun précède le nom propre, ou si ce nom propre est accompagné d'un adjectif, on doit exprimer devant les deux mots la préposition qu'exige chaque question. Ex. :

Cimon in oppido Citio mortuus est. NEP. Cimon mourut dans la ville de Citium.

Redeo ex urbe Lugduno, je reviens de la ville de Lyon.

Eo in magnam Romam, je vais dans la grande Rome.

150. Habitat *in domo* Cæsaris.

Joints à un adjectif ou à un génitif, *domus*, *rus*, *humus* rentrent dans la règle générale et prennent la préposition de chaque question. Ex. :

Habitat in domo Cæsaris, il demeure dans la maison de César ; *in rure amœno*, dans une campagne agréable.

In eâdem humo, sur la même terre.

Ad domum nostram, vers notre maison.

À la question *ubi* seulement, on peut joindre au génitif *domi* les adjectifs possessifs *meus*, *tuus*, *suus*, etc. Ex. :

Domi meæ, chez moi ; *domi suæ*, chez lui.

REMARQUES. I. Les bons auteurs ont exprimé quelquefois la préposition avant les noms de villes, particulièrement à la question *undè*. Ex.

A Delphis redire. LIV. — *Ab Athenis proficisci.* CIC.

II. La préposition s'exprime devant *domus* quand il n'est point l'opposé de *fo. is, foràs*, dehors. Ex. :

Atticus moriens non ex vitâ, sed ex domo in domum migrare videbatur. NEP. Atticus mourant semblait non quitter la vie, mais passer d'une maison dans une autre.

CHAPITRE VII. — COMPLÉMENT DES ADVERBES.

151. Multùm *aquæ*.

Les adverbes de quantité, employés substantivement au nominatif ou à l'accusatif, se construisent avec le génitif d'un nom de choses non susceptibles d'être comptées. Ex. :

Multùm aquæ, beaucoup d'eau. — *Parùm vini*, peu de vin. — *Quantùm temporis*, combien de temps. — *Tantùm cibi*, autant de nourriture.

REMARQUE. Ces prétendus adverbes sont des adjectifs neutres se rapportant au substantif *negotium* sous entendu. *Mul-*

tùm aquæ est pour *multum* (*negotium*) *aquæ,* une grande quantité d'eau (1). A force de voir ces adjectifs seuls, on a fini par
les regarder comme des adverbes, et on a dit que les adverbes
de quantité régissent le génitif, quoique les adverbes ne régissent
aucun cas.

11. *Abundè,* abondamment ; *affatim,* largement, assez, se
construisent avec le génitif. Ex.:

Potentiæ gloriæque abundè. Suet. Beaucoup de gloire et de
puissance.

Affatim est hominum... Plaut. Il y a bien des hommes...

152. Multùm doctrinæ *ou* magna doctrina.

Les adverbes de quantité se construisent encore avec le
génitif d'un nom de chose qui ne se compte pas, mais qui
peut se dire grande : toutefois il est mieux d'employer
avec cette sorte de noms un adjectif qu'on fait accorder
avec le substantif, en genre, en nombre et en cas. Ex. :

Multùm doctrinæ ou *magna doctrina,* beaucoup d'instruction. — *Parùm sapientiæ* ou *parva sapientia,* peu
de sagesse. — *Major scientia,* plus de science. — *Minor
virtus,* moins de vertu. — *Nimia indulgentia,* trop d'in-
dulgence.

153. Multi libri.

Les adverbes de quantité ne se construisent point avec
un génitif pluriel. On emploie, au lieu des adverbes de
quantité, les adjectifs de quotité correspondants, que l'on
fait accorder avec le substantif en genre, en nombre et
en cas. Ex. :

Multi libri, beaucoup de livres. — *Nimis multi milites,* trop de soldats. — *Satis multæ feminæ,* assez de femmes. — *Pauci homines,* peu d'hommes. — *Pauciores
pueri,* moins d'enfans. — *Plura verba,* plus de paroles.
— *Quot* ou *quàm multa capita,* combien de têtes. — *Tot*
ou *tam multæ sententiæ,* autant d'avis.

154. Ubi *terrarum ?*

Les adverbes de lieu *ubi, ubinam, ubicumque, quò, aliquò,*

____

(1) *Parùm* est une abréviation de *parvum.* On a dit autrefois *magis, e;
satis, e; nimis, e;* comme on dit encore *potis, e.*

usquàm, nusquàm, peuvent être suivis des génitifs *gentium ,
terrarum, loci, locorum*. (1). Ex.:
Ubi terrarum ? en quel lieu du monde?
Ubinam gentium sumus ? Cic. En quelle partie des nations,
en quel lieu du monde sommes-nous?

155. Hùc *arrogantiæ* Eò *impudentiæ.*

Les adverbes *hùc , eò ,* se construisent avec le génitif. (2) Ex. :
Hùc arrogantiæ venerat. Tac. Il en était venu à ce point d'in-
solence.
Quidam eò impudentiæ provehuntur. Sen. Certaines gens en
viennent à cet excès d'impudence.

156. Tunc *temporis.*

Tunc , tum , sont quelquefois suivis de *temporis ,* qui n'ajoute
rien au sens. Ex.:
Persarum gens tunc temporis obscura erat. Just. La nation des
Perses était alors obscure.

157. Pridiè, postridiè *calendarum* ou *calendas.*

Pridiè , la veille ; *postridiè ,* le lendemain , sont suivis du génitif ou de l'accusatif. Ex. :
Pridiè calendarum ou *calendas ,* c'est-à-dire *in priori die
ante diem calendarum* ou *ante calendas ,* la veille des calendes.
Postridiè calendarum ou *calendas ,* c'est-à-dire *posteriori die
post diem calendarum* ou *post calendas ,* le lendemain des calendes.
Pridiè ejus diei. Cic. La veille de ce jour.
Postridiè ejus diei. Cæs. Le lendemain de ce jour.

158. Obviàm *hostibus.*

On emploie le datif avec les adverbes *propè ,* près ; *propiùs ,*
plus près ; *proximè ,* très-près ; *obviam ,* au-devant de , et quelques autres dérivés de verbes qui régissent le datif, tels que *convenienter ,* convenablement ; *congruenter ,* conformément. Ex. :
Ire obviàm hostibus. Nep. Aller au-devant des ennemis.
Propiùs Tiberi. Nep. Plus près du Tibre.
Convenienter naturæ vivere. Cic. Vivre d'une manière conforme à la nature.

(1) Tous ces adverbes tiennent lieu de *in loco, in quo loco, in nullo loco,*
et sont suivis du génitif comme le serait le nom qu'ils remplacent.
(2) *Huc ,* ancien ablatif. *In hoc gradu , in eo gradu.*

Remarque. *Propè, propius, proximè*, se construisent plus ordinairement avec l'accusatif. *Ad* est sous-entendu. Ex. :

Propius muros accessit. Nep. Il s'approcha plus près des murailles.

159. En, ecce *lupus* ; en, ecce *lupum*.

En, ecce, voici, voilà, sont des adverbes, et par conséquent ne régissent aucun cas ; le nominatif qui les suit s'explique par l'ellipse d'*adest*, et l'accusatif par celle d'*aspice*. Ex. :

En, ecce lupus ; en, ecce lupum, voici, voilà le loup.

CHAPITRE VIII. — Complément des interjections.

160. Væ *victis !*

On emploie le datif après les interjections *væ*, malheur ! *hei !* hélas ! Ex. :

Væ victis ! malheur aux vaincus !

Hei ! misero mihi ! Ter. Hélas ! malheureux que je suis !

161. Heu ! *Me miserum.*

On explique par l'ellipse l'emploi de l'accusatif dans les locutions suivantes :

Heu ! me miserum. Cic. c'est-à-dire *heu ! sentio me esse miserum*, hélas ! que je suis malheureux !

O fallacem hominum spem ! Cic. c'est-à-dire *ô spes hominum quam dico esse fallacem spem*, ô trompeuse espérance que celle des hommes !

Proh ! deûm atque hominum fidem. Liv. c'est-à-dire *proh ! testor fidem deûm atque hominum*, ah ! j'en atteste la foi des dieux et des hommes.

LIVRE TROISIÈME.

DÉPENDANCE DES PROPOSITIONS.

CHAPITRE I. — DES DIVERSES SORTES DE PROPOSITIONS ET DES MODES.

Toute proposition dont le sujet est au nominatif et le verbe à un mode personnel, est une proposition directe.

Le verbe de la proposition principale est toujours au mode indicatif ou au mode impératif.

La proposition subordonnée est ou directe ou infinitive ou adverbiale.

Le verbe de la proposition subordonnée directe est à l'indicatif ou au subjonctif.

162. Lex jubet.

L'indicatif indique l'action comme un fait positif, et présente un sens complet de lui-même sans dépendre d'aucun autre verbe. Ex. :

Lex jubet, aut permittit, aut vetat. Cic. La loi ordonne ou permet, ou défend.

163. Sperne voluptates.

L'impératif représente l'action du verbe comme ordonnée par la personne qui parle.

Le français manque de troisièmes personnes à l'impératif; et pour les traduire, il est forcé d'emprunter les formes correspondantes du subjonctif. *Esto, sunto,* qu'il soit, qu'ils soient. De son côté le latin n'a pas de première personne plurielle à l'impératif, et il est obligé de remplacer cette forme par la forme subjonctive correspondante : *simus, eamus;* soyons, allons. Ex. :

Sperne voluptates. Hor. Méprise les plaisirs.

Salus populi suprema lex esto. Cic. Que le salut du peuple soit la loi suprême.

Virtutem colamus, pratiquons la vertu.

Remarque. Les troisièmes personnes du pluriel ne sont guère usitées que dans les lois. Ex. :

Censores bini sunto ; magistratum quinquennium habento ; reliqui magistratus annui sunto. Cic. Qu'il y ait deux censeurs, qu'ils exercent leur magistrature pendant cinq ans, que les autres magistratures soient annuelles.

164. Ne insulta. Ne insultes. Noli insultare.

Devant l'impératif la négation s'exprime par *ne*, et jamais par *non*. Les Latins emploient souvent, au lieu de l'impératif, le présent du subjonctif.

La négation s'exprime encore par le verbe *noli*, ne veuille pas, pour le singulier ; *nolite*, ne veuillez pas, pour le pluriel, suivi de l'infinitif. Ex. :

Ne insulta, *ne insultes*, *noli*, *nolite insultare miseris*, n'insultez pas les malheureux.

165. Volo ut mihi *respondeas.*

Le subjonctif est un mode essentiellement subordonné ; il suppose toujours une proposition principale antécédente, soit exprimée, soit sous-entendue, sans laquelle il ne formerait aucun sens ; et il ajoute ordinairement à la signification du verbe une idée de temps futur et un degré plus ou moins grand d'incertitude. Ex. :

Volo ut mihi respondeas. Cic. Je veux que vous me répondiez.

Cedant arma togæ. Cic. (c'est-à-dire *oportet ut arma cedant togæ.*) Il faut que les armes le cèdent à la toge.

CHAPITRE II. — Du pronom relatif.

Le pronom relatif sert à joindre deux propositions ; il a dans la proposition principale un antécédent, soit exprimé, soit sous-entendu, et est toujours à la tête de la proposition subordonnée. Ex. :

Scipio, *qui vicit Hannibalem*, accepit cognomen Africani. Scipion, qui vainquit Hannibal, reçut le surnom d'Africain.

Cette phrase renferme deux propositions liées entre elles par le pronom relatif *qui* : *Scipio accepit cognomen Africani*, proposition principale ; *qui vicit Hannibalem*, proposition subordonnée.

Sat pulcher, *qui sat bonus*. Proposition principale : *Is est sat pulcher*. Proposition subordonnée : *Qui est sat bonus*. Celui qui est assez bon est assez beau.

166. Deus qui regnat.

Le pronom relatif s'accorde en genre, en nombre et en personne avec son antécédent, substantif ou pronom. Exemples :

Deus qui regnat, Dieu qui règne.

Animal quod currit, l'animal qui court.

Tu quæ es miserrima, toi qui es très-malheureuse.

Ego quem doces, moi que vous enseignez.

Remarque. Les règles de concordance exposées dans les numéros 2, 3, 4, s'appliquent au pronom relatif. Ex. :

Pater et filius qui amant, le père et le fils qui aiment.

Pater et mater quos amo, le père et la mère que j'aime.

Virtus et vitium quæ sunt contraria, le vice et la vertu qui sont contraires.

167. Refert meâ *qui* doceo.

Le pronom relatif s'accorde non avec les adjectifs *mea*, *tua*, etc., compléments des verbes *refert*, *interest*, mais avec *meî*, *tuî*, etc., qu'il faut sous-entendre, ou dont il faut regarder les adjectifs *mea*, *tua*, etc., comme tenant lieu (*Voy*. Règ. 91). Ex.:

Refert meâ qui doceo, c'est-à-dire *refert ad negotia meî qui doceo*, il importe à moi qui enseigne.

168. Deus, qui regnat, est omnipotens.

Le pronom relatif est, ou le sujet de la proposition subordonnée, et il se met alors au nominatif; ou le complément d'un substantif qui le suit, et il se met alors au génitif; ou le complément d'un adjectif ou d'un verbe qui le suit, ou d'une préposition qui le précède, et il se met alors au cas que demande le verbe, l'adjectif ou la préposition. Ex. :

Deus qui regnat est omnipotens, Dieu qui règne est tout-puissant.

Mors non est terribilis iis quorum laus emori non potest. Cic. La mort n'est pas terrible pour ceux dont la gloire ne peut mourir.

Merces quâ dignus es tibi data est, là récompense dont vous êtes digne vous a été donnée.

Deus quem amo nos creavit, Dieu que j'aime nous a créés.

Libri quibus utor tui sunt, les livres dont je me sers sont à vous.

Grammatica cui studeo... la grammaire que j'étudie.— *Homo cui officium præstitisti...* l'homme à qui vous avez rendu service.— *Mitte quem voles*, envoyez qui vous voudrez, c'est-à-dire *mitte illum quem voles mittere*, envoyez celui que vous voudrez envoyer.

Colamus virtutem, sine quâ nemo potest esse beatus, pratiquons la vertu, sans laquelle personne ne peut être heureux.

169. Quem metuunt, oderunt.

Is, ea, id ; ille, a, ud; hic, hæc, hoc, antécédens d'un pronom relatif, se suppriment presque toujours lorsqu'ils devraient être, si on les exprimait, au même cas que le relatif, et s'expriment ordinairement s'ils sont à un autre cas. Ex. :

Quem metuunt, oderunt, (homines *oderunt* illum *quem metuunt*), les hommes haïssent celui qu'ils craignent.

Speremus quæ volumus, sed quod acciderit, feramus. Cic. (*Ea quæ volumus.... id quod acciderit.*) Espérons ce que nous voulons, mais supportons ce qui nous arrive.

A quo plurimùm sperant homines, ei potissimùm inserviunt. Cic. Les hommes obligent de préférence celui de qui ils attendent le plus.

170. *Quam* urbem statuo vestra est.

Le pronom relatif peut être en général considéré comme placé entre deux cas d'un même nom, dont l'un est exprimé, et l'autre sous-entendu. On peut dire :

Urbs quam statuo vestra est.   } La ville que je bâtis est l
Quam urbem statuo vestra est. }   vôtre (1).

La construction pleine serait : *urbs quam urbem statuo.* Autre exemple :

(1) Virgile a dit par inversion : *Urbem quam statuo.*

Quas scripsisti litteras, eæ mihi fuerunt jucundissimæ. Cic.
La lettre que vous m'avez écrite m'a été très-agréable.

171. Animal *quem* vocamus leonem.

Le relatif placé entre deux substantifs différens s'accorde ordinairement avec le dernier, qui est l'attribut ou fait partie de
l'attribut de la proposition subordonnée. Ex. :

Animal quem vocamus leonem, l'animal que nous appelons
lion.

Byzantium quæ nunc est Constantinopolis, Byzance qui est
maintenant Constantinople.

172. Bonis nocet quisquis pepercerit malis.

Quelques mots, auxquels on peut toujours substituer une autre expression dans laquelle se trouverait le relatif, lient comme
lui la proposition subordonnée à la proposition principale, tels
sont *quisquis*, *quicunque*, quiconque ; *ubi*, où ; *undè*, d'où, etc.

Quelques-uns de ces mots ont cela de remarquable, qu'ils appartiennent aux deux propositions : ainsi *quisquis*, qu'on pourrait remplacer par *omnis homo qui*, est le sujet de deux propositions. Ex. :

Bonis nocet quisquis *pepercerit malis*, quiconque épargne les
méchans nuit aux bons. (C'est-à-dire *omnis homo qui pepercerit
malis bonis nocet.*) Proposition principale : *omnis homo bonis
nocet.* Proposition subordonnée : *qui pepercerit malis.*

Relinquo campos ubi Troja fuit. Virg. (*Ubi* pour *in quibus*.)
Je quitte les champs où fut Troie.

CHAPITRE III. — DES CONJONCTIONS QUI LIENT LA PROPO-
SITION SUBORDONNÉE A LA PRINCIPALE.

La proposition subordonnée liée à la principale par une
conjonction est, ou le sujet logique, ou le complément logique, ou le terme circonstanciel du verbe principal. Ex. :

Potest fieri ut fallar, il peut être fait que je sois trompé, il
peut se faire que je me trompe.

(*Hoc*) *potest fieri*, proposition principale. *Ut fallar*, proposition subordonnée, déterminant le sujet grammatical *hoc* sous-
entendu, et formant le sujet logique du verbe *potest*. La construction logique est : *Hoc, nempè, ut fallar potest fieri.*

Abs te peto ut mihi ignoscas, je demande de toi que tu
me pardonnes, je te demande de me pardonner.

Peto abs te, proposition principale. *Ut mihi ignoscas*, proposition subordonnée, déterminant le complément grammatical
hoc sous-entendu, et formant le complément logique du verbe

peto. Construction logique : *peto abs te hoc*, nempè, *ut ignoscas mihi*.

Dum loquimur, œtas invida fugerit. Pendant que nous parlons, le temps jaloux s'enfuit.

Ætas invida fugerit, proposition principale. *Dum loquimur*, proposition subordonnée, exprimant un terme circonstanciel du verbe *fugerit*. Construction logique : *Ætas invida fugerit dúm loquimur*.

173. Suadeo tibi ut legas. — Ne ludas.

La proposition subordonnée qui sert de complément aux verbes : *Suadere*, conseiller ; *curare*, avoir soin ; *dare operam, facere, efficere*, faire en sorte ; *non committere*, se garder bien de ; *imperare*, commander ; *orare*, prier ; *eniti, contendere*, tâcher, etc., se précède de *ut*, si elle est affirmative ; si elle est négative, *ut* se sous-entend ordinairement, et la négation s'exprime par *ne*; le verbe se met toujours au subjonctif. Ex. :

Suadeo tibi ut legas, je vous conseille de lire. — *Ne ludas (ut ne ludas)*, de ne pas jouer.

Cura ut valeas, ayez soin de vous bien porter. — *Ne in morbum incidas*, de ne pas tomber malade.

Da operam ut omnia sint parata, faites en sorte que tout soit prêt — *Fac ut sciam*, faites en sorte que je sache, faites-moi savoir.

Non committam ut à te discedam, je me garderai bien de vous quitter.

Remarque. *Ne* n'est qu'un simple adverbe de négation, le subjonctif qui le suit dépend toujours de *ut* sous-entendu.

Il y a cette différence entre *non* et *ne*, que *non* précède un verbe dont l'action ne se fait pas, ne s'est pas faite ou ne se fera pas, tandis que *ne* précède un verbe dont l'action est défendue, empêchée, dissuadée. *Non* est une particule négative, *ne* une particule prohibitive.

174. Sæpè evenit ut utilitas cum honestate certet.

La proposition subordonnée qui sert de sujet aux verbes *fit, evenit, contingit, accidit*, il arrive ; *multùm abest*, il s'en faut beaucoup, se précède de *ut*, et le verbe s'en met toujours au subjonctif. Ex. :

Sœpè evenit ut utilitas cum honestate certet. Cic. Il arrive très-souvent que l'utile est en contradiction avec l'honnête.

Multùm abest ut tuos superes condiscipulos, il s'en faut beaucoup que vous surpassiez vos condisciples.

175. Cave ne cadas.

La proposition subordonnée qui sert de complément aux verbes *cavere, vidère*, prendre garde ; *dissuadere*, dissuader, se précède de *ne*, et le verbe s'en met toujours au subjonctif. Ex. :

Cave ne cadas, prenez garde de tomber.

Illi dissuade ne proficiscatur, dissuadez-le de partir.

176. Timeo ut præceptor veniat. — Timeo ne præceptor veniat.

La proposition subordonnée qui sert de complément aux verbes *timere, metuere, vereri, pavere*, craindre, etc., précédée de *ut*, exprime une chose qu'on désire , et précédée de *ne*, exprime une chose qu'on ne désire pas. Le verbe se met toujours au subjonctif.

Ut se rend par *que... ne... pas* ou *de ne... pas, ne* se rend par *que... ne* ou *de;* on voit que la proposition affirmative en latin se rend en français par une proposition négative , tandis que la proposition négative en latin devient affirmative en français (1). Ex. :

Timeo ut ou *ne non præceptor veniat*, je crains que le maître ne vienne pas. (*Ut* se sous-entend devant *ne non*, et la phrase reste affirmative, parce qu'en latin deux négations se neutralisent.)

(1) La crainte d'une chose suppose nécessairement le désir du contraire : on craint de rencontrer quelqu'un parce qu'on désire ne pas le rencontrer. Cela étant, il semble que ce qui fait la différence de ces façons de parler en latin et en français : *Vereor ne veniat*, je crains qu'il ne vienne, et *vereor ut veniat*, je crains qu'il ne vienne pas; c'est qu'en français l'on marque seulement l'objet de la crainte , au lieu qu'en latin, après avoir marqué la crainte par le verbe , on marque en même temps le désir du contraire par *ut*. Ainsi. *vereor ne veniat* signifie à la lettre : je suis agité de crainte par le désir que j'ai qu'il ne vienne pas; *vereor ut veniat*, je suis agité de crainte par le désir que j'ai qu'il vienne. PORT-ROYAL.

Metuo ut illi occurram, je crains de ne le pas rencontrer.

Timeo ne præceptor veniat, je crains que le maître ne vienne.

Metuo ne illi occurram, je crains de le rencontrer.

177. Deus prohibet ne mentiamur. Non impedio, quis impedit quin proficiscaris.

La proposition subordonnée qui sert de complément aux verbes *prohibere, impedire, obstare, vetare*, empêcher défendre, etc., se précède de *ne* quand la proposition principale est affirmative, et de *quin* ou *quominùs* quand elle est négative ou interrogative. Le verbe se met toujours au subjonctif. Ex. :

Deus prohibet ne mentiamur, Dieu défend que nous mentions, Dieu nous défend de mentir.

Non impedio, quis impedit quin proficiscaris? Je ne vous empêche pas, qui vous empêche de partir?

178. Per me non stat quin sis beatus.

La proposition subordonnée qui sert de sujet aux propositions *per me, per te non stat*, etc., il ne tient pas à moi, à toi, etc., se précède de *quin* ou de *quominùs*.

La proposition subordonnée qui sert de sujet à la proposition *parùm abest*; peu s'en faut, se précède de *quin*. Le verbe se met toujours au subjonctif. Ex. :

Per me non stat quin ou *quominùs sis beatus*, il ne tient pas à moi que tu ne sois heureux.

Parùm abest quin sim miserrimus, peu s'en faut que je ne sois très-malheureux.

179. Dignus est qui imperet.

La proposition subordonnée qui sert de complément aux adjectifs *dignus*, digne; *indignus*, indigne; se précède de *ut*, ou mieux, du relatif *qui, quæ, quod*, qui tient lieu de *ut* et d'un pronom : dans l'un et l'autre cas, on emploie le subjonctif. Ex. :

Dignus est ut imperet, ou mieux, *qui imperet*. (Qui

tient lieu de *ut ille*.) Il est digne, il mérite de commander.

Dignus est ut eum colam, ou mieux, *quem colam*. (*Quem* tient lieu de *ut eum*). Il mérite que je l'honore.

Voluptas non est digna ad quam sapiens respiciat. SEN. (*Ad quam* pour *ut ad eam*.) La volupté ne mérite pas que le sage y fasse attention.

Dignus es de quo benè mereatur. (De quo pour *ut de te.)* Vous méritez qu'il vous rende service.

Dignus est cujus me misereat. (*Cujus* pour *ut illius.*) Il mérite que j'aie pitié de lui.

REMARQUE. Le relatif *qui, quæ, quod* ne peut remplacer qu'un pronom qui se rapporte au sujet de la proposition principale. Il faut dire : *Dignus sanè es ut sic agam*, vous méritez bien que j'agisse ainsi, et non pas *qui sic agam*, car *qui* signifierait *ut tu.*

180. Exspecta dùm *ou* donec rex advenerit.

La proposition subordonnée qui sert de complément au verbe *exspectare*, attendre, se précède de *dùm* ou *donec*, jusqu'à ce que, et le verbe s'en met au subjonctif. Exemple :

Exspecta dùm ou *donec rex advenerit*, attendez que le roi soit arrivé.

181. Morbus causa fuit cur te non inviserim.

La proposition subordonnée qui sert de complément au substantif *causa* se précède de *cur*, qu'on rend par *que*, et le verbe s'en met au subjonctif. Ex. :

Morbus causa fuit cur te non inviserim, la maladie a été cause que je n'ai pas été vous voir.

182. Ut ameris, amabilis esto.

Ut marquant la cause finale, le dessein, l'intention, est toujours suivi du subjonctif, et se rend par *afin que, afin de, de manière que, en sorte que, pour que, pour.* Ex. :

Ut ameris, amabilis esto. OVID. Afin que tu sois aimé, afin d'être aimé, sois aimable.

Surrexit ut responderet, il se leva pour qu'il répondît, pour répondre.

REMARQUE. Au lieu de la conjonction *ut* suivie du subjonctif, on peut se servir du gérondif en *dum* avec *ad*, du gérondif en *di* avec *causâ* ou *gratiâ*, ou simplement du participe futur en *rus, ra, rum*. Ex. :
Surrexit ad respondendum, respondendi causâ ou *gratiâ responsurus.*

183. Misit homĭnem qui me moneret.

Au lieu de *ut* et du pronom *ille, a, ud*, les Latins emploient *qui, quæ, quod*, toutes les fois que le sens de la phrase permet de faire du complément du verbe principal l'antécédent du pronom relatif, qu'on met au cas auquel on aurait mis *ille, a, ud*, et après lequel, comme après *ut*, on emploie le subjonctif. Ex. :
Misit homĭnem qui me moneret, il envoya quelqu'un qui m'avertît, pour m'avertir. (*Qui* tient lieu de *ut ille.*)
Homo justus nihil cuipiam, quod in se transferat, detrahit. Cic. L'homme juste n'enlève rien à qui que ce soit pour se l'approprier. (*Quod* tient lieu de *ut illud.*)

184. Otiare *quò* meliùs *labores*.

Quò (pour *ut eò*, afin que par cela,) se construit avec le subjonctif, et doit toujours s'employer quand la proposition subordonnée contient un comparatif. Ex. :
Otiare quò meliùs labores, reposez-vous pour que par cela vous travailliez mieux, pour mieux travailler.
Obducuntur cortice trunci, quò sint à frigoribus et caloribus tutiores. Cic. Les troncs d'arbres sont couverts d'une écorce pour être mieux à l'abri du froid et du chaud.

185. Ne vobis tædium afferam.

Ut se sous-entend quand la proposition est négative, et la négation s'exprime par *ne* que suit le subjonctif. Ex. :
Ne vobis tædium afferam, pour que je ne vous ennuie pas, pour ne pas vous ennuyer.

*Angustias Themistocles quærebat, ne multitudine circum-
iretur.* NEP. Thémistocle cherchait les détroits de peur
d'être enveloppé par le nombre.

186. Utinam veris domum hanc amicis impleam!

Utinam, expression de souhait et de désir, se construit avec
le subjonctif, et suppose toujours l'ellipse du verbe *opto*, je
désire. Ex. :

Utinam veris domum hanc amicis impleam! PHÆD., c'est-à-
dire, *opto utinam impleam.*, je désire que je remplisse, puissé-je
remplir cette maison de vrais amis!

Utinam est pour *uti* ou *ut.*, comme *quisnam* est pour *quis*,
ubinam pour *ubi*.

L'ellipse du verbe *opto* a lieu aussi dans cette locution :
Ne vivam si.... que je ne vive pas si.... que je meure si...

187. Ut ab urbe discessi.

Ut signifiant dès que, aussitôt que, comme, se construit avec l'indicatif. Ex. :

Ut ab urbe discessi, aussitôt que je fus sorti de la
ville.

Perge ut cœpisti, continuez comme vous avez commencé.

188. Postquàm legi, scripsi.

Les conjonctions *postquàm,* après que; *ubi, ubi primùm, simul ac*, dès que, depuis que, aussitôt que ; *quia,
quoniam,* parce que, attendu que ; *quanquàm, etsi, tametsi* (1), quoique ; *dùm, quamdiù, donec, quoad,* tant que,
aussi long-temps que, jusqu'au moment où, se construisent avec l'indicatif. Ex. :

Postquàm legi, scripsi; après que j'ai écrit, après avoir
écrit, j'ai lu.

Ubi ea Romæ comperta sunt. SALL. Dès que ces choses
furent connues à Rome.

Ea non sunt utilia, quia sunt flagitiosa. CIC. Ces actions
ne sont point utiles, parce qu'elles sont criminelles.

____

(1) *Quanquàm, etsi, tametsi*, se trouvent quelquefois avec le subjonctif. Ex. :

Quanquàm immoderatis epulis *careat* senectus, modicis tamen conviviis
delectari potest. CIC. — *Etsi* illis planè orbatus *essem*. ID. — *Tametsi* haud
quaquàm par gloria *sequatur* scriptorem et auctorem rerum. SALL.

Quanquàm abest à culpâ, suspicione tamen non caret. Cic. Quoiqu'il soit exempt de faute, cependant il n'est pas à l'abri du soupçon.

Etsi exercitibus præfuit, quoiqu'il ait été à la tête des armées.

Cato, quoad vixit, virtutum laude crevit. Nep. Tant que vécut Caton, la gloire de ses vertus augmenta.

189. Quùm id velis.

Les conjonctions *dummodò*, *dùm*, *modò*, signifiant pourvu que; *dùm*, *donec*, signifiant jusqu'à ce que; *cùm* ou *quùm*, signifiant puisque, quoique; *quamvis* (1), *etiamsi*, *licet* (2), quoique, bien que; *potiùs quàm*, plutôt que; *nedùm*, bien loin que; *nisi quòd*, si ce n'est que; *quasi*, *ceu verò*, *tanquàm*, *tanquàm si*, *perindè ac si*, comme si, sont suivies du subjonctif. Ex. :

Quùm id velis, puisque vous le voulez. — *Quùm id volueris,* puisque vous l'avez voulu.

Clitellas dùm portem meas, pourvu que je porte mon bât.

Ceu verò nesciam. Cic. Comme si je ne savais pas.

Depugna potiùs quàm servias, combattez plutôt que vous soyez esclave, plutôt que d'être esclave.

Quamvis non suasor fueris profectionis meæ, approbator certè fuisti. Cic. Quoique vous n'ayez pas conseillé mon départ, du moins vous l'avez approuvé.

Vix me aspicit, nedùm amet; il me regarde à peine, bien loin qu'il m'aime.

Non video quid possim facere, nisi quòd præsens ipse me defendam. Cic. Je ne vois pas ce que je puis faire, si ce n'est de me défendre moi-même sur les lieux.

Remarque. Il y a quelques exemples de *quamvis* avec l'indicatif. *Miltiades erat inter eos dignitate regiâ, quamvis carebat nomine.* Nep. Miltiade avait parmi eux la dignité de roi, quoiqu'il n'en eût pas le titre.

(1) *Quamvis* est pour *quantùm vis. Quamvis ille sit felix,* c'est-à-dire *fac ut sit felix quantùm vis :* Supposons qu'il soit heureux autant que vous le voulez.

(2) *Licet* n'est proprement qu'un verbe à la troisième personne du singulier. Le subjonctif qui le suit s'explique par l'ellipse de *ut.*

190. Quòd pugnaverat. — Quòd corrumperet.

Quòd, parce que, de ce que, que, se construit tantôt avec l'indicatif, tantôt avec le subjonctif (1). Ex. :

Manlius filium suum, quòd is contra imperium in hostem pugnaverat, necari jussit. SALL. Manlius fit mettre à mort son propre fils, parce qu'il avait combattu l'ennemi contre son ordre.

Socrates accusatus est quòd corrumperet juventutem. QUINT. Socrate fut accusé de ce qu'il corrompait, de corrompre la jeunesse.

In eo peccant, quòd injuriosi sunt in proximos. CIC. Ils sont coupables en cela qu'ils sont injustes à l'égard de leurs proches.

191. Dùm loquimur. Dùm canis carnem ferret.

Les conjonctions *dùm*, tandis que ; *cùm* ou *quùm*, lorsque, ne se construisent avec le subjonctif que devant l'imparfait et le plusque-parfait. Ex. :

Dùm loquimur, tandis que nous parlons ; *dùm canis carnem ferret*, tandis qu'un chien portait de la chair.

Serò medicina paratur, cùm mala per longas invaluêre moras. OVID. Le remède est employé trop tard, lorsque de longs délais ont laissé empirer le mal.

Cùm Athenæ florerent, lorsqu'Athènes florissait.

REMARQUE. *Cùm* et *dùm* se trouvent quelquefois avec l'imparfait de l'indicatif. Ex. :

Me cùm quæstorem populus romanus faciebat. CIC. Lorsque le peuple romain me nommait consul. — *Quæ divina res dùm conficiebatur.* NEP. Pendant que ce sacrifice s'accomplissait.

192. Si vis amari. — Si velis interpretari

Les conjonctions *si*, si ; *nisi*, si.... ne ; *antequàm*, *priusquàm*, avant que, se construisent tantôt avec l'indicatif, tantôt avec le subjonctif, mais toujours avec le

---

(1) *Quòd* peut être regardé, même dans ce sens, comme un pronom relatif dont l'antécédent *negotium* est sous-entendu.

Manlius filium suum necari jussit ob id negotium quod *est : is* pugnaverat, etc.

Socrates accusatus est de hoc negotio quod *est : corrumperet juventutem.*

subjonctif devant l'imparfait et le plus-que-parfait. Ex. :

Si vis amari, ama. Ovid. Si tu veux être aimé, aime.

Nihil aliud est philosophia, si velis interpretari, quàm studium sapientiæ. Cic. La philosophie, si vous voulez la définir, n'est autre chose que l'amour de la sagesse.

Nisi me animus fallit. Sall. *Ni fallor.* Virg. Si je ne me trompe. (*Ni* pour *nisi.*). — *Nisi caveas,* si vous ne prenez garde.

Id si faceres, id si fecisses causâ meâ; si vous faisiez, si vous eussiez fait cela à cause de moi.

Galba capax imperii visus esset, nisi imperâsset. Tac. Galba eût paru digne de l'empire s'il n'eût régné.

Antequàm de incommodis Siciliæ dico. Cic. Avant que je parle, avant de parler des malheurs de la Sicile. — *Crepant ædificia, antequàm corruant.* Sen. Les édifices craquent avant de s'écrouler. — *Antequàm Romam caperent.* Liv. Avant qu'ils prissent Rome.

Remarque. Lorsque le verbe de la proposition principale est à l'imparfait de l'indicatif, le verbe qui suit la conjonction *si* se met au même temps du même mode. Ex. :

Quem si arcessebam, abibat; si je l'appelais, il s'en allait.

193. Hunc librum si leges, lætabor.

Lorsque le verbe de la proposition principale est au futur, le verbe qui suit *si* se met au futur absolu ou au futur passé. Les deux verbes sont quelquefois au futur passé. Ex. :

Hunc librum si leges, lætabor; si vous lisez ce livre, je m'en réjouirai.

Si amicitiam ero adeptus, me bonum amicum habebis. Nep. Si j'obtiens votre amitié, vous aurez en moi un ami sûr.

Si veneris, pergratum mihi feceris; si vous venez, vous me ferez plaisir.

CHAPITRE IV. — De la proposition infinitive.

Cette phrase, *je sentis que l'espérance renaissait dans mon cœur,* est formée de deux propositions liées par la conjonction *que*; l'une principale, *je sentis*; l'autre subordonnée, *l'espérance renaissait dans mon cœur*. La même idée pourrait se rendre en supprimant la conjonction *que*, et en mettant à l'infinitif le verbe de la proposition subordonnée : *Je sentis l'espérance renaître dans mon cœur*. Ce dernier tour, qu'on nomme proposition infinitive, est d'un très-fréquent usage en latin.

La proposition infinitive est une proposition subordonnée dont le sujet est à l'accusatif, et le verbe au mode infinitif. On peut la tourner par une proposition directe liée à la proposition principale par l'une des conjonctions *quòd, ut, quin*. Ex. :

Gaudeo te valere, c'est-à-dire *quòd vales*, je me réjouis que vous vous portiez bien.

Volo vos benè sperare, c'est-à-dire *ut vos benè speretis*, je veux que vous ayez bon espoir.

Non dubitat Christum id dixisse, c'est-à-dire *quin Christus id dixerit*, il ne doute pas que Jésus-Christ n'ait dit cela.

La proposition infinitive est ou le sujet logique, ou le complément logique de la proposition principale. Ex. :

Me justum esse gratis oportet. SEN. c'est-à-dire : *Hoc*, nempè, *me esse justum gratis*, cela, c'est-à-dire, moi être juste gratuitement, sujet ; *oportet*, faut, est nécessaire, attribut. Il faut que je sois juste gratuitement. Proposition principale : *Hoc oportet*. Proposition subordonnée infinitive : *Me esse justum gratis*.

Credo te flere, c'est-à-dire : *Credo*, je crois, attribut ; *hoc*, nempè, *te flere*, cela, c'est-à-dire, toi pleurer, complément de l'attribut. Je crois que tu pleures. Proposition principale : *Credo hoc*. Proposition subordonnée infinitive : *Te flere*.

194. Credo te flere.

La proposition infinitive s'emploie : 1°. après les verbes *credere, putare, censere, arbitrari*, croire, penser ; *sentire*, sentir ; *videre*, voir ; *audire*, entendre ; *dicere*, dire ; *velle*, vouloir ; *jubere, imperare*, ordonner ; *cupere*, désirer ; *optare*, souhaiter ; *constat*, il est constant ; *oportet*, il faut ; *licet*, il est permis ; *expedit*, il est utile ; *refert, interest*, il importe, et en général après tous les verbes qui se rapportent à *dire* ou à *penser*, ou qui expriment une idée de volonté, de désir.

2°. Après les locutions *verum est*, il est vrai ; *æquum est*, il est juste ; *fas est*, il est permis ; *opus est*, il est besoin ; *necesse est*, il est nécessaire ; *mos est*, c'est la coutume, etc. Ex. :

Credo te flere, je crois vous pleurer, je crois que vous pleurez.

Non utilem arbitror esse nobis futurorum scientiam. Cic. Je ne pense pas la connaissance de l'avenir nous être utile, que la connaissance de l'avenir nous soit utile.

Verum est amicitiam, nisi inter bonos, esse non posse. Cic. Il est vrai que l'amitié ne peut exister qu'entre des gens de bien.

195. Credo te legere, — te legisse, — te lecturum esse.

L'action exprimée par le verbe de la proposition infinitive est ou simultanée ou antérieure ou postérieure à l'action exprimée par le verbe de la proposition principale.

Les Latins mettent au présent de l'infinitif le verbe de la proposition infinitive lorsque les actions exprimées par les deux verbes sont simultanées, c'est-à-dire, ont lieu dans le même temps. Ex. :

Credo te legere, je crois toi lire, que tu lis. Je crois *maintenant* que tu lis *maintenant*. Les deux actions de *croire* et de *lire* sont simultanées.

Ils mettent au parfait de l'infinitif le verbe de la proposition infinitive lorsque l'action qu'il exprime est antérieure à l'action exprimée par le verbe de la proposition principale. Ex. :

Credo te legisse, je crois toi avoir lu, que tu as lu. L'action de *lire* est antérieure à celle de *croire*.

Ils mettent au futur de l'infinitif le verbe de la proposition infinitive lorsque l'action qu'il exprime est postérieure à l'action exprimée par le verbe de la proposition principale. Ex. :

Credo te lecturum esse, je crois toi être devant lire, toi devoir lire, que tu liras. L'action de *lire* est postérieure à celle de *croire*.

Le tableau suivant guidera les élèves dans la manière de traduire en français les différens temps de l'infinitif latin.

Credo	*te legere*,	Je crois	que tu lis.

Credebam		Je croyais	que tu lisais.
Credidi	*te legere*,	J'ai cru	que tu lisais.
Credideram		J'avais cru	que tu lisais.

Credam		Je croirai	que tu lis.
Credidero	*te legere*,	J'aurai cru	que tu lisais.
Non credo		Je ne crois pas	que tu lises.

Non credebam		Je ne croyais pas	que tu lusses.
Non credidi	*te legere*,	Je n'ai pas cru	que tu lusses.
Non credideram		Je n'avais pas cru	que tu lusses.
Non crederem		Je ne croirais pas	que tu lusses.

Credo	*te legisse*,	Je crois	que tu lisais.

Credo	*te legisse*,	Je crois	que tu as lu.
		Je crois	que tu lus.
		Je crois	que tu avais lu.

Credidi	*te legisse*,	J'ai cru	que tu as lu.
		J'ai cru	que tu avais lu.

Credideram	*te legisse*,	J'avais cru	que tu avais lu.

Credam	*te legisse*,	Je croirai	que tu lisais.
		Je croirai	que tu as lu.
		Je croirai	que tu lus.
		Je croirai	que tu avais lu.

Non credo.	*te legisse*,	Je ne crois pas	que tu aies lu.

Non crederem		Je ne croirais pas	que tu eusses lu.
Non credidissem	*te legisse*,	Je n'aurais pas cru	que tu eusses lu.

Credo	*te lecturum esse*,	Je crois	que tu liras.
		Je crois	que tu lirais.

Credebam		Je croyais	que tu lirais.
Credidi	*te lecturum esse*,	J'ai cru	que tu lirais.
Credideram		J'avais cru	que tu lirais.

Non credo	*te lecturum esse*,	Je ne crois pas	que tu lises.

Credo	*te lecturum fuisse*,	Je crois	que tu auras lu.
		Je crois	que tu aurais lu.

Credebam		Je croyais	que tu aurais lu.
Credidi	*te lecturum fuisse*,	J'ai cru	que tu aurais lu.
Credideram		J'avais cru	que tu aurais lu,

9*

196. Credebam *fore ut te pœniteret.*

Lorsque le verbe de la proposition infinitive devrait se mettre au futur de l'infinitif, et qu'il manque de ce temps, ce qui arrive lorsqu'il n'a point de supin, on se sert de *fore ut* ou *futurum esse ut*, devoir être que, ou *futurum fuisse ut*, avoir dû être que, avec le subjonctif. Ex. :

Credo fore ut ou *futurum esse ut arbores floreant*, je crois que les arbres fleuriront.

Credebam fore ut te pœniteret, je croyais que tu te serais repenti.

Credo futurum fuisse ut omnes timuissent, je crois que tous auraient eu peur.

Remarque. Cette tournure s'emploie même avec des verbes qui, ayant un supin, pourraient avoir un futur de l'infinitif. Ex. :

Plerique existimabant futurum fuisse ut oppidum caperetur; au lieu de *existimabant oppidum capiendum fuisse*, la plupart croyaient que la ville aurait été prise.

197. Gaudeo *quòd* tibi *profuerim.* Gaudeo *me* tibi *profuisse.*

Après les verbes *gaudere*, se réjouir; *dolere*, s'affliger; *mirari*, s'étonner; *pudere*, avoir honte, etc., on emploie également soit la proposition directe avec *quòd*, suivi de l'indicatif ou du subjonctif, soit la proposition infinitive. Ex. :

Gaudeo quòd tibi profuerim ou *me tibi profuisse*, je me réjouis de vous avoir été utile.

Dolet mihi quòd stomacharis. Cic. Je suis fâché que vous vous mettiez en colère.

Clitum à se occisum Alexander dolebat. Just. Alexandre regrettait d'avoir tué Clitus.

198. Volo *ut* mihi *respondeas.* Si vis *me flere.....*

On emploie également soit la proposition directe avec *ut*, suivi du subjonctif, soit la proposition infinitive, après *velle*, vouloir; *optare*, désirer; *sinere*, permettre; *rectum est*, il est juste; *necesse est*, il est nécessaire; *expedit*, il est avantageux; *oportet*, il faut; *refert*, *interest*, il importe; *mos est*, c'est la coutume, etc. Ex:

Volo ut mihi respondeas. Cic. Je veux que vous me répondiez.

Si vis me flere, dolendum est primùm ipsi tibi. Hor. Si vous voulez que je pleure, il faut d'abord pleurer vous-même.

Expedit omnibus, ut singulæ civitates suas leges habeant. Just. Il est de l'intérêt de tous, que chaque ville se gouverne par ses propres lois.

Omnibus expedit salvam esse rempublicam. Cic. Le salut de la république importe à tous les gens de bien.

Remarque. Après *oportet*, *necesse est*, *velle*, *ut* se sous-entend ordinairement. Ex. :

Discas oportet. Sen. Il faut que vous appreniez. *Eveniant volo tibi quæ optas.* Plaut. Je veux que ce que vous désirez vous arrive.

199. Mone illum *ut sibi caveat.* Mone illum *me advenisse.*

Après *monere*, avertir; *dicere*, dire; *respondere*, répondre; *scribere*, écrire, on emploie la proposition directe avec *ut*, *ne*, suivis du subjonctif, pour exprimer ce qu'on doit faire ou ne pas faire, et la proposition infinitive pour énoncer un fait. Exemple :

Mone illum ut sibi caveat, avertissez-le de prendre garde à lui; *mone illum me advenisse*, avertissez-le que je suis arrivé.

Remarques. i. *Persuadere* signifiant *engager quelqu'un à faire quelque chose*, est suivi de *ut* avec le subjonctif, et signifiant *faire croire quelque chose à quelqu'un*, est suivi de la proposition infinitive. Ex. :

Themistocles persuasit populo ut classis ædificaretur. Nep. Thémistocle persuada au peuple d'équiper une flotte.

Mithridates persuasit Datami se infinitum adversùs regem Persarum suscepisse bellum. Nep. Mithridate persuada à Datame qu'il avait entrepris contre le roi de Perse une guerre éternelle.

ii. Après *persuasum habeo*, *mihi persuasum est*, je suis persuadé, on emploie toujours la proposition infinitive. Ex. :

Persuasum habeto puerum, qui parentes veretur, à Deo amatum iri; soyez persuadé qu'un enfant, qui honore ses parens, sera aimé de Dieu.

200. Credo *me* legisse.

Après les verbes qui signifient *espérer, aimer mieux, croire, promettre, se souvenir,* etc., le sujet de la proposition infinitive ne se rend pas en français quand il est de la même personne que le sujet de la proposition principale, et l'infinitif latin se rend par l'infinitif français précédé ou non de la préposition *de.* Ex. :

Credo me legisse, je crois avoir lu.

Ex studio sperat se maximum fructum esse capturum, il espère retirer de l'étude un grand fruit.

Timoleon maluit se diligi quàm metui. Nep. Timoléon aima mieux être aimé que craint.

Memini me legisse ou *me legere,* je me souviens d'avoir lu. Après *memini,* les Latins emploient ordinairement le présent au lieu du parfait de l'infinitif.

Remarque. Après *jubere,* ordonner, la proposition infinitive se rend de deux manières. Ex. :

Græcos jubet arma capere, il ordonne les Grecs prendre les armes, il ordonne *aux Grecs de prendre* les armes.

Jussit eum occidi, il ordonna lui être tué, il *le* fit *tuer.*

Après le verbe *jubere,* on emploie le présent et non le futur de l'infinitif, quoique l'action exprimée par le verbe de la proposition infinitive soit nécessairement postérieure à l'action d'ordonner.

CHAPITRE V. — De la proposition adverbiale, vulgairement appelée ablatif absolu.

201. *Partibus factis,* sic locutus est leo.

La proposition adverbiale, qu'on nomme ainsi, parce que, comme un adverbe, elle exprime un terme circonstanciel, est une proposition subordonnée dont on met le sujet à l'ablatif, et le verbe au mode participe, en le faisant accorder en genre, en nombre et en cas avec le sujet.

Si le verbe doit être le verbe *sum*, qui n'a point de participe, on se contente d'exprimer le sujet et l'attribut, en les mettant l'un et l'autre à l'ablatif. Ex. :

Partibus factis, sic locutus est leo; les parts étant faites, le lion parla ainsi.

Natus est Augustus, Cicerone et Antonio consulibus; Auguste naquit, Cicéron et Antoine (étant) consuls, sous le consulat de Cicéron et d'Antoine.

La proposition adverbiale peut se tourner par une proposition directe · *Quùm partes factæ fuissent, quùm Cicero et Antonius essent consules.*

On peut regarder ce que nous nommons proposition adverbiale (1) comme le complément d'une préposition sous-entendue : *(à) partibus factis,* après les parts faites ; *(sub) Cicerone et Antonio consulibus,* sous Cicéron et Antoine consuls.

REMARQUE. La proposition adverbiale se rend en français de bien des manières. Voici les principales :

Regnante Augusto, sous le règne d'Auguste. — *Me vivo,* de mon vivant. — *Patre presente,* en la présence de mon père. — *Me inscio,* à mon insu.

Æneas, Trojâ à Græcis expugnatâ, in Italiam venit. JUST. Énée, *après la prise de Troie par les Grecs,* vint en Italie.

Antonius, repudiatâ Octaviâ, Cleopatram uxorem duxit. EUT. Antoine, *après avoir répudié Octavie,* épousa Cléopâtre.

Pericles Athenienses, solis obscuratione territos, redditis ejus rei causis, metu liberavit. QUINT. Périclès rassura les Athéniens effrayés par une éclipse de soleil, *en leur expliquant la cause de ce phénomène.*

Caritate et benevolentiâ sublatâ, omnis est è vitâ sublata jucunditas. CIC. *Si vous ôtez de la vie l'amitié et la bienveillance,* tout le charme en est ôté.

Amisso rege, totum dilabitur examen apum. SEN. *Lorsqu'il a perdu son roi,* tout l'essaim des abeilles se disperse.

Natura dedit usuram vitæ, tanquàm pecuniæ, nullâ præstitutâ die. CIC. La nature nous a prêté la vie, comme on prête de l'argent, *sans fixer aucun jour.*

Victus Sardanapalus, exstructâ incensâque pyrâ, et se et divitias suas in incendium mittit. JUST. Sardanapale vaincu *fait élever un bûcher, l'allume* et se précipite dans les flammes, lui et ses richesses.

______

(1) D'après M. Silvestre de Sacy.

CHAPITRE VI. — DE LA PHRASE INTERROGATIVE.

§ I. *Interrogation directe.*

Les signes les-plus ordinaires de l'interrogation sont :

An Ne Num Numquid } *est-ce que?*	Cur Quare } *pourquoi?*	Quà *par où?* Undè *d'où?*
Annon } *n'est-ce pas* Nonne } *que?*	Quomodò *comment?* Ut Quàm Quantùm } *combien?*	Quis, quæ, quid } *qui, quel,* Quisnam, etc. } *quelle?* Quot *combien?* Quotus, a, um, *quel, combien?*
	Quandò *quand?* Ubi *où?* (*station*) Quò *où?* (*tendance*)	Quantus, a, um, *quel grand?* Uter, ra, um, *lequel des deux* Utrùm, *lequel des deux?*

202. Quis suâ sorte contentus est?

Quand l'interrogation est directe, c'est-à-dire quand
la phrase interrogative ne dépend d'aucune proposition
antécédente, on emploie, en latin comme en français,
l'indicatif. Ex. :

Quis suâ sorte contentus est? qui est content de son
sort?

Quem vocas? qui appelez-vous?

Cur ante tubam timor occupat artus? VIRG. Pourquoi la
peur s'empare-t-elle de vos membres avant le son de la
trompette?

203. *Quis* sapiens bono *confidat* fragili?

On trouve quelquefois le présent du subjonctif après *quis,
quæ, quid,* quoique l'interrogation soit directe, et on le rend
par le futur de l'indicatif ou le présent du conditionnel. Ex :

Quis sapiens bono confidat fragili? SEN. Quel homme sage
mettra sa confiance dans un bien fragile?

Quis non illud factum miretur? Qui n'admirerait pas cette
action?

204. Quid virtute pulchrius? quid agis?

Quid ne s'emploie substantivement qu'au nominatif et

à l'accusatif. Aux autres cas on exprime *negotium* ou *res.*
Exemples :

Quid virtute pulchrius ? (s. e. *est.*) Quoi de plus beau
que la vertu ?

Quid futurum est ? que sera-ce ?

Quid agis ? que faites-vous ?

Cui rei studes ? qu'étudiez-vous ?

Quâ re cares ? que vous manque-t-il ?

205. An nescis longas regibus esse manus ?

Si l'interrogation est positive, elle se fait par les adverbes *an, nùm, numquid,* qu'on met devant le premier
mot de la phrase, ou par *ne* qu'on place après ce premier mot. Si l'interrogation est négative, elle se fait par
annon ou *nonne,* qui commence la phrase. Ex. :

An nescis longas regibus esse manus ? Ovid. Ignorez-
vous que les rois ont les bras longs ?

Legesne viles nenias ? Phæd. Lirez-vous d'insipides niai-
series ?

Numquid duas habetis patrias ? Cic. Est-ce que vous
avez deux patries ?

Nonne poetæ post mortem nobilitari volunt ? Cic. Les
poëtes ne veulent-ils pas vivre après leur mort ?

206. Tuane est an mea culpa ?

Lorsque l'interrogation a lieu dans deux membres de
phrase, elle se fait par *ne* pour le premier et par *an* pour
le second. Ex. :

Tuane est an mea culpa ? Est-ce votre faute ou la mienne ?

Pacemne hùc fertis, an arma ? Virg. Apportez-vous ici
la paix ou la guerre ?

Remarques. i. *Ne* se sous-entend. *Tua est an mea culpa ?*
ii. On peut supprimer *an* et mettre *ne* après le second mem
bre de la phrase. *Tua meane culpa est ?*

207. Uter est doctior tune an frater ?

Quand l'interrogation se fait par *uter,* qui des deux

lequel des deux, on met *ne* après le premier nom qui
suit, et *an* devant le second. Ex. :

Uter est doctior tune an frater? qui des deux est plus
savant de vous ou de votre frère?

Remarque. *Ne* peut aussi se placer après *uter. Uterne est
doctior tu an frater ?*

208. Sunt hæc tua verba necne ?

Quand la seconde proposition n'est formée que de
necne, ou non, la première ne prend pas d'adverbe interrogatif. Ex. :

Sunt hæc tua verba necne ? Sont-ce vos paroles ou
non?

209. Patere tua consilia non sentis?

La phrase est quelquefois interrogative dans le sens, sans
l'être dans la forme. Ex. :

Patere tua consilia non sentis? Cic. Ne sens-tu pas que tes
desseins sont découverts ?

210. Quis te redemit ? *Jesus Christus.*

Le rétablissement du verbe sous-entendu fait voir à
quel cas l'on doit mettre le nom de la réponse. Ex. :

Quis te redemit? Jesus Christus. Qui vous a racheté ?
Jésus-Christ. (*Jesus Christus redemit me.*)

Quem miseret pigrorum? Neminem. Qui a pitié des paresseux? Personne. (*Neminem miseret pigrorum.*)

Cujusnam interest? Adolescentis. A qui importe-t-il?
Au jeune homme. (*Est inter negotia adolescentis.*)

Cujus est loqui? Senis. A qui appartient-il de parler ?
Au vieillard. (*Loqui est negotium senis.*)

Cui opus est armis? Militi. Qui a besoin d'armes ? Le
soldat. (*Militi opus est armis.*)

Quanti emit? Viginti minis. Ter. Combien l'a-t-il acheté?
Vingt mines. (*Emit pro viginti minis.*)

211. Fraterne ? *ita.* Vidistine regem ? *vidi.*

Les Latins répondent affirmativement à une interrogation : 1°. par l'un des adverbes d'affirmation : *ita, sanè,*

etiam, verò. 2°. En répétant le mot essentiel de l'interrogation, et c'est ordinairement le verbe. Ex. :

Fraterne? Ita. Est-ce votre frère ? Oui.

Tu orationes nobis veteres explicabis? Verò. Cic. Vous nous expliquerez les discours qui restent des anciens ? Volontiers.

Vidistine regem? Vidi. Avez-vous vu le roi ? Oui.

212. Nonne vidisti regem? *Non vidi.*

La réponse négative s'exprime : 1°. par un des adverbes de négation *non, minimè, nihil minùs.* 2°. Par la répétition du verbe avec une négation. Ex. :

Nonne vidisti regem? Non vidi. Avez-vous vu le roi? Non.

Adduxistine tuam filiam? Non. Ter. Avez-vous amené votre fille avec vous? Non.

Non pudet vanitatis? Minimè. N'avez-vous pas honte de votre mauvaise foi? Point du tout.

§ II. *Des noms et des adverbes interrogatifs placés entre deux verbes.*

213. Nescis quis ego sim.

Les noms et adverbes interrogatifs placés entre deux verbes tiennent lieu d'une conjonction, et veulent au subjonctif le verbe de la proposition subordonnée. Ex. :

Nescis quis ego sim, vous ne savez pas qui je suis.

Dic mihi quota hora sit, dites-moi quelle heure il est.

Nescio uter fuerit eloquentior, je ne sais lequel des deux a été le plus éloquent.

Ad me scribe quid agas, écrivez-moi quelle chose vous faites, ce que vous faites; *quid istic agatur,* quelle chose se passe, ce qui se passe là où vous êtes.

Multæ gentes nondùm sciunt cur luna deficiat. Sen. Beaucoup de nations ignorent encore pourquoi la lune s'éclipse.

Quæritur quare hieme ningat, non grandinet. Sen. Il est

cherché, on cherche pourquoi il neige en hiver et ne grêle pas.

Scire velim ubi sis, je voudrais savoir où vous êtes ; *undè venias*, d'où vous venez ; *quò eas*, où vous allez.

Habet undè tibi solvat, il a de quoi vous payer.

Vides quantùm te amem, vous voyez combien je vous aime.

Quàm dulcis sit libertas, breviter proloquar. Phæd. Je dirai en peu de mots combien la liberté est douce.

Remarque. La proposition subordonnée liée à la principale par un nom ou un adverbe interrogatif est, ou le sujet, ou le complément logique du verbe principal. Ex. :

Quæritur quare hieme ningat, non grandinet. La proposition subordonnée *quare hieme ningat, non grandinet* détermine le sujet grammatical *hoc* sous-entendu, et forme le sujet logique du verbe *quæritur*. Construction : *hoc*, nempe, *quare ningat hieme, non grandinet, quæritur*.

Multæ gentes nondùm sciunt cur luna deficiat. La proposition subordonnée *cur luna deficiat* détermine le complément grammatical *hoc* sous-entendu, et forme le complément logique du verbe *sciunt*. Construction : *Multæ gentes nondùm sciunt hoc*, nempe, *cur luna deficiat*.

214. Dubito an valeat.

Après *dubitare*, douter ; *dubium est*, il est douteux, quand il n'y a ni négation ni interrogation, on emploie *an*, qu'on rend par *que*. Le verbe se met toujours au subjonctif. Ex. :

Dubito an valeat, je doute qu'il se porte bien.

Dubito an rex brevi venturus sit, je doute que le roi vienne bientôt.

Dubitabam an rex brevi venturus esset, je doutais que le roi vînt bientôt.

Dubito an rex venturus fuisset, je doute que le roi fût venu.

Dubito an futurum sit ut meliùs studeat, je doute qu'il étudie mieux.

Dubitabam an futurum esset ut meliùs studeret, je doutais qu'il étudiât mieux.

Dubitabam an futurum fuisset ut meliùs studeret, je doutais qu'il eût mieux étudié.

Remarque. On emploie quelquefois après *dubitare*, *dubium est*, la proposition infinitive. Ex. :

Quis dubitat Deum esse? Cic. Qui doute que Dieu n'existe?

Nemini non dubium erat illam Athenienses calamitatem accepturos non fuisse. Nep. Il n'était douteux pour personne, personne ne doutait que les Athéniens n'auraient pas éprouvé ce malheur.

215. Non dubito quin valeat.

Après *dubitare*, douter; *dubium est*, il est douteux, lorsqu'il y a interrogation ou négation, on emploie *quin* qu'on rend par *que... ne*. Le verbe se met toujours au subjonctif. Ex. :

Non dubito quin valeat, je ne doute pas qu'il ne se porte bien.

Quis dubitat quin virtus sit amabilis? qui doute que la vertu ne soit aimable?

216. Natos suos interrogavit an esset bove latior.

Après les verbes qui signifient *ignorer*, *ne pas savoir*, *demander*, *délibérer*, *juger*, etc., on emploie *an* ou *ne* qu'on met après le premier mot de la proposition subordonnée, ou *nonne* quand la proposition subordonnée est négative. Le verbe se met toujours au subjonctif. *An, ne, nonne* se rendent par *si*. Ex. :

Natos suos interrogavit an esset bove latior. Phæd. Elle demanda à ses petits si elle était plus grosse que le bœuf.

Quæritur idemne sit pertinacia et perseverantia. Cic. Il est demandé, on demande si l'opiniâtreté et la persévérance sont la même chose.

Ex me quæsieras nonne putarem... Cic. Vous m'aviez demandé si je ne pensais pas...

Remarques. Dans les exemples des deux règles précédentes, les temps du subjonctif latin se traduisent par les temps correspondants de l'indicatif français.

Le subjonctif n'ayant pas de futur, on y supplée par le participe en *rus, ra, rum* pour l'actif, et en *dus, da, dum* pour le passif avec *sim* ou *fuerim*.

Le participe futur avec *essem* ou *fuissem* se rend par le présent ou le passé du conditionnel.

Le tableau suivant présente toutes les formes que prend le verbe de la proposition subordonnée avec la traduction en regard.

Nescio quid agas,	Je ne sais ce que vous faites.
quid ageres,	ce que vous faisiez.
quid egeris,	ce que vous avez fait.
quid egisses,	ce que vous aviez fait.
quid acturus sis,	ce que vous ferez.
quid acturus fueris,	ce que vous aurez fait.
quid agendum sit,	ce qui devra être fait.
quid agendum fuerit,	ce qui aura dû être fait.
quid acturus esses,	ce que vous feriez.
quid acturus fuisses,	ce que vous auriez fait.
quid agendum esset,	ce qui devrait être fait.
quid agendum fuisset,	ce qui aurait dû être fait.

II. Si le verbe de la proposition subordonnée n'a point de participe futur, on se sert de *futurum sit, esset, fuisset ut* avec le présent ou l'imparfait du subjonctif. Ex. :

Quœro an futurum sit ut diligentius studeas, je demande si vous étudierez mieux (Mot à mot, s'il arrivera que vous étudiiez.)

Nescio an futurum esset ut arbores florerent, je ne sais si les arbres auraient fleuri.

217. Nescio utrùm dormiat an audiat.

Après les verbes *dubitare,* douter; *nescire,* ne pas savoir; *quœrere,* demander; *parùm curare,* se mettre peu en peine; *nihil refert,* il n'importe pas; *quid refert,* qu'importe, etc.; lorsque la phrase subordonnée est composée de deux propositions exprimant une alternative, on met *utrùm* avant la première proposition, et *an* avant la seconde. *Utrùm* se rend par *si, que, de; an* se rend par *ou si, ou de, ou que, ou.* Ex. :

Nescio utrùm dormiat an audiat, je ne sais s'il dort ou s'il écoute.

Nihil meâ refert utrùm sim dives an pauper, il ne m'importe pas, que m'importe que je sois riche ou pauvre, d'être riche ou pauvre.

Parùm curo utrùm me audias an dormias, je me mets peu en peine que vous m'écoutiez ou que vous dormiez.

REMARQUES I. Au lieu de *utrùm*, on peut mettre *ne* après le premier mot de la proposition subordonnée. Ex. :

Nihil meâ refert divesne sim an pauper.

II. On peut n'exprimer ni *utrùm*, ni *ne*, et mettre seulement *an* devant le premier mot de la seconde proposition. Ex. :

Postrema syllaba, brevis an longa sit, in versu non refert. Cic. Il n'importe pas dans un vers que la dernière syllabe soit brève ou longue.

218. Parùm curo utrùm me audias necne.

Lorsque la seconde proposition devrait être conçue dans les mêmes termes que la première avec la négation de plus, cette seconde proposition se sous-entend entièrement, et se représente par *necne* qu'on rend par *ou non*. Ex. :

Parùm curo utrùm me audias necne, je me mets peu en peine que vous m'écoutiez ou non. (*Necne* pour *an non audias me*, ou que vous ne m'écoutiez pas.)

Dubito vigilem necne, je doute si je veille ou non.

CHAPITRE VII. — DES CORRÉLATIFS (1).

§ I. *Phrases comparatives.*

Il sera question dans ce chapitre des verbes de prix, des verbes d'excellence et des verbes ordinaires. On a déjà parlé des verbes de prix (31) : les verbes d'excellence sont ceux qui marquent la supériorité, la préférence, tels que *præstare*, l'emporter ; *excellere*, exceller ; *antecedere*, surpasser, etc. On appelle verbes ordinaires tous les verbes qui ne sont ni des verbes de prix ni des verbes d'excellence.

Dans les phrases comparatives, la proposition subordonnée est presque toujours elliptique ; il faut rétablir les mots sous-entendus pour se rendre compte du cas où se trouvent les mots exprimés.

219. *Magis* pius est *quàm* tu.

Magis, plus, s'emploie devant un adjectif, un adverbe ou un verbe ordinaire ; son corrélatif est *quàm*, que. Ex. :

(1) Cours pratique et théorique de langue latine de M. Lemare.

Magis pius est quàm tu (s. e. *es pius*), il est plus pieux que vous.

Occultæ inimicitiæ magis timendæ sunt quàm apertæ. Cic. Les haines cachées sont plus à craindre que les haines ouvertes.

220. Paulus est *doctior quàm* Petrus.

Le sens de l'antécédent *magis* est renfermé dans le comparatif ; *doctior* est pour *magis doctus*, *doctiùs* pour *magis doctè* ; aussi emploie-t-on *quàm* après le comparatif, en mettant le second terme de la comparaison au même cas que le premier, parce qu'on sous-entend dans la seconde proposition le verbe qui est exprimé dans la première. Ex. :

Paulus est doctior quàm Petrus (s. e. *est doctus*), Paul est plus savant que Pierre.

Neminem novi doctiorem quàm Paulum (*quàm* novi *Paulum* doctum), je ne connais personne plus savant que Paul.

Remarques i. On a déjà vu (41) qu'on peut, après le comparatif, ne point exprimer *quàm* en mettant à l'ablatif le second terme de la comparaison : *Paulus est doctior Petro.*

ii. Les verbes *malle*, aimer mieux ; *præstare*, valoir mieux, renferment en eux-mêmes le sens de l'antécédent *magis*, et sont, comme le comparatif, suivis de *quàm*. Ex. :

Valere malo quàm dives esse. Cic. J'aime mieux me bien porter qu'être riche, je préfère la santé à la richesse.

Accipere quàm facere præstat injuriam. Cic. Il vaut mieux subir l'injustice que la commettre.

221. Felicior est quàm prudentior.

Quand on compare deux adjectifs ou deux adverbes, on exprime toujours *quàm* devant le second adjectif ou le second adverbe qui se met au comparatif comme le premier. Ex. :

Felicior est quàm prudentior, il est plus heureux que plus prudent, il est plus heureux que prudent.

Miserunt ducem audaciorem quàm peritiorem, ils envoyèrent un général plus hardi qu'habile.

Gessit bellum feliciùs quàm prudentiùs, il fit la guerre avec plus de bonheur que de prudence.

222. Id præclarum magis est quàm difficile.

Quand les deux adjectifs ou adverbes comparés sont au positif, on n'exprime *magis* qu'avec le premier adjectif ou le premier adverbe. La phrase latine est alors conforme à la phrase française. Ex. :

Continere omnes cupiditates præclarum magis est quàm difficile. Cic. Réprimer toutes ses passions est plus beau que difficile.

Deum colamus magis piè quàm magnificè, honorons Dieu avec plus de piété que de magnificence.

223. Doctior est quàm putas.

Après un comparatif, si la conjonction *quàm* est suivie d'un verbe, ce verbe se rend par un verbe français, au même mode et au même temps, mais précédé de la particule *ne*. Ex. :

Doctior est quàm putas, il est plus savant que vous *ne* pensez.

224. Major quàm pro numero hominum editur pugna.

Quàm, après le comparatif, annonce toujours une seconde proposition, dont le verbe est exprimé ou sous-entendu. *Petrus est doctior* QUAM *Paulus (est doctus). Doctior est* QUAM *putas.*

Si *pro* suit *quàm*, le verbe de la seconde proposition est sous-entendu, et ce verbe sous-entendu est *videbatur, exspectabatur, opus erat, convenit, decet.* Ex. :

Major quàm pro numero hominum editur pugna, Liv., c'est-à-dire, *pugna major quàm (exspectabatur) pro numero hominum editur.* Liv., un combat plus grand qu'il n'était attendu, eu égard au nombre d'hommes, est livré.

225. Major sum quàm *ut mihi* (ou) *cui* possit fortuna nocere.

Lorsque *quàm* après un comparatif est suivi de *ut* ou d'un pronom relatif, on doit sous-entendre *oportet*, et le verbe qui suit, soit *ut*, soit le pronom relatif qui le remplace, se met au subjonctif. Ex. :

Major sum quàm ut mihi (ou) *quàm cui possit fortunà nocere,* c'est-à-dire *major sum quàm* (oportet) *ut mihi possit fortuna nocere,* je suis plus grand qu'il ne faut pour que la fortune puisse me nuire, je suis trop grand pour que la fortune puisse me nuire.

Cui tient lieu de *ut mihi.*

226. *Eò* modestior est *quò* doctior.

Les formes ablatives *eò* ou *hoc... quò, tantò... quantò,* mettent en rapport deux comparatifs dont chacun marque à quel degré la qualité est portée dans l'autre. Ces corrélatifs se traduisent par *d'autant plus... que, d'autant moins... que.* Ex. :

Eò modestior est quò doctior, il est d'autant plus modeste qu'il est plus savant.

Tantò brevius est tempus quantò felicius est. PLIN. Le temps est d'autant plus court qu'il est plus heureux.

Eò minoris fit quò superbior est, il est d'autant moins estimé qu'il est plus orgueilleux.

REMARQUE. On commence souvent par la proposition subordonnée. *Quo... eò* ou *hoc; quantò... tantò* se rendent alors par *plus, moins,* répétés. Ex. :

Quò doctior, eò modestior est; plus il est savant, plus il est modeste.

Quantò felicius, tantò brevius est tempus; plus le temps est heureux, plus il est court.

Quò superbior est, eò fit minoris; plus il est orgueilleux, moins il est estimé.

227. Id *eò* mirabilius visum est *quòd* à nemine exspectabatur.

Eò, hoc ont pour corrélatif *quòd,* lorsque la proposition subordonnée ne renferme point de comparatif. Ex. :

Id eò mirabilius visum est, quòd à nemine exspectabatur; cela a paru d'autant plus étonnant, que personne ne s'y attendait.

228. *Plus* fortitudinis *quàm* prudentiæ.

Plus, plus, s'emploie devant les verbes ordinaires et devant les noms de choses non susceptibles d'être comptées ; *plures* s'emploie avant les noms pluriels de choses qui se comptent, et *pluris* avant les verbes de prix. Le corrélatif de *plus*, *plures*, *pluris* est toujours *quàm*, que. Ex. :

Plus fortitudinis quàm prudentiæ, plus de courage que de prudence.

Plures urbes quàm vici, plus de villes que de bourgs.

Pluris æstimatur quàm frater, il est plus estimé que son frère.

229. *Minùs* fortitudinis *quàm* prudentiæ.

Minùs s'emploie avant un adjectif, un adverbe, un verbe ordinaire ou un nom de choses non susceptibles d'être comptées ; *pauciores* avant un nom pluriel de choses qui se comptent ; *minoris* avant un verbe de prix. *Minùs*, *minoris*, *pauciores*, moins, ont pour corrélatif *quàm*, que. Ex. :

Minùs fortitudinis quàm prudentiæ, moins de courage que de prudence.

Pauciores urbes quàm vici, moins de villes que de bourgs.

Minoris æstimatur quàm frater, il est moins estimé que son frère.

230. *Tantùm* modestiæ *quantùm* doctrinæ.

Les corrélatifs *tantùm.... quantùm*, autant, aussi.... que, s'emploient avant les verbes ordinaires et les noms de choses non susceptibles d'être comptées. Ex. :

Tantùm modestiæ quantùm doctrinæ, autant de modestie que de science. (On peut dire aussi : *Tanta modestia quanta doctrina*.)

Tantùm te amo quantùm me amas, je vous aime autant que vous m'aimez.

Remarque. L'antécédent *tantùm* se sous-entend quelquefois dans la proposition principale. Ex. :

Crescit amor nummi, quantùm ipsa pecunia crescit. Juv. L'amour de l'argent s'accroît autant que l'argent lui-même.

231. *Tanta* modestia *quanta* doctrina.

Les corrélatifs *tantus*, *a*, *um*... *quantus*, *a*, *um*, aussi grand, si grand... que, se joignent à des substantifs, exprimant des choses qui se peuvent dire grandes. Ex. :

Tanta modestia quanta doctrina, une modestie aussi grande que la science, autant de modestie que de science.

Non tanta est terra quantus sol, la terre n'est pas aussi grande, si grande que le soleil.

REMARQUE. *Tantulus*, *a*, *um*, si petit, a pour corrélatif *quantulus*, *a*, *um*. Ex. :

Hæc schola non tantula est quantula est nostra, cette classe n'est pas aussi petite, si petite que la nôtre.

232. *Tot* fructus *quot* flores.

Les corrélatifs *tot*... *quot*, autant... que, s'emploient avant les noms pluriels de choses qui se comptent. Ex. :

Tot fructus quot flores, autant de fruits que de fleurs.

233. *Tanti* te facio *quanti* me facis.

Les corrélatifs *tanti*.... *quanti* autant... que, s'emploient avant les verbes de prix ou d'estime, et avant *refert*, *interest*. Ex. :

Tanti te facio quanti me facis, je vous estime autant que vous m'estimez.

Tanti tua refert quanti mea, il vous importe autant qu'à moi.

234. *Tantò* illi præstas *quantò* aliis præstat.

Les corrélatifs *tantò*... *quantò*, autant... que, s'emploient avant les verbes d'excellence. Ex. :

Tantò illi præstas quantò aliis præstat, vous l'emportez autant sur lui qu'il l'emporte sur les autres.

REMARQUES. 1. Outre *tantò* et *quantò*, on emploie encore adverbialement, avant les verbes d'excellence et avant les comparatifs, les formes ablatives *multò* et *paulò*. Ex. :

Multò ou *longè præstat aliis*, il l'emporte de beaucoup sur les autres.

Multò ou *longè doctior*, beaucoup plus savant. — *Paulò doctior*, un peu plus savant. — *Quantò doctior*, combien plus savant.

II. La même forme ablative s'emploie avant les adverbes *antè* et *post*. Ex. :

Multò antè, beaucoup ou bien auparavant. — *Paulò post*, peu après.

235. *Tàm* prudens est *quàm* fortis.

Les corrélatifs *tàm... quàm*, aussi, autant... que, s'emploient avant les adjectifs, les adverbes et les verbes ordinaires. Ex. :

Tàm prudens est quàm fortis, il est aussi prudent que brave.

Tàm offendit rusticitas quàm delectat urbanitas, la grossièreté nous choque autant que la politesse nous plaît.

236. *Quantùm* doctrinæ, *tantùm* modestiæ.

Les corrélatifs *quantùm, quanti, quantò, quàm, quot*, précèdent quelquefois leurs antécédens *tantùm, tanti, tantò, tàm, tot*. La proposition subordonnée précède alors la principale, et les corrélatifs, ainsi que leurs antécédents, se rendent en français par *autant* répété. Ex. :

In eo adolescente quantùm doctrinæ, tantùm modestiæ inerat; autant ce jeune homme avait de science, autant il avait de modestie.

Quanti me facis, tanti te facio, autant vous m'estimez, autant je vous estime.

Quot homines, tot sententiæ. TER. Autant d'hommes, autant d'avis.

Quantò aliis præstat, tantò illi præstas, autant il l'emporte sur les autres, autant vous l'emportez sur lui.

Quàm delectat urbanitas, tàm offendit rusticitas, autant la politesse plaît, autant la grossièreté déplaît.

237. Non sum talis qualis tu. Non is sum qui tu.

Au lieu des corrélatifs *talis... qualis*, tel .. que, on se sert souvent de *is... qui*, qu'on traduit de la même manière. Ex. :

Non sum talis qualis tu (s. e. *es*), je ne suis pas tel que vous êtes, je ne suis pas tel que vous.

Non is sum qui tu (s. e. *es*), je ne suis celui lequel vous êtes, je ne suis pas tel que vous.

Non is est quem putas (s. e. *eum esse*), il n'est pas celui lequel vous pensez lui être, il n'est pas tel que vous pensez.

238. Qualis pater est, talis filius.

Qualis et *qui* précèdent quelquefois leurs antécédens *talis* et *is*. La proposition subordonnée précède alors la principale, et l'on traduit *qualis... talis*, *qui... is* par *tel* répété. Ex. :

Qualis pater est, talis filius, ou *qui pater est, is est filius*, tel père, tel fils.

239. Non idem es erga me qui fuisti olim.

Qui, quæ, quod ayant pour antécédent *idem, eadem, idem*, le même, se rend en français par la conjonction *que*. Ex. :

Non idem es erga me, qui fuisti olim, vous n'êtes pas le même à mon égard lequel vous avez été, que vous avez été autrefois.

Iisdem libris utor quibus tu (s. e. *uteris*), je me sers des mêmes livres dont vous vous servez, je me sers des mêmes livres que vous.

§ II. *Phrases non comparatives.*

240. Estne tibi *tantùm* otii *ut* fabulas legas?

Lorsqu'il n'y a point de comparaison, *tantùm, tanti, tan'ò, tantus, a, um, tantulus, a, um, tot, tam* et ses synonymes *adeò, ità*, ont pour corrélatif *ut* suivi du subjonctif, et se rendent en français par *tant... que, si* ou *tellement... que*. Ex. :

Estne tantùm otii ut fabulas etiam legas? Avez-vous

tant de loisir que vous lisiez... assez de loisir pour lire même des fables?

Tanti facio virtutem ut eam thesauris omnibus anteponam, j'estime tant la vertu que je la préfère à tous les trésors.

Non tanti fit ut ei confidam, il n'est pas si estimé que je me fie à lui, il n'est pas assez estimé pour que je me fie à lui.

Tanta est bonitas Dei ut nos amet, la bonté de Dieu est si grande qu'il nous aime.

Stella hæc tantula est ut perspici non queat, cette étoile est si petite qu'on ne peut la voir.

Tot plagas accepit ut mortuus est, il a reçu tant de coups qu'il en est mort.

Non sum tam insolens ut regem esse me putem. Cic. Je ne suis pas si insolent que je me croie roi, assez insolent pour me croire roi. On peut dire aussi : *Non sum tam insolens qui regem esse me putem.* (Voy. 179, 183.).

Eo nuntio tam (*ità* ou *adeò*) *perculsus fuit, ut mortuus sit*, il a été si frappé de cette nouvelle qu'il en est mort.

241. Debet *ea* esse liberalitas *ut* nemini noceat.

S'il n'y a point de comparaison, *talis* ou *is*, tel, a pour corrélatif *ut*, que, suivi du subjonctif. Ex. :

Debet ea esse liberalitas ut nemini noceat. Cic. La libéralité doit être telle qu'elle ne nuise à personne.

Ea vis est probitatis ut illam vel in hoste diligamus. Cic. La force de la vertu est telle, que nous l'aimons même dans un ennemi.

Remarque. *Eò*, à un tel point, a pour corrélatif *ut*, que, suivi du subjonctif. Ex. :
Eò mores sunt redacti, ut paupertas probro sit, contempta divitibus, invisa pauperibus. Sen. Les mœurs en sont venues à un tel point que, au point que, la pauvreté, méprisée des riches, haïe des pauvres, est regardée comme un opprobre.

242. *Ea* gessi *quæ* me mortuo vivant.

Au lieu de *ut* après *talis* ou *is*, on emploie fréquemment *qui*, *quæ*, *quod* avec le subjonctif. Ex. :

Ea gessi quæ me mortuo vivant. Cic. (*quæ* tient lieu de *ut ea.*) J'ai fait des actions telles qu'elles vivront, j'ai fait des actions qui vivront après ma mort.

Parricidium facinus est ejusmodi quo uno scelera omnia complexa esse videantur. Cic. (*quo uno* pour *ut in unc facinore.*) Le parricide est un crime de telle sorte qu'il semble renfermer en lui tous les autres ; le parricide est un crime qui semble renfermer, etc.

Innocentia talis est animi quæ noceat nemini. Cic. L'innocence est une disposition de l'âme telle qu'elle ne nuise à personne, l'innocence est une disposition de l'âme qui la porte à ne nuire à personne.

243. Non *alius* est *quàm* erat olim.

Alius, autre ; *aliter*, autrement, ont pour corrélatifs *quàm, ac* ou *atque*, que. Ex. :

Non alius est quàm erat olim, il n'est pas autre qu'il était autrefois.

Aliter loquitur ac ou *atque sentit*, il parle autrement qu'il ne pense.

Remarques. i. Au lieu de *quàm, ac, atque*, on répète quelquefois *alius, aliter* dans la proposition subordonnée. Ex. :

Turpe est aliud loqui, aliud sentire. Sen. Il est honteux de parler autrement qu'on ne pense ; littéralement, il est honteux de dire autre chose, de penser autre chose.

Aliter cum tyranno, aliter cum amico vivitur. Cic. On vit autrement avec un tyran qu'avec un ami.

ii. *Quivis alius, longè alius, longè aliter*, se traduisent par *tout autre, tout autrement*, et ont pour corrélatifs *ac, atque*. Ex. :

Quivis alius populus ac romanus despondisset animum, tout autre peuple que le peuple romain eût perdu courage.

Longè alius es atque eras, vous êtes tout autre que vous n'étiez.

CHAPITRE VIII. — *De* QUICUNQUE, QUANTUSCUNQUE, QUANTUMVIS, *etc.*

La proposition subordonnée se lie à la principale par certains mots qui se rendent en français par *quel... que, quelque... que.* Les règles suivantes les feront connaître.

244. *Quicunque* is est, ei me profiteor inimicum.

Quicunque, *quisquis*, *quilibet*, quel que, sont toujours suivis de l'indicatif. Ex. :

Quicunque is est, ei me profiteor inimicum; quel qu'il soit, je me déclare son ennemi.

245. *Utracunque* pars vicerit, perituri sumus.

Utercunque s'emploie lorsqu'il n'est question que de deux. Ex. :

Utracunque pars vicerit perituri sumus, qui que ce soit des deux partis qui remporte la victoire, nous périrons.

246. *Quodcunque* consilium capias, res malè cedet.

Quicunque, ou *qualiscunque*, se joint à un substantif qui n'est point un nom de choses qui se comptent; *quotcunque* ou *quantumvis multi, æ, a,* se joint à un nom de choses qui se comptent. Le verbe se met toujours au subjonctif. Ex. :

Quodcumque consilium capias, res malè cedet, quelque parti que vous preniez, l'affaire ne réussira pas.

Quotcunque ou *quantumvis multa apud ingratum officia ponas, numquàm satis multa conferes*, quelques services que vous rendiez à un ingrat, vous ne lui en rendrez jamais assez.

247. *Quantacunque* sit ejus memoria...

On emploie *quantuscunque* lorsque la chose dont on parle peut se dire grande ou de longue durée, et *quantuluscunque*, si la chose peut se dire petite ou de courte durée. Le verbe se met toujours au subjonctif. Ex. :

Quantacunque sit ejus memoria, multa tamen obliviscitur, quelle que soit sa mémoire, il oublie cependant bien des choses.

Quanticunque sint reges..., quelque grands que soient les rois...

248. *Quantumvis* sit doctus...

On emploie devant un adjectif ou un adverbe *quantumvis*, quelque... que, et *quanticunque* devant le participe d'un verbe de prix. Le verbe se met toujours au subjonctif. Ex. :

Quantumvis sit doctus, multa tamen ignorat; quelque savant qu'il soit, il ignore cependant bien des choses.

Quanticunque sit æstimanda virtus..., quelque estimable que soit la vertu.

CHAPITRE IX. — SUBJONCTIF APRÈS QUI, QUÆ, QUOD.

249. Ennius non censet lugendam esse mortem quam immortalitas *consequatur.*

On emploie le subjonctif après le relatif *qui, quæ, quod,* quand la proposition à la tête de laquelle il est, dépend, 1°. d'une proposition infinitive ; 2°. d'une proposition dont le verbe est déjà au subjonctif ; 3°. d'une proposition interrogative.

On n'emploie toutefois le subjonctif dans ces trois cas que si l'action du verbe est représentée comme incertaine, douteuse, possible. Si, au contraire, on veut l'affirmer comme certaine et positive, on emploie l'indicatif. Ex. :

Ennius censet non lugendam esse mortem quam immortalitas consequatur. Cic. Ennius pense qu'il ne faut pas déplorer une mort que doit suivre l'immortalité.

Omnis virtus facit ut eos diligamus in quibus ipsa inesse videatur. Cic. Toute vertu nous fait aimer ceux en qui nous croyons la découvrir.

Quæ latebra est in quam non intret metus mortis? Sen. Quel est l'antre caché où ne pénètre la crainte de la mort?

Æquum est filium habere bona quæ possedit pater. Plaut. Il est juste que le fils jouisse des biens que le père a possédés.

Asia tam fertilis est, ut multitudine earum rerum, quæ exportantur, facilè omnibus terris antecellat. Cic. L'Asie est si fertile, que, par la multitude des denrées qui s'en exportent, elle est infiniment au-dessus de toutes les autres provinces.

250. Nihil est quod Deus efficere non *possit*.

Le pronom relatif se construit avec le subjonctif quand il a pour antécédent *nemo*, *nihil*, ou un substantif joint à l'adjectif *nullus*. Ex. :

Nihil est quod Deus efficere non possit. Cic. Il n'y a rien que Dieu ne puisse faire.

Nullum est animal præter hominem, quod habeat notitiam aliquam Dei. Cic. Il n'y a aucun animal, excepté l'homme, qui ait quelque connaissance de Dieu.

251. Est quod *gaudeas*.

Quod, complément de la proposition *propter* sous-entendue, se construit avec le subjonctif. Ex. :

Est quod gaudeas, c'est-à-dire, *aliquid est propter quod gaudeas*, quelque chose est à cause de quoi tu te réjouisses, tu as lieu de te réjouir.

Nihil est quod pocula laudes. Virg. Il n'y a pas lieu de vanter tes coupes.

252. Caninius fuit mirificâ vigilantiâ, qui suo toto consulatu somnum non *viderit*.

Qui, *quæ*, *quod* se construit avec le subjonctif quand il tient la place d'une des conjonctions *cùm*, *quia*, *quanquàm*, *quòd*, et d'un pronom. Ex. :

Caninius fuit mirificâ vigilantiâ, qui suo toto consulatu somnum non viderit. Cic. (*qui* pour *cùm is*). Caninius fut d'une merveilleuse vigilance, puisque, pendant toute la durée de son consulat, il n'a pas dormi.

Vehementer Syllam probo, qui tribunis plebis suâ lege injuriæ faciendæ potestatem ademerit, auxilii ferendi reliquerit. Cic. (*qui* pour *quòd is*). J'approuve fort Sylla de ce qu'il a ôté, d'avoir ôté aux tribuns du peuple, par sa loi, le pouvoir de nuire, et de leur avoir laissé celui de secourir.

253. Adulator non facilè agnoscitur, *quippè qui* etiam adversando sæpè *assentiatur*.

Qui, *quæ*, *quod*, précédé de *quippè*, se construit avec le subjonctif. Ex. :

Adulator non facilè agnoscitur, quippè qui etiam adversando sæpè assentiatur. Cic. Un flatteur n'est pas facilement reconnu, car souvent, même en vous contredisant, il se range de votre avis.

Remarque. Pour les autres cas où *qui*, *quæ*, *quod* est suivi du subjonctif, voyez règ. 179, 183, 240, 242, 355.

10*

LIVRE QUATRIÈME.

IDIOTISMES.

CHAPITRE I. — SUBSTANTIFS.

254. Frequens fuit Platonis *auditor*.

Les Latins emploient très-fréquemment le singulier au lieu du pluriel. Il faut le traduire par le pluriel. Ex. :

Frequens fuit Platonis auditor. Cic. Les disciples de Platon furent nombreux.

Villa abundat porco, *hædo*, *agno*. Cic. Une maison de campagne est approvisionnée de porcs, de chevreaux, da'gneaux.

CHAPITRE II. — ADJECTIFS ET PRONOMS.

Comparatif.

255. Senectus est naturâ *loquacior*.

Le comparatif s'emploie fréquemment sans complément et se rend en français par le superlatif ou par le positif précédé de *trop*. On doit sous-entendre *æquo* (1). Ex. :

Senectus est naturâ loquacior. Cic. c'est-à-dire *senectus est loquacior æquo*, la vieillesse est naturellement plus causeuse que le juste, qu'il n'est juste, est très-causeuse.

Vespasianus pecuniæ avidior fuit. Eut. Vespasien fut trop avide d'argent.

(1) On trouve dans Salluste *gravius æquo* ; et Horace a dit : *Plus æquo liber*, ce qui a exactement le même sens que *liberior* ; l'ellipse de *æquo* est donc bien indiquée.

Superlatif.

256. Adhibuit *quàm plurimam* potuit diligentiam.

On met quelquefois *quàm* devant le superlatif, et on exprime ou on sous-entend après lui un temps du verbe *possum* Ex. :

Adhibuit quàm plurimam potuit diligentiam, ou *quàm plurimùm potuit diligentiæ*, il a employé le plus de diligence qu'il a pu.

Adhibuit quàm minimam potuit diligentiam, ou *quàm minimùm potuit diligentiæ*, il a employé le moins de diligence qu'il a pu.

Quàm plurimos potuit libros legit, il a lu le plus de livres qu'il a pu.

Quàm paucissimos potuit libros legit, il a lu le moins de livres qu'il a pu.

Esto quàm facillimus (s. e. *poteris esse*), soyez le plus indulgent que vous pourrez.

Esto quàm minimè facilis (s. e. *poteris esse*), soyez le moins indulgent que vous pourrez.

REMARQUE Au lieu de *quàm*, on emploie quelquefois *quantus*, *a*, *um*. Ex. :

Quantá maximá celeritate potuit. CURT. Avec la plus grande diligence qu'il put.

257. *Optimus quisque* illi favet.

Quisque s'ajoute à un superlatif sans complément, qu'on rend en français par le superlatif relatif au pluriel. *Quisque* ne se traduit pas. Ex. :

Optimus quisque illi favet, (s. e. *homo*), les plus honnêtes gens le favorisent, mot à mot, tout homme très-bon le favorise.

Quæque periculosissima, (s. e. *negotia*), les choses les plus périlleuses.

Veterrimæ quæque amicitiæ esse debent suavissimæ. CIC. Les amitiés les plus anciennes sont aussi les plus douces.

Adjectifs numéraux.

258. *Quinto quoque* anno Siciliam censor censet.

Quisque se joint au nombre ordinal, et le suit toujours. Ex. :
Quinto quoque anno Siciliam censor censet. Cic. Tous les
cinq ans le censeur fait le dénombrement de la Sicile.

259. A te *sexcentas* epistolas accepi.

Sexcenti, æ, a, six cents, se met pour un nombre indéter-
miné et se traduit par *mille.* Ex. :
*Venio ad epistolas tuas, quas ego sexcentas uno tempore ac-
cepi.* Cic. J'en viens à vos lettres, que j'ai reçues par mille dans
un même temps.

Mei, tui, sui, nostrî, vestrî.

260. Pars *tui* melior immortalis est.

Mei, tui, sui, nostrî, vestrî, pronoms personnels au génitif, n'ont rien de commun que la forme avec *mei, tui,
sui, nostri, vestri,* génitifs des adjectifs possessifs *meus,
tuus, suus, noster, vester.* Ex. :
Pars tui melior immortalis est. Sen La meilleure partie
de toi est immortelle.

Remarque. On ne se sert de *nostrî, vestrî,* qu'après un verbe
ou après un nom qui n'est pas partitif. *Miserere nostrî,* ayez
pitié de nous; *memoria nostrî,* la mémoire, le souvenir de
nous. Mais on dira : *quis nostrûm?* qui de nous? *unusquisque
vestrûm,* chacun de vous, parce que *quis* et *unusquisque* sont
des noms partitifs.

261. Superbus *se* laudat.

Le pronom réfléchi ou réciproque *sui, sibi, se* se rapporte au sujet de la proposition. Ex. :
Superbus se laudat, l'orgueilleux se loue.
Hannibal Alpes sibi patefecit. Liv. Annibal s'est ouvert
la route des Alpes.

262. Sylla *se* cremari post mortem voluit.

Le pronom *sui, sibi, se,* employé comme sujet ou
comme complément dans une proposition subordonnée,

infinitive, se rapporte toujours au sujet de la proposition principale, et se traduit par *il, elle, le, la, les, lui, leur*. Ex. :

Sylla se cremari post mortem voluit. Sen. Sylla voulut, soi être brûlé, qu'on *le* brûlât après la mort.

Hostes fatentur bellum sibi mali plurimùm intulisse, les ennemis avouent que la guerre *leur* a causé beaucoup de mal.

Datames audit Pisidas quasdam copias adversùs se parare. Nep. Datame apprend que les Pisidiens rassemblent quelques troupes contre *lui*.

Xerxes se à Themistocle non superatum, sed conservatum judicavit. Nep. Xerxès jugea qu'*il* avait été non vaincu, mais conservé par Thémistocle.

Remarque. Toutes les fois que le sujet ou le complément de la proposition infinitive est un pronom qui ne se rapporte pas au sujet de la proposition principale, on se sert, au lieu de *suî, sibi, se*, des pronoms *is, ille, hic*. Ex. :
Credo illum mentitum fuisse, je crois qu'*il* a menti.

263. Herculi Eurystheus rex imperavit ut arma reginæ Amazonum *sibi* afferret.

Souvent, mais seulement lorsqu'il n'en peut résulter aucune ambiguïté, les Latins emploient dans une proposition subordonnée directe le pronom *suî, sibi, se*, en le faisant rapporter, non au sujet de cette proposition subordonnée, mais au sujet de la proposition principale. S'il y a à craindre quelque amphibologie, ils se servent d'*ipse, a, um*. Ex. :

Herculi Eurystheus rex imperavit ut arma reginæ Amazonum sibi *afferret.* Just. Le roi Eurysthée ordonna à Hercule de lui apporter les armes de la reine des Amazones.

Sibi se rapporte, non au sujet de la proposition subordonnée *Hercules* sous-entendu, mais au sujet de la proposition principale *Eurystheus*; le sens indique assez clairement que c'est à Eurysthée, et non à lui-même qu'Hercule doit apporter les armes.

Jugurtha legatos ad consulem mittit, qui ipsi, *liberisque vitam peterent.* Sall. Jugurtha envoie des ambassadeurs au consul, pour le prier d'accorder la vie à lui et à ses enfans.

Si dans cet exemple l'on avait mis *sibi* au lieu d'*ipsi*, on n'aurait pas su si l'on devait rapporter ce pronom au sujet de la proposition principale *Jugurtha*, ou au sujet de la proposition subordonnée *qui*, c'est-à-dire *legati*.

Adjectifs possessifs.

264. Pater amat *suos* liberos.

Suus, a, um, son, sa, ses, leur, leurs, se rapporte au sujet de la proposition dans laquelle il se trouve. Ex. :

Pater amat suos liberos, un père aime ses enfans.

Romani domos suas gloriâ decorabant, les Romains décoraient leurs maisons par la gloire.

265. *Sua eum* commendat modestia.

Suus, a, um, se rapporte au complément direct ou indirect de la proposition dans laquelle il se trouve. Ex. :

Sua eum commendat modestia, sa modestie le rend recommandable.

Suum Cæsari gladium restitui, j'ai rendu à César son épée.

Avidum sæpè sua deludit aviditas, son avidité trompe souvent l'avide, l'avide est souvent trompé par son avidité.

Sua cuique mos est. Ter. Chacun a ses habitudes. (*Quisque* suit toujours l'adjectif possessif.)

Remarque. Lorsque le complément du verbe en latin peut devenir, en français, au moyen de la préposition *de*, le complément du sujet, on ne rend point *suus, a, um,* et le complément s'exprime par les pronoms *le, la, les.* Ex. :

Sui Hannibalem cives è civitate ejecerunt. Cic. mot à mot, ses concitoyens chassèrent Annibal de la république, les concitoyens d'Annibal le chassèrent de la république.

266. Philosophum Aristippum rogavit pater-familiâs ut filium *suum* susciperet erudiendum.

De même que *suî*, *sibi*, *se*, l'adjectif *suus*, *a*, *um*, lorsqu'il ne peut y avoir d'ambiguïté à craindre, s'emploie dans une proposition subordonnée, bien qu'il se rapporte, non au sujet de cette proposition subordonnée, mais au sujet de la proposition principale.

Si de l'emploi de *suus*, *a*, *um*, devait résulter quelque amphibologie, on se servirait d'*ipsius*, *ipsorum*, etc. Exemples :

Philosophum Aristippum rogavit pater-familiâs ut filium suum susciperet erudiendum. Un père de famille pria le philosophe Aristippe de se charger de l'éducation de son fils.

L'emploi de *suum* ne donne lieu ici à aucune équivoque, parce que le sens fait bien voir que c'est du fils du père de famille qu'il s'agit.

Nabarzanes et Bessus Artabazum orabant, ut causam ipsorum tueretur, Nabarzane et Bessus priaient Artabaze de défendre leur cause.

Si on avait mis *suam*, on n'aurait pas su de quelle cause il s'agissait, de celle de Nabarzane et de Bessus, ou de celle d'Artabaze.

267. *Ejus* indoles est optima.

Dans les autres cas où nous employons les adjectifs possessifs *son*, *sa*, *ses*, *leur*, *leurs*, les Latins se servent du génitif des pronoms *ille*, *is*. (1). Ex. :

Ejus indoles est optima, son caractère est excellent, m. à m. le caractère de lui.

(1) La meilleure règle à donner sur l'emploi des mots réciproques, et la seule qu'aient suivie les auteurs, c'est d'éviter toute obscurité.

On trouve *ille*, *ipse*, *is* dans des cas où l'on pourrait également employer *se*, et *se* dans d'autres où *ille*, *ipse*, *is*, conviendraient tout aussi bien. Cicéron a dit : *Est verò fortunatus ille, cujus ex salute non minor penè ad omnes, quàm ad* ILLUM *ventura sit, lætitia pervenerit.* Il eût pu dire *ad se.* — Le même auteur a dit : *Medeam prædicant in fugâ fratris sui.*

Pater amat suos liberos , at eorum vitia odit, un père
aime ses enfans, mais il n'aime pas leurs défauts.

268. In philosophiæ studio *ætatem* consumpsi.

Les adjectifs possessifs ne s'expriment pas en latin lorsqu'ils
peuvent être facilement suppléés. Ex. :

In philosophiæ studio ætatem consumpsi. Cic. J'ai passé *ma* vie
dans l'étude de la philosophie.

Manlius virtutem filii morte mulctavit. Quint. Manlius punit
de mort la valeur de *son* fils.

269. Respublica meâ *unius* operâ est liberata.

Les adjectifs possessifs *meus, tuus, suus, noster, vester,* joints
à un substantif, sont élégamment suivis d'un adjectif ou d'un
participe au génitif. La syllepse, figure qui consiste à faire la
construction, non selon les mots, mais d'après le sens, justifiera
cette locution. L'esprit doit voir dans les adjectifs possessifs
meus, tuus, suus, etc., l'équivalent des génitifs *mei, tui,
sui,* etc., avec lesquels s'accorde l'adjectif ou le participe. Ex :

Respublica meâ unius operâ est liberata. Cic. La république
a été délivrée par l'œuvre de moi seul, la république dut à moi
seul son salut.

On peut encore expliquer par l'ellipse cette façon de parler :
Respublica est liberata operâ meâ (quæ est opera mei) unius.

Ipse.

270. Te *ipse* laudas.

Si *ipse* peut se rapporter au nominatif du verbe, on doit
le mettre au nominatif, à quelque cas que soit le pronom auquel il est joint. Ex. :

Te ipse laudas, c'est-à-dire *tu ipse laudas te*, toi-même
te loues, tu te loues toi-même.

Mater Darii regis mortem sibi ipsa conscivit. Just. La
mère du roi Darius se donna à elle-même la mort.

membra in iis locis, quà SE *parens persequeretur, dissipavisse.* Il eût pu
dire *eam.*

Sui et *suus,* étant de la troisième personne, ne peuvent jamais causer d'é-
quivoque quand ils sont dans une proposition dont le verbe est de la première ou de la deuxième personne. *Hæc propterea de me dixi ut mihi Tu-
bero, cùm de* SE *eadem dicerem, ignosceret.* Cic. — Il est bien évident
que *se* ne peut se rapporter qu'à Tubéron. On eût pu dire aussi bien : *de
ipso.* — On peut dire également : *Cepisti columbam in nido* suo, et *cepisti
columbam in nido ejus.*

Qui, quæ, quod.

271. Cupiditates. sunt insatiabiles : *quæ* non modò singulos homines, sed universas familias evertunt.

Le relatif *qui*, *quæ*, *quod*, s'emploie souvent au lieu des pronoms *hic*, *is*, *ille;* il doit toujours commencer la phrase. Exemple :

Cupiditates sunt insatiabiles : quæ non modò singulos homines, sed universas familias evertunt. Cic. Les passions sont insatiables : elles renversent non-seulement les individus, mais encore les familles.

272. Lacedæmonii Agin regem, *quod* nunquàm anteà apud eos acciderat, necaverunt.

Quod, id quod, quæ res, ce qui, ce que, se rapportent à toute une proposition. Ex. :

Lacedæmonii Agin regem, quod nunquàm anteà apud eos acciderat, necaverunt. Cic. Les Lacédémoniens firent mourir leur roi Agis, ce qu'on n'avait pas encore vu chez eux.

Multæ civitates à Cyro defecerunt ; quæ res multorum bellorum causa fuit. Just. Un grand nombre quittèrent le parti de Cyrus, ce qui fut la cause de beaucoup de guerres.

Dualité. (*Voy*. 245.)

273. *Uter* est doctior, tune an frater ?

Uter ? lequel des deux ? qui ? s'emploie lorsqu'il n'est question que de deux; *quis ?* qui ? lequel ? lorsqu'il est question de plus de deux. Ex. :

Uter est doctior, tune an frater ? Qui est le plus savant de vous ou de votre frère ?

Quis nostrûm omnibus horis sapit ? Qui de nous est sage à toute heure ?

274. *Prior* ridebat, *posterior* flebat.

Prior, le premier, *posterior,* le second, s'emploient lorsqu'il n'est question que de deux objets ; au lieu de *prior, posterior,* on répète *alter.* Ex. :

Prior semper ridebat, posterior indesinenter flebat, le premier riait toujours, le second pleurait sans cesse.

Cæsar dando, sublevando, ignoscendo; Cato nihil largiendo gloriam adeptus est. In altero miseris perfugium erat, in altero malis pernicies. SALL. César acquit de la gloire en donnant, en soulageant, en pardonnant; Caton en refusant. Le premier était le refuge des malheureux, le second le fléau des méchants.

REMARQUE. Si on parle de plus de deux, on se sert de *primus, secundus.*

Alius, a , ud; uter, tra, um, *répétés.*

275. *Alii* ludunt, cantant *alii.*

Alius, a, ud, répété dans deux propositions différentes, s'emploie quand on parle de plus de deux, et se rend par *l'un, l'autre; les uns, les autres.* Quand on ne parle que de deux, on emploie *unus, alter*, ou *alter* répété, qu'on traduit par *l'un, l'autre.* Ex. :

Alii ludunt, cantant alii, les uns jouent, les autres chantent.

Alter ou *unus ait, negat alter*, l'un dit oui, l'autre dit non.

276. *Alii aliis* rebus delectantur.

Quand *alius, a, ud* est répété à différens cas dans une même proposition, on le traduit de manière à faire en français deux propositions de ce qui n'en fait qu'une dans le latin. On répète avec *alius* un de ses dérivés adverbes *aliò, aliàs, aliter.* Ex. :

Alii aliis rebus delectantur, les uns aiment une chose, les autres une autre, littéralement, autres personnes aiment autres choses.

Alii aliò dilapsi sunt, les uns s'en allèrent d'un côté, les autres d'un autre.

277. Quære *uter utri* insidias fecerit.

Uter se répète à différens cas dans une même proposition, et se traduit par *lequel des deux... l'autre.* Ex. :

Quære uter utri insidias fecerit, examinez lequel des deux a dressé des embûches à l'autre.

Hic, ille.

278. Avaritia pejor est inopiâ : *huic* multa desunt, *illi* omnia.

Hic, celui-ci, se rapporte au dernier nom exprimé ; *ille,* celui-là, au premier. Ex :

Avaritia pejor est inopiâ : huic multa desunt, illi omnia. L'avarice est pire que la pauvreté : beaucoup de choses manquent à celle-ci, tout manque à celle-là.

Adjectif joint à un verbe.

279. Redit *acrior* ad pugnam.

L'adjectif joint à un verbe tient la place d'un adverbe ou est l'attribut d'une proposition dont les autres termes sont sous-entendus. Cette construction est très-fréquente chez les poëtes. Ex. :

Redit acrior ad pugnam. Virg. c'est-à-dire *acriùs*, il retourne avec plus d'ardeur au combat.

Fertè citi ferrum. Virg. (*Citi* pour *citò*.) Portez vite des armes.

Socrates venenum lœtus hausit. Sen. (*Lœtus* pour *lœtè*.) Socrate avala le poison avec joie.

Didicêre imberbes. Hor. c'est-à-dire *dùm essent imberbes*, ils ont appris pendant qu'ils étaient jeunes, dans leur jeunesse.

Quis pour aliquis.

280. Si *quis* te interroget.

Quis se met pour *aliquis*, *quid* pour *aliquid*, après *si*, *ne*, *nùm*, *quò*. De même *quò*, *quandò* pour *aliquò*, *aliquandò*. Ex. :

Si quis te interroget, si quelqu'un te demande.

Decrevit senatus, ut consul videret, ne quid respublica detrimenti caperet. Cic. Le sénat chargea le consul de pourvoir à ce que la république n'éprouvât aucun dommage.

Si quandò, si quelque jour. — *Ne quandò,* de peur qu'un jour.

281. Quidquid honestum est, *idem* est utile.

Idem, *et ipse* se mettent élégamment au lieu de *etiam*, aussi. Ex. :

Quidquid honestum est, idem est utile. Cic. Tout ce qui est honnête est aussi utile.

Darius cùm vinci suos videret, mori voluit et ipse. Just. Darius, voyant les siens vaincus, voulut mourir aussi.

282. Deplorant vitam multi *et ii* docti.

Et is, idemque, se mettent élégamment au lieu de *et quidem*, et même. Ex. :

Deplorant vitam multi et ii docti. Cic. Beaucoup de gens, et même des gens éclairés, déprécient la vie.

Quidam multam operam in res obscuras atque difficiles conferunt, easdem non necessarias. Cic. Quelques-uns donnent trop d'application à des choses obscures, difficiles, et qui ne sont même d'aucune nécessité.

CHAPITRE III. — Verbes.

283. Hunc librum de senectute *misimus*.

Les Latins, en parlant d'eux-mêmes, emploient fréquemment la première personne du pluriel au lieu de la première personne du singulier. Ex. :

Hunc librum de senectute misimus. Cic. Je vous ai envoyé ce livre sur la vieillesse.

284. Pisidas resistentes Datames *invadit*.

En latin comme en français, le présent s'emploie au lieu du parfait pour rendre la narration plus vive, plus animée. Ex. :

Pisidas resistentes Datames invadit, primo impetu pellit, fugientes persequitur, multos interficit, castra hostium capit. Nep. Datame se jette sur les Pisidiens qui résistaient; il les dissipe du premier choc, poursuit les fuyards, en tue un grand nombre et se rend maître de leur camp.

285. Volumnia *debuit* in te officiosior esse, quàm fuit.

Les Latins emploient assez fréquemment le parfait de l'indicatif au lieu du plus-que-parfait du subjonctif. Ex. :
Volumnia debuit in te officiosior esse quàm fuit Cic. Volumnia aurait dû être plus obligeante pour vous qu'elle ne l'a été.

286. Populus romanus *redierat....* nisi....

Les Latins se servent quelquefois du plus-que-parfait de l'indicatif au lieu du plusque-parfait du subjonctif. Ex. :
Populus romanus redierat in statum pristinæ libertatis, nisi aut Pompeius liberos, aut Cæsar hæredem reliquisset. Flor. Le peuple romain aurait recouvré son ancienne liberté si Pompée n'eût point laissé d'enfants ou César d'héritier.

287. *Valebis,* meaque negotia *videbis.*

Le futur absolu a quelquefois le sens et la force de l'impératif. Ex. :
Valebis, meaque negotia videbis. Cic. Portez vous bien et prenez soin de mes affaires.

288. Quem non gloria excitat, nequicquam *hortere.*

Les Latins emploient quelquefois, au lieu du futur de l'inditif, le présent du subjonctif. Ex. :
Quem neque gloria, neque pericula excitant, nequicquam hortere. Sall. Vous exhorterez en vain celui que n'excitent ni la gloire, ni les dangers.

289. In publica commoda *peccem,* si longo sermone *morer* tua tempora.

Les Latins emploient très-souvent le présent du subjonctif au lieu de l'imparfait, et surtout avec les verbes *velle, nolle.* Ex. :
In publica commoda peccem, si longo sermone morer tua tempora. Hor. Je me rendrais coupable envers les intérêts publics, si j'abusais de vos moments par un long discours.
Scire velim. Cic. Je voudrais savoir.

290. Quod tibi fieri non vis, alteri ne *feceris.*

Les Latins emploient quelquefois le parfait du subjonctif au lieu du présent du subjonctif ou de l'impératif. Ex. :

Quod tibi fieri non vis, alteri ne feceris (feceris pour *facias* ou *fac)*, ne fais point à un autre ce que tu ne veux pas qu'on te fasse.

CHAPITRE IV. — PARTICIPES.

Les Latins emploient le participe dans différens cas où le génie de la langue française ne permet pas de traduire le participe littéralement, et oblige de prendre un autre tour.

291. Homerus fuit et Hesiodus ante Romam *conditam.*

Le participe latin se traduit quelquefois par un substantif. Ex. :

Homerus fuit et Hesiodus ante Romam conditam. Cic. Homère et Hésiode existèrent avant Rome fondée, avant la fondation de Rome.

Ab urbe conditâ, depuis la fondation de Rome.

Angebant Amilcarem Sicilia Sardiniaque amissæ. Liv. La perte de la Sardaigne et de la Sicile tourmentait Amilcar.

Eos fugientes persequitur, il les poursuit dans leur fuite.

292. Vidi eum *ingredientem.*

Le participe présent, après les verbes *videre*, voir ; *audire*, entendre, écouter, etc., se rend en français par l'infinitif présent. Ex. :

Vidi eum ingredientem, je l'ai vu entrant, je l'ai vu entrer.

Illum loquentem audies, vous l'entendrez parler.

293. Te unum *monitum* volo.

Le participe passif s'emploie élégamment au lieu du présent de l'infinitif après *volo, nolo, cupio.* On le traduit en français par le présent de l'infinitif. Ex. :

Te unum monitum volo (te monitum esse pour *te moneri*

circa unum negotium). Je veux vous être averti sur une chose, je veux vous avertir d'une chose.

Pelias rex Jasonem perditum cupiebat. Just. Le roi Pélias désirait perdre Jason.

294. Urbem *captam* hostis diripuit.

Le participe passif latin se traduit fréquemment par le parfait de l'infinitif français, précédé de la préposition *après*. Ex. :

Urbem captam hostis diripuit, l'ennemi pilla la ville prise; après avoir pris la ville, l'ennemi la pilla.

295. Nihil feci *non diù consideratum*.

Le participe joint à une négation se traduit quelquefois ar l'infinitif français, précédé de la préposition *sans*. Exemples :

Nihil feci, non diù consideratum. Cic. Je ne fais rien non long-temps examiné, je ne fais rien sans y avoir long-temps réfléchi.

Soli animalium non sitientes bibimus. Plin. Seuls, parmi les animaux, nous buvons sans avoir soif.

296. Civibus ferro *necandis* victor pepercit.

Souvent le participe se traduit par un verbe personnel, de manière à faire en français deux propositions de ce qui n'en fait qu'une en latin. Ex. :

Civibus ferro necandis victor pepercit, le vainqueur pardonna aux citoyens devant être passés au fil de l'épée ; les citoyens devaient être passés au fil de l'épée, le vainqueur leur pardonna.

297. Nullus *agenti* dies longus est.

Le participe se traduit fréquemment par le pronom relatif et un verbe personnel. Ex. :

Nullus agenti dies longus est. Sen. Aucun jour n'est long pour l'homme s'occupant, pour qui s'occupe.

Timotheus à patre acceptam gloriam multis auxit virtu-

tibus. N**ep**. Timothée augmenta , par un grand nombre de talens, la gloire qu'il avait reçue de son père.

298. Alexander moriens *detractum* annulum digito Perdiccæ tradidit.

Le participe se rend quelquefois par un verbe personnel de manière à faire en français deux propositions liées par *et*, de ce qui n'en fait qu'une en latin. Ex. :

Alexander moriens detractum annulum digito Perdiccæ tradidit. C**urt**. Alexandre mourant donna à Perdiccas son anneau détaché du doigt ; Alexandre mourant détacha du doigt son anneau, et le donna à Perdiccas.

299. Mendaci, ne verum quidem *dicenti*, credimus.

Le participe se rend enfin par un verbe personnel précédé d'une des conjonctions *lorsque, quoique*, etc. Ex.:

Mendaci ne verum quidem dicenti credimus, nous ne croyons pas le menteur, lors même qu'il dit la vérité.

Interdùm risum cupientes tenere nequimus. C**ic**. Nous ne pouvons pas quelquefois retenir le rire quoique nous le désirions.

CHAPITRE V. — A**dverbes**.

300. Eum *ne* vidi *quidem.*

On met entre *ne... quidem*, ne... pas même, le mot de la phrase sur laquelle on veut porter l'attention. Ex.:

Eum ne vidi quidem, je ne l'ai pas même vu.

Nobilis equus umbrâ quoque virgæ regitur; ignavus ne calcari quidem concitari potest. C**urt**. Un cheval généreux s'anime à l'ombre d'une baguette, un cheval indolent est insensible à l'éperon même.

301. Medicina *et* sceleratis opem ministrat.

Et et *vel* s'emploient très-fréquemment au lieu de *etiam*, et se rendent par *même*. Ex. :

Medicina et sceleratis opem ministrat. Sen. La médecine prête son secours même aux scélérats.

In victoriâ vel ignavis gloriari licet. Sall. Dans la victoire les lâches mêmes ont le droit de se vanter.

302. *Nemo non* benignus est suî judex.

Deux négations se neutralisent et équivalent à une affirmation. Ex. :

Nemo non benignus est suî judex. Sen. Chacun est un juge bienveillant de soi-même.

Non indiligens paterfamiliâs. Nep. Un père de famille vigilant.

303. Multi omnia se simulant scire, *nec quidquam* sciunt.

Nec, *neque*, se mettent pour *et non*; *nec ullus* pour *et nullus*; *nec quisquam* pour *et nemo*; *nec quidquam*, *nec unquàm*, *nec usquàm*, pour *et nihil*, *et nunquàm*, *et nusquàm*. Ex. :

Multi omnia se simulant scire, nec quidquam sciunt. Plaut. (*Nec quidquam* pour *et nihil.*) Beaucoup de gens ont l'air de tout savoir et ne savent rien.

CHAPITRE VI. — Conjonctions.

304. Philosophi cùm recensiores, tùm veteres.

Tùm ou *quà* répété, *cùm... tùm*, *cùm... tùm etiam*, se rendent par *aussi... que*, *tant que*, *et* répété, *si... à plus forte raison*, *non-seulement... mais encore*. Ex. :

Rex apum cæteris dissimilis est, tùm magnitudine, tùm

nitore. Sen. Le roi des abeilles diffère des autres, tant pour la grosseur que pour l'éclat des couleurs.

Philosophi cùm recensiores, tùm veteres, les philosophes, tant anciens que modernes.

Pax cùm jucunda, tùm salutaris est. Cic. Non-seulement la paix est agréable, mais encore elle est salutaire.

Etrusci quà consules ipsos, quà exercitum incrèpant. Liv. Les Étrusques gourmandent et les consuls eux-mêmes et l'armée.

Luxuria cùm omni œtati turpis, tùm senectuti fœdissima est. Cic. Si la luxure est honteuse à tout âge, à plus forte raison est-elle une turpitude dans la vieillesse.

Les Latins expriment encore *non-seulement... mais encore* par *non solùm* ou *non modò... sed etiam* ou *verùm etiam.* Ex. :

Avari non solùm ea quæ habent libidine augendi cruciantur, sed etiam amittendi metu. Cic. Les avares sont non-seulement tourmentés du désir d'augmenter ce qu'ils ont, mais encore de la crainte de le perdre.

305. *Ut* ignis aurum probat, *sic* miseria fortes viros.

Ut, quemadmodùm ou *tanquàm*, comme, de même que, se mettent devant le premier terme d'une comparaison ; *sic* ou *ità*, de même, ainsi, devant le second. Ex. :

Ut, quemadmodùm ou *tanquam ignis probat aurum, sic* ou *ità miseria fortes viros,* comme l'or éprouve le feu, de même l'adversité éprouve l'homme courageux.

306. *Si non* homines, at certè Deum time.

On n'emploie jamais *nisi*, mais toujours *si non, si minùs,* si.. ne... pas, lorsqu'une de ces expressions *saltem, at certè, at minimum,* du moins, doit suivre. Ex. :

Si non homines, at certè Deum time, si vous ne craignez pas les hommes, au moins craignez Dieu.

307. Si illud quod volumus eveniet, gaudebimus ; *sin secùs*, patiemur animo æquo.

Sin autem, sin minùs, sin secùs, sinon, si au contraire, s'il en était autrement, représentent une proposition dont tous ou presque tous les termes sont sous-entendus. Ex. :
Si illud quod volumus eveniet, gaudebimus ; sin secùs, patiemur animo æquo. PLAUT. Si ce que nous désirons arrive, nous nous réjouirons ; s'il en est autrement, nous souffrirons sans nous plaindre. (*Sin secùs* pour *si id eveniet secùs*.)

308. Est enim injusta.

Les conjonctions *enim, verò, autem ;* les adverbes *quoque, quidem*, ne sont jamais les premiers mots d'une proposition. Ex. :
Communis utilitatis derelictio contra naturam est ; est enim injusta. CIC. L'abandon de l'utilité commune est contre nature, car il est injuste.
Megarenses liberos nullis bonis artibus instruebant, curam verò pecorum diligentem habebant, les Mégariens ne donnaient aucune instruction à leurs enfants, mais ils avaient grand soin de leurs troupeaux.
Plurima (exempla) quidem proferre possemus, sed modus adhibendus est. NEP. Nous pourrions sans doute rapporter un plus grand nombre d'exemples, mais il faut nous borner.

REMARQUE SUR LES INVERSIONS.

Les Latins placent ordinairement les mots régis avant ceux qui les régissent, ils renvoient le verbe à la fin de la période pour tenir l'esprit de l'auditeur en suspens, et soutenir son attention ; et ils rapprochent les mots semblables et ceux qui forment une opposition. Ex. :
Darius, tanti modò exercitûs rex, qui triumphantis magis quàm dimicantis more, curru sublimis, inierat bellum, per loca quæ immensis propè agminibus compleverat, jam inania et ingenti solitudine vasta, fugiebat. CURT.
Cives civibus parcere æquum est. NEP. — Creverunt *et opes et opum* furiosa cupido. OVID. — Sublato *tyranno, tyrannida* manere video. CIC.

FIN DE LA SYNTAXE LATINE.

I I.

LIVRE CINQUIÈME.

RÈGLES POUR LA TRADUCTION DU FRANÇAIS EN LATIN.

Dans les quatre premiers livres de cette syntaxe, nous avons pris le latin pour base ; nous allons prendre maintenant pour base le français : ce qui précède forme une *Syntaxe latine*, que nous croyons à peu près complète. Ce cinquième livre traitera des principales difficultés que peut offrir la traduction du français en latin, et montrera par quels équivalens on doit rendre les *gallicismes*.

CHAPITRE I. — SUBSTANTIFS.

309. *Substantifs traduits par un adjectif.*

Le haut, le sommet d'un arbre, *summus arbor.*
Au milieu du forum, *in medio foro.*
Au bas, au pied d'un arbre, *imâ sub arbore.*
Le bout des doigts, *extremi digiti.*
Le fond de la mer, *imum mare.*
La bonté de Dieu, *bonitas divina* ou *Dei.*
Un homme de bien, *vir bonus.*
Affaires du barreau, *res forenses.*
Un temple de marbre, *templum marmoreum* ou *ex marmore.*

CHAPITRE II. — ADJECTIFS.

310. *Adjectifs traduits par un adverbe.*

Lorsqu'un adjectif qualificatif se joint à un autre adjectif pris substantivement, le premier se traduit par un adverbe. Ex :

Les vrais sages, *verè sapientes*, sous-entendu *homines*, les hommes vraiment sages.

L'adjectif se traduit encore par un adverbe quand il est joint à un substantif qu'on rend par un participe passif. Ex. :

Les belles actions, *rectè facta*, sous-entendu *negotia*, les choses bien faites ; des mots plaisants, *facetè dicta* ; des réponses fines, *responsa acutè*.

311. Quel, quelle.

Quel, *quelle*, marquant seulement l'interrogation, s'exprime par *quis*, *quæ*, *quod*; *quisnam*, *quænam*, *quodnam*. Ex. :

Quelle mère n'aime pas ses enfants? *Quæ* ou *quænam mater non amat liberos?*

Quel, *quelle*, marquant la quotité, le nombre, s'exprime par *quotus*, *a*, *um*, et la réponse se fait en latin par le nombre ordinal. Ex. :

Quelle heure est-il? huit heures, *quota hora est? octava*.

Quel, *quelle*, marquant la quantité, la grandeur, s'exprime par *quantus*, *a*, *um*. Ex. :

Quel malheur nous menace! *Quanta nobis instat pernicies!*

312. Tel *pour de cette sorte*.

Quand *tel* peut se tourner par *de cette sorte*, on l'exprime par *hujus modi*, en bonne part, *istius modi*, en mauvaise part. Ex. :

Qui n'aimerait pas de tels enfans? *quis hujusmodi puerulos non amet?*

Qui ne haïrait pas de telles gens? *quis istius modi homines non oderit?*

Pour les autres manières de rendre *tel*, voyez 237, 238, 313.

CHAPITRE III. — Pronoms.

313. Tel... qui.

Tel au commencement de la phrase et suivi de *qui*, se

tourne par *quelques-uns*, *quidam*, ou par *il y en a qui,
sunt qui*. Ex. :

Tel rit aujourd'hui, qui pleurera demain, *quidam
hodiè rident, qui cras flebunt.*

314. A moi, à toi, etc.

Si ces mots *à moi, à toi, à nous*, etc., peuvent se
tourner par *le mien, le tien, le nôtre*, etc., on les traduit
par *meus, tuus, noster*, etc. Ex. :

Ce livre est à moi, tournez, est le mien, *hic liber est
meus.*

315. Ce qui, ce que.

Ce qui ou *ce que* placé entre deux verbes s'exprime par
quid si on peut le tourner par *quelle chose*, et par *quod*
si on ne peut le tourner ainsi. Ex. :

Écrivez-moi ce que vous faites ; tournez, quelle chose,
scribe mihi quid agas.

Il a fait ce que je lui avais commandé, *fecit quod ei
præceperam.*

316. L'un l'autre, ni l'un ni l'autre.

L'un l'autre, ni l'un ni l'autre après un verbe réciproque se rendent par *uterque, neuter*, qui sont les sujets
de la proposition ; le complément du verbe est *alter*,
qu'on met au cas voulu par ce verbe. Ex. :

Ils se nuisent l'un à l'autre ; tournez, l'un et l'autre
nuit à l'autre, *uterque alteri nocet.*

Ils ne s'aiment ni l'un ni l'autre ; tournez, ni l'un ni
l'autre n'aiment l'autre, *neuter alterum amat.*

317. L'un ou l'autre, l'un après l'autre.

L'un ou l'autre s'exprime par *alteruter, alterutra, alterutrum* ; *l'un après l'autre* par *singuli, æ, a*. Ex. :

Je vous enverrai l'un ou l'autre, *alterutrum ad te
mittam.*

Il se mit à les manger l'une après l'autre, *cœpit vesci
singulis.*

REMARQUE. Pour les différentes manières de rendre *autre* et *que* après *autre*, voyez 243, 275, 276, 277.

Pronoms qu'on n'exprime pas en latin.

318. Celui, celle.

Celui, celle, ceux, celles, employés pour le substantif précédent, ne se rendent pas en latin par *ille, a, ud :* on répète ce substantif. Ex. :

Les qualités de l'âme l'emportent sur *celles* du corps, *animi dotes corporis dotibus præstant.*

On dit que la vie de la corneille est plus longue que *celle* de l'homme, *vita cornicis dicitur esse longior quàm hominis vita.*

On peut quelquefois sous-entendre un des substantifs, quand ils sont tous deux au même cas ; ainsi on pourra dire : *Longior esse cornicis quàm hominis vita dicitur. Cornicis quàm hominis longiorem esse vitam dicunt.*

319. C'est... que.

C'est ainsi qu'il parla. Tournez : il parla ainsi, *sic locutus est.*

C'est vous-même que je cherche. Tournez : je cherche vous-même, *te ipsum quæro.*

320. Ce qui, ce que... c'est.

Ce qui me chagrine le plus, c'est la mauvaise santé de mon père. Tournez : la mauvaise santé de mon père me chagrine le plus, *valetudo patris me potissimùm sollicitat.*

321. Ce qui, ce que... c'est que.

Ce que j'espère, c'est que je vivrai éternellement. Tournez : j'espère cela moi devoir vivre éternellement, *illud spero me futurum immortalem.*

Ce que je crains, c'est que..., *illud vereor ne.*

Ce dont je doute, c'est que..., *illud dubito an.*

Ce qui me console, c'est que..., *illud me consolatur quòd.*

322. C'est, *avant l'infinitif.*

C'est se tromper que de croire. Tournez : celui qui croit se trompe, *errat qui putat.*

323. Ce n'est pas que, mais c'est que.

Ce n'est pas que, *non quòd,* mais c'est que, *sed quòd;* devant un comparatif, *non quò, sed quò;* s'il y a une négation, *non quin, sed quòd.* Les verbes se mettent au subjonctif. Ex. :

Ce n'est pas que j'approuve, mais c'est que, *non quòd approbem, sed quòd.*

Ce n'est pas que l'un me soit plus cher que l'autre, mais c'est que..., *non quò mihi sit alter altero carior, sed quò.*

Ce n'est pas que je ne pense, mais c'est que..., *non quin existimem, sed quòd.*

324. On, l'on.

I. *On, l'on,* rendus par le changement de l'actif en passif.

Lorsque les pronoms *on, l'on* sont sujets d'un verbe actif, on tourne l'actif en passif. Ex. :

On loue la probité; tournez, la probité est louée, *probitas laudatur.*

Lorsque les pronoms *on, l'on* sont sujets d'un verbe neutre, on peut ordinairement tourner par le passif ce verbe neutre qui devient ainsi un verbe unipersonnel. Exemple :

Non - seulement on ne porte pas envie aux jeunes gens, mais on leur est même favorable, *adolescentibus non modò invidetur, verùm etiam favetur.*

On va, *itur;* on est venu, *ventum est.*

II. *On, l'on,* rendus par des équivalents.

Lorsque les pronoms *on, l'on,* sont sujets d'un verbe déponent, on met le verbe à la troisième personne du pluriel, en sous-entendant *homines*; à la troisième personne du singulier avec *quisque*, chacun, ou à la première personne du pluriel. Ex. :

On admire la justice; tournez, les hommes admirent la justice, *mirantur justitiam*, s. e. *homines*.—Chacun admire la justice, *quisque miratur justitiam*. — Nous admirons la justice, *miramur justitiam*.

Ces trois tours s'emploient également avec les verbes actifs et neutres. Ex. :

On loue la probité, *laudant probitatem*, *quisque laudat probitatem*, *laudamus probitatem*.

On hait celui qu'on craint, *oderunt quem metuunt*.

On dit, on rapporte, on raconte, *aiunt, ferunt, narrant, perhibent*.

Remarque. Devant les unipersonnels *pœnitet*, *pudet*, *tædet*, *miseret*, *piget*, *homines* doit toujours s'exprimer. Ex.:

On se repent d'avoir mal vécu, *homines pœnitet malè vixisse*.

Si le verbe dont les pronoms *on*, *l'on* sont le sujet, est accompagné d'une négation, *on*, *l'on* se tournent par *personne ne* et s'expriment par *nemo*. Ex. :

On ne peut être heureux sans la vertu, tournez, personne ne peut être... *nemo sine virtute potest esse beatus*.

Quand on, *lorsqu'on* se tournent par *celui qui*, *ceux qui*. Ex. :

Quand on désire le bien d'autrui, on perd justement le sien; tournez, celui qui désire... *qui bonum alienum appetit, meritò amittit proprium*.

Si on se tourne par *si quelqu'un*, *si quis*. Le verbe se met ordinairement au subjonctif. Ex. :

Si on te demande; tournez, si quelqu'un te demande, *si quis te interroget*.

Plus on, répété, se tourne par *plus quelqu'un*, et s'exprime par *quò quis*, *quò quisque* avec le comparatif; *plus une chose* se tourne par *plus quelque chose*, et s'exprime par *quò quid*, toujours avec un comparatif. Le second *plus on* s'exprime seulement par *eò*. Ex. :

Plus on est vicieux, plus on est malheureux ; tournez, plus quelqu'un est vicieux, plus il est malheureux, *quò quis vitiosior, eò miserior est*.

Plus une chose est difficile, plus il faut y apporter de

11*

soin, *quò quid difficilius est, eò major ad id adhibenda est cura.*

Remarques. i. Le premier *plus on* peut encore s'exprimer par *ut quisque* avec le superlatif, et le second *plus on* par *ità*, avec un superlatif encore. Ex. :

Plus on est vicieux, plus on est malheureux, *ut quisque vitiosissimus, ità miserrimus est.*

ii. *Ut* et *ità* peuvent se supprimer. Ex. :

Quisque vitiosissimus, miserrimus est.

Le verbe qui suit *on* se traduit fréquemment par la seconde personne du singulier du présent du subjonctif. Exemple :

Il convient de faire avec réflexion ce qu'on fait, *agere decet, quod agas, consideratè.*

Remarque. *On voit des gens qui*, s'exprime par *videas homines, homines videntur qui; on trouve des gens qui*, s'exprime par *reperias homines, reperire est homines, homines reperiuntur qui*, et le verbe de la proposition subordonnée se met au subjonctif. Ex. :

On voit des gens qui aspirent aux honneurs, *videas homines qui honores appetant.*

On trouve plus facilement des personnes qui s'offrent d'elles-mêmes à la mort qu'on n'en trouve qui supportent patiemment la douleur, *qui se ultrò morti offerant, faciliùs reperiuntur, quàm qui dolorem patienter ferant.* Cæs.

III. *On dit que, on rapporte que, on croit que*, etc.

On dit que, on rapporte que, on croit que, s'expriment en latin de deux manières :

1°. Les verbes *dire, rapporter, croire*, etc., se tournent par le passif, et prennent pour sujet celui de la proposition subordonnée. Ex. :

On dit que les cerfs vivent très-long-temps, tournez, les cerfs sont dits vivre..., *cervi dicuntur diutissimè vivere.*

2°. Les verbes *dire, rapporter, croire*, etc., se mettent à la troisième personne du singulier passif, et la proposition subordonnée s'exprime par une proposition infinitive qui sert de sujet logique aux verbes *dicitur, fertur, creditur*, etc. Ex. :

On dit que les cerfs vivent très-long-temps, tournez, les cerfs vivre très-long-temps est dit, *dicitur cervos diutissimè vivere.*

REMARQUE. On exprime toujours de cette seconde manière *on dit, on rapporte, on croit*, lorsque le verbe de la proposition subordonnée est un verbe unipersonnel. Ex. :

On dit que vous vous repentez de votre faute, tournez, vous vous repentir de votre faute est dit, *dicitur te tuæ culpæ pœnitere.*

IV. Des pronoms *on*, *l'on*, devant les verbes *enseigner, demander, cacher*, etc.

Lorsque les pronoms *on*, *l'on* sont sujets des verbes *enseigner, demander, cacher*, etc., ces verbes se tournent par le passif (71). Ex. :

On enseigne la grammaire aux enfans ; tournez, les enfans sont instruits sur la grammaire, *pueri docentur grammaticam*, c'est-à-dire *circa grammaticam.*

Les enfans à qui l'on enseigne la grammaire, tournez, qui sont instruits sur la grammaire, *pueri qui docentur grammaticam.*

La grammaire que l'on enseigne aux enfans, tournez, touchant laquelle les enfans sont enseignés, *grammatica quam pueri docentur.*

On me cachait tout, *cælabar omnia.* CIC.

On demande à Caton son avis, *Cato rogatus est sententiam.* SALL.

CHAPITRE IV. — VERBES.

325. *Changement du passif en actif, et de l'actif en passif.*

Quand un verbe passif français doit se rendre en latin par un verbe neutre ou déponent, il faut tourner le passif en actif, et, pour cela, changer le complément en sujet et le sujet en complément. Ex. :

Je suis favorisé de la fortune, tournez, la fortune me favorise, *mihi favet fortuna.*

Il est admiré de tout le monde, tournez, tout le monde l'admire, *illum omnes admirantur.*

On change l'actif en passif toutes les fois que, dans

une proposition infinitive, l'emploi de l'actif donnerait lieu à une équivoque. Ex. :

Nous lisons que Scipion vainquit Annibal; tournez, qu'Annibal a été vaincu par Scipion, *legimus Hannibalem victum fuisse à Scipione.*

Si l'on eût dit, *legimus Scipionem vicisse Hannibalem,* il y aurait eu amphibologie, car *Scipionem* et *Hannibalem* pouvant être tous deux sujet ou complément de *vicisse,* on n'aurait su qui était vainqueur de Scipion ou d'Annibal.

326. *Complément unique en français qu'on exprime deux fois en latin.*

Quand deux verbes n'ont en français qu'un seul complément, et qu'ils régissent différens cas en latin, on met d'abord le complément commun au cas voulu par le premier verbe, et l'on se sert, pour le complément du second, d'un des pronoms *is, ille, ipse,* que l'on met au cas qu'il régit. Ex. :

Dieu aime et favorise l'homme de bien; tournez, Dieu aime l'homme de bien et le favorise, *Deus amat virum bonum, illique favet.*

Le relatif *qui, quæ, quod,* se répète devant chacun des verbes qui régissent des cas différens. Ex. :

Les pauvres que nous devons aimer et secourir, *pauperes quos amare et quibus opitulari debemus.*

327. Menacer, attendre.

Quand *menacer* a pour sujet un nom de personne, on le rend par *minari;* quand il a pour sujet un nom de chose, on le rend par *imminere, impendere, instare.* Ex. :

Cet homme me menace, *hic homo minatur mihi.*

Un grand malheur nous menace, *magna calamitas nobis imminet, impendet, instat.*

Quand *attendre* a pour sujet un nom de personne, on le rend par *exspectare;* quand il a pour sujet un nom de chose, on le rend par *manere.* Ex. :

L'avare nocher attend tous les hommes, *omnes exspectat portitor avarus.* OVID.

Le même sort vous attend, *eadem sors te manet.*

328. Craindre.

Craindre, signifiant faire difficulté, *dubitare*; ne pas oser, *non audere*, avec l'infinitif. Ex. :

Il ne craint pas d'avouer, *fateri non dubitat*; je crains de dire, *non audeo dicere.*

329. Je ne puis, je ne saurais m'empêcher.

Ces locutions, *je ne puis m'empêcher, je ne saurais m'empêcher*, se traduisent en latin par *non possum*, suivi de *non* et d'un infinitif, ou de *quin* avec le subjonctif. Ex. :

Je ne puis m'empêcher de parler, *non possum non loqui*; je ne puis m'empêcher de m'écrier, *non possum quin exclamem.*

330. *Verbes réfléchis.*

Les verbes réfléchis sont en français de plusieurs espèces (1); les uns ne sont réfléchis que pour la forme, et sont tellement identifiés avec leur pronom, qu'ils ne signifient rien si on les en sépare, ou qu'en s'en séparant ils changent de signification. Ainsi, *s'emparer, s'enfuir*, séparés du pronom *se*, n'offrent aucun sens, et *s'apercevoir, s'attendre* ne signifient pas *apercevoir soi, attendre soi*. Chacun de ces verbes, comme s'il faisait corps avec son pronom, se traduit par un verbe actif ou neutre qu'indique le dictionnaire. Ex. :

S'emparer de, *occupare*; s'enfuir, *fugere*; se fâcher, *irasci*; s'apercevoir, *animadvertere*; se douter, *suspicari, prævidere*; s'attendre, pris dans le sens de penser, *existimare*; dans le sens d'être persuadé, *persuasum habere*; et dans le sens de prévoir, *prævidere.*

D'autres verbes réfléchis pour la forme ont le sens passif et se traduisent en latin par le passif. Ex. :

Ce mot se trouve dans Phèdre; tournez, ce mot est trouvé, *vox illa invenitur apud Phædrum.*

____

(1) Méthode pour faire des thèmes grecs, par M. Alexandre.

Il ne s'ébranle pas de vos menaces ; tournez, il n'est point ébranlé, *minis non movetur tuis.*

Les verbes véritablement réfléchis sont ceux dont le sujet, nom de personne ou nom de chose personnifiée, fait sur lui-même l'action marquée par le verbe. Ceux-là seuls conservent en latin la forme réfléchie. Ex. :

L'orgueilleux se loue, *superbus se laudat,* il se flatte, *sibi blanditur.*

Le poison se glisse dans les veines, *venenum sese in venas insinuat.*

Si l'occasion se présente, *si se dederit occasio.* — Si la chose se passe ainsi, *si se dederit occasio.*

Si le verbe réfléchi a en français la signification réciproque, on ajoute au pronom réfléchi *sui, sibi, se,* l'adverbe *invicem,* à moins qu'il ne soit le complément d'une préposition. Ex. :

Pierre et Jean se louent, *Petrus et Joannes se invicem laudant;* ils se battent, *inter se pugnant.*

REMARQUE. Après *animadvertere,* s'apercevoir ; *suspicari,* se douter ; *prævidere, existimare, persuasum habere,* s'attendre ; on emploie la proposition infinitive. Exemples :

Il ne s'aperçoit pas, il ne prend pas garde qu'on se moque de lui, *non animadvertit se derideri.*

Je me doutais bien que la chose irait mal, *suspicabar rem esse malè cessuram.*

Je m'attendais que vous m'écririez, *te ad me scripturum esse existimabam.*

Je m'étais bien attendu qu'il en serait ainsi, *ità futurum sanè prævideram.*

331. Il y a.

Il y a, il y avait, etc., se tourne et se traduit par le verbe *sum.* Ex. :

Il y avait là un temple ; tournez, un temple était là, *erat ibi templum.*

Il y aura des vices, tant qu'il y aura des hommes ; tournez, des vices seront... *vitia erunt, donec homines.* TAC.

332. Devoir, aller, il faut, *suivis d'un infinitif.*

Quand les verbes *aller, devoir,* suivis d'un infinitif, indiquent seulement un futur prochain, on ne les exprime pas en latin, mais on met le verbe qui les suit au participe en *rus, ra, rum* pour l'actif, en *dus, da, dum* pour le passif. Ex. :

Je vais écrire la guerre que le peuple romain fit à Jugurtha; tournez, je suis devant écrire, *bellum scripturus sum quod populus romanus cum Jugurthâ gessit.* SALL.

La ville doit être pillée demain; tournez, est devant être pillée, *urbs cràs diripienda est.*

Quand les verbes *il faut, devoir,* suivis de l'infinitif d'un verbe actif, marquent obligation, on tourne la phrase par le passif avec le participe en *dus, da, dum.* Exemple :

Il faut réprimer ses passions; tournez, les passions sont devant être réprimées, *comprimendæ sunt libidines.*

REMARQUE. On se sert de la même tournure pour exprimer *avoir besoin,* suivi d'un infinitif. Ex. :

Il a besoin d'être excité au travail; tournez, il est devant être excité au travail, *is ad laborem est incitandus.*

Quand les verbes *devoir, il faut* marquent obligation, mais ne sont pas suivis d'un verbe actif, ces verbes *devoir, il faut* et l'infinitif qui les suit se traduisent par le gérondif en *dum* avec *est.* Ex. :

Il faut servir Dieu, *serviendum est Deo.*

REMARQUE. On peut, au lieu du gérondif, se servir de *debere, oportet.* Ex. :

Oportet ou *debemus Deo servire,* il faut, nous devons servir Dieu.

333. Tant s'en faut.

Tant s'en faut s'exprime par *tantùm abest* (il est si éloigné), et les deux *que* qui suivent se rendent chacun par *ut* suivi du subjonctif. Ex. :

Tant s'en faut qu'il vous haïsse, qu'au contraire il vous aime, *tantùm abest ut te oderit, ut contrà te amet.*

REMARQUE. On peut encore employer les tours suivans :

Adeò non te odit, ut contrà te amet, m. à m. Il ne vous hait pas tellement qu'au contraire il vous aime.

Te amat, nedùm oderit, il vous aime, bien loin qu'il vous haïsse.

334. Peu s'en faut.

Peu s'en faut, *il ne tient à rien que*, s'expriment par *parùm abest*, et *que* suivi de *ne* par *quin* avec le subjonctif. Ex. :

Peu s'en faut que je ne sois très-malheureux, *parùm abest quin sim miserrimus.*

Peu s'en est fallu qu'il ne tombât, *parùm abfuit quin caderet.*

REMARQUES. 1. On peut encore employer les tours suivans :
Tantùm non cecidit, m. à m., seulement il n'est pas tombé.
Penè cecidit, il est presque tombé.

II. *Penser, manquer, faillir*, suivis d'un infinitif, se tournent par *peu s'en faut que*, et s'expriment de même.

335. Il s'en faut beaucoup.

Il s'en faut beaucoup s'exprime par *multùm abest*; *combien s'en faut-il*, par *quantùm abest*, et le *que* se rend par *ut* avec le subjonctif. Ex. :

Il s'en faut beaucoup, combien s'en faut-il que vous surpassiez vos condisciples? *Multùm abest, quantùm abest ut tuos superes condiscipulos ?*

336. Faut-il que.

Faut-il que ne s'exprime pas en latin, et la proposition qui suit se rend par une proposition infinitive, dont le premier mot est suivi de *ne*. Ex. :

Faut-il que je sois si malheureux? *Mene ità miserum esse ?* c'est-à-dire *oportetne me ità miserum esse ?*

337. Être près de, sur le point de, *suivis d'un infinitif*.

Être près de, être sur le point de, suivis d'un infinitif, se rendent par un adverbe qui marque le futur, tel que *mox* ou *jamjam*, et l'infinitif qui les suit se met au participe futur en *rus, ra, rum* pour l'actif, et en *dus, da, dum* pour le passif. Ex. :

Il était sur le point de prendre la ville; tournez, il

était devant prendre bientôt la ville, *mox* ou *jamjam oppido potiturus erat.*

J'étais près de partir, *mox profecturus eram.*

Lorsqu'Annibal était sur le point d'être livré aux Romains... *Hannibal cùm tradendus Romanis esset...*

REMARQUE. *Être près de, sur le point de*, s'exprime encore par *in eo esse ut* avec le subjonctif. Ex. :
In eo erat ut oppido potiretur.

338. Venir de.

Venir de, suivi d'un infinitif, se tourne par *tout-à-l'heure*, et s'exprime par *modò.*

Il vient de partir; tournez, il est parti tout-à-l'heure, *modò profectus est.*

339. Avoir beau.

Avoir beau se tourne par *en vain, frustrà*, ou par *quoique, quamvis.* Ex. :

Vous avez beau crier; tournez, vous criez en vain, *frustrà vociferaris;* ou quoique vous criiez, *quamvis vociferere.*

340. Avoir de la peine à.

Avoir de la peine à, n'avoir pas de peine à, suivis d'un infinitif, se tournent par *difficilement, facilement, ægrè, facilè.* Ex. :

Il a eu de la peine à obtenir cela; tournez, il a obtenu cela difficilement, *ægrè id impetravit.*

Celui qui s'attend toujours à la mauvaise fortune n'a pas de peine à la supporter; tournez, la supporte facilement, *facilè adversam fortunam sustinet, qui semper eam exspectat.* SEN.

341. Avoir la force, la hardiesse, le courage de.

Avoir la force, la hardiesse, le courage de... se tournent par *oser, sustinere, audere.* Ex. :

Avez-vous bien eu la hardiesse de me demander cela? tournez, avez-vous osé... *Ausus es me hoc rogare?*

342. Avoir le bonheur de... le malheur de...

Avoir le bonheur de... s'exprime par *contingere ut;* avoir le *malheur de*, par *accidere ut.* Ex.:

J'ai eu le bonheur de voir le roi; tournez, il m'est arrivé que je visse... *mihi contigit ut regem viderem.*

J'ai eu le malheur d'être vaincu; tournez, il m'est arrivé que je fusse vaincu, *mihi accidit ut vincerer.*

343. Avoir lieu, sujet *ou* raison.

Avoir lieu, sujet ou *raison* s'expriment de trois manières. Ex.:

Vous n'avez pas lieu de vous réjouir; tournez, lieu de vous réjouir n'est pas à vous, *tibi non est gaudendi locus;* ou bien, quelque chose à cause de quoi vous vous réjouissiez n'est pas, *non est quod gaudeas* (c'est-à-dire *aliquid propter quod gaudeas non est*); ou bien, cause pourquoi vous vous réjouissiez n'est pas, *non est cur gaudeas* (c'est-à-dire *causa cur...*).

344. Il me tarde de.

Il me tarde de, je suis dans l'impatience de, s'expriment par *nihil longius est quàm* avec l'infinitif ou *quàm ut* avec le subjonctif. Ex.:

Il me tarde de le voir, je suis dans l'impatience de le voir, *nihil mihi longius est quàm illum videre* ou *quàm ut illum videam.*

345. Il y va de, il s'agit de.

Il y va de, il s'agit, se tournent par *est traité, est mis en question*, et se rendent par le passif de *agere.* Ex.:

Il y va de vos intérêts, *res tua agitur.*

Il s'agit du salut de nos alliés, *agitur sociorum salus.*

Remarque. Au lieu du nominatif, on peut mettre l'ablatif avec *de.* Ex.:

Il s'agit de ma vie, *agitur caput*, ou *de capite meo.*

346. Faire, *suivi d'un infinitif.*

Quand *faire* signifie *faire en sorte*, on l'exprime par *facere*, *dare operam ut* avec le subjonctif. Ex :

Faites-moi savoir; tournez, faites en sorte que je sache, *fac ut sciam.*

Quand *faire* signifie *engager à*, on l'exprime par *ut* avec le subjonctif. Ex. :

Cela m'a fait croire ; tournez, m'a engagé à ce que je crusse, *id me impulit ut crederem.*

Quand *faire* signifie *forcer, ordonner*, on l'exprime par *cogere, jubere.* Ex. :

Vous me faites mourir ; tournez, vous me forcez de mourir, *mori me cogis.*

Il le fit tuer ; tournez, il ordonna lui être tué, *jussit eum occidi.*

On peut quelquefois ne point exprimer *faire.* Ex. :

Cimon fit ensevelir beaucoup de pauvres à ses frais, *Cimon complures pauperes mortuos suo sumptu extulit.* Nep.

Quand *faire*, suivi de *connaître*, a pour sujet un nom de chose inanimée, on le tourne de la manière suivante :

Votre lettre m'a fait connaître, c'est-à-dire j'ai connu par votre lettre, *ex tuis litteris cognovi.*

Ne faire que, suivi d'un infinitif, se tourne par *toujours* et s'exprime par *semper, perpetuò, indesinenter.* Exemple :

Il ne fait que badiner ; tournez, il badine toujours, *perpetuò nugatur.*

Ne faire que de, suivi d'un infinitif, se tourne par *tout à l'heure* et s'exprime par *modò.* Ex. :

Il ne fait que d'arriver ; tournez, il arrive tout à l'heure, *modò advenit.*

REMARQUE. Il y a encore plusieurs manières d'exprimer le verbe *faire.* En voici quelques-unes.

Se faire donner quelque chose par force, *aliquid extorquere.*

Faire espérer à quelqu'un, *aliquem in spem adducere.*

Faire concevoir une bonne opinion de soi, *bonam sui*, ou *de se spem conciliare.*

Faire rire, *risum movere.*

347. Laisser, *suivi d'un infinitif.*

Laisser, suivi d'un infinitif, se tourne par *permettre que*, et se rend par *sinere*, après lequel on emploie la proposition infinitive ou bien *ut* avec le subjonctif. Ex. :

Vos chants ne me laissent pas dormir; tournez, ne permettent pas moi dormir, *cantus tui non sinunt me dormire.*

Laissez-moi me justifier; tournez, que je me justifie, *sine me expurgem* (sous-entendu *ut*).

Ne pas laisser de, suivi d'un infinitif, se tourne par cependant, *tamen*. Ex. :

Quoique je vous attende vous-même, ne laissez pas de donner une lettre à ce valet; tournez, donnez cependant .. *quanquam jam te ipsum exspecto, tamen isti puero da epistolam.* Cic.

348. Ne pas manquer de, *suivi d'un infinitif.*

Ne pas manquer de se tourne par *certainement* et s'exprime par *profectò*. Ex.:

Je ne manquerai pas de lui écrire; tournez, je lui écrirai certainement, *ad illum profectò scribam.*

Lorsque *ne pas manquer*, suivi d'un infinitif, peut se tourner par *se souvenir*, on l'exprime par *meminisse*. Ex:

Ne manquez pas de l'avertir; tournez, souvenez-vous que vous l'avertissiez, *memento ut illum moneas.*

349. Vous ne sauriez, *suivi d'un infinitif.*

Vous ne sauriez, on ne saurait, suivis d'un infinitif, se tournent par *à peine*, *vix*, et le verbe se met au présent ou au parfait du subjonctif. Ex. :

Vous ne sauriez croire, on ne saurait croire, *vix credas* ou *credideris.*

350. Se mettre à.

Se mettre à, devant un infinitif, se tourne par *commencer* et s'exprime par *cœpisse*. Ex. :

Il se mit à pleurer; tournez, il commença à pleurer, *flere cœpit.*

351. Venir à, n'aller pas, etc.

Venir à, *n'aller pas*, *s'occuper à*, *ne servir qu'à*, *savoir* dans le sens de *avoir l'habileté de*, devant un infinitif, ne s'expriment point en latin. Ex. :

S'il vient à savoir cela; tournez, s'il sait cela, *id si rescierit*.

N'allez pas vous imaginer, ne vous imaginez pas, *ne existimes*, *noli existimare*, *cave existimes*.

Il s'occupe à lire, il lit, *legit*.

Cela ne sert qu'à aigrir ma douleur, cela aigrit, *hoc dolouem meum exulcerat*.

Il sut profiter de cette occasion, il profita... *eâ occasione usus est*.

352. Dire, *suivi d'une négation*.

Quand la proposition subordonnée qui suit *dire* renferme une négation, on transporte cette négation sur le verbe *dire*, qu'on rend alors par *negare*. Ex. :

Ils dirent que, selon les usages du pays, personne ne pouvait être élevé à cette souveraine puissance, s'il n'était du sang royal, *Negaverunt quemquam patrio more in id fastigium recipi, nisi regiâ stirpe ortum*. Curt.

CHAPITRE V. — Participes.

353. *Des participes qui manquent en latin.*

Le participe présent du verbe *être*, *étant*; son participe passé *ayant été*; le participe passé des verbes actifs et des verbes neutres comme *ayant aimé*, *étant venu*, n'ont point de correspondans en latin. On les tourne par une proposition adverbiale ou par une proposition directe précédée des conjonctions *quùm*, *postquùm*. La proposition adverbiale ne peut s'employer que lorsque le sens de la phrase permet de lui donner un sujet autre que celui de la proposition principale. Ex. :

Cicéron étant consul, la conjuration fut découverte;

tournez, Cicéron consul, ou lorsque Cicéron était consul, *Cicerone consule* ou *quùm Cicero esset consul, detecta
fuit conjuratio.*

Cicéron étant consul sauva la république; tournez,
lorsque Cicéron était consul, *Cicero, quùm esset consul,
servavit rempublicam.*

Cicéron, ayant été consul, fut cependant envoyé en
exil, tournez, après qu'il eut été consul... *Cicero postquàm fuisset consul, tamen in exsilium actus est.*

Conon, *ayant appris* que sa patrie était assiégée, ne
chercha point où il pourrait vivre lui-même en sûreté,
mais d'où il pourrait secourir ses concitoyens, tournez,
lorsqu'il eut appris. *Conon, cùm patriam obsideri audísset,
non quæsivit ubi ipse tutò viveret, sed undè præsidio posset
esse civibus suis.* Nep.

Les Grecs *ayant pris* Troie, Énée vint en Italie; tournez, Troie ayant été prise par les Grecs..., *Trojâ à Græcis expugnatâ, Æneas in Italiam venit.* Just.

Le participe passé actif existe dans les verbes déponens
actifs et dans les verbes neutres qu'on nomme neutres
passifs, *oblitus*, ayant oublié; *ausus*, ayant osé; *gavisus*,
s'étant réjoui, etc.

Ayant oublié de manger, il mourut de faim, *oblitus cibi,
fame consumptus est.* Phæd.

Le participe passé du passif manquant en latin dans les
verbes neutres et dans la plupart des verbes déponens, on
le tourne par l'actif, et l'on se sert des conjonctions *quùm,
postquàm.* Ex. :

Ayant été favorisé de Dieu, il vint à bout de son en-
treprise, *quùm Deus ei favisset, consilium perfecit suum.*

Ayant été poursuivi des voleurs, il s'échappa, *quùm la-
trones eum persecuti essent, evasit.*

354. *Participes français rendus en latin par une préposition.*

Ayant autant de, suivi d'un substantif et de *que, étant
aussi* suivi d'un adjectif et de *que,* se tournent par *eu
égard à,* qu'on exprime par *pro* avec l'ablatif. Ex. :
Ayant autant de prudence que vous en avez, étant

aussi prudent que vous l'êtes; tournez, eu égard à votre prudence, *pro tuâ prudentiâ*.

REMARQUE. Au lieu de *pro tuâ prudentiâ*, on peut dire aussi : *quæ tua est prudentia* ou *quâ es prudentiâ :* ce qui équivaut à *pro prudentiâ quæ prudentia est tua*, eu égard à la prudence, laquelle prudence est la tienne, ou à *pro prudentiâ quâ prudentiâ es*, eu égard à la prudence, de laquelle prudence tu es.

CHAPITRE VI. — PRÉPOSITIONS.

355. A *suivi d'un infinitif.*

Quand la préposition *à*, suivie d'un infinitif, peut se tourner par *que*, on l'exprime par *qui*, *quæ*, *quod* avec le subjonctif. Ex. :

Je n'avais rien à vous écrire; tournez, que je vous écrivisse, *nihil habebam quod scriberem.*

Quand la préposition *à*, suivie d'un infinitif, peut se tourner par *si*, on l'exprime en latin par *si* avec le subjonctif. Ex. :

A l'entendre parler; tournez, si vous l'entendiez parler, *quem si loquentem audias.*

Quand la préposition *à*, suivie d'un infinitif, peut se tourner par *pour que*, on l'exprime par *ut* si la phrase est affirmative, et par *ne* si elle est négative. Ex. :

A dire vrai; tournez, pour que je dise vrai, *ut verum dicam.*

Pour ne pas mentir; tournez, pour que je ne mente pas, *ne mentiar.*

Ces locutions *être homme à*, *n'être pas homme à*, *être femme à*, *être* ou *n'être pas capable de* se tournent par *être* ou *n'être pas tel* ou *telle que*, on exprime *tel*, *telle* par *is*, *ea*, et *que* par *ut*, ou mieux par le pronom relatif *qui*, tenant lieu de *ut* et d'un pronom. Ex. :

Je ne suis pas homme à reculer, tournez, je ne suis pas tel que je recule, *non is sum ut pedem referam*, et mieux, *qui pedem referam. (Ut* tient lieu de *ut ego.)*

Votre mère n'est pas femme à élever mal ses enfans, *non ea est tua mater quæ liberos suos malè instituat.*

Je ne suis pas capable de mentir, *non is sum qui mentiar*. Cic.

Remarque. *Être* ou *n'être pas capable de*, se rend par *posse*, *non posse*, quand le sujet est un nom de chose inanimée. Ex. :

Tous les trésors du maître ne sont pas capables de satisfaire son avarice, *thesauri quilibet illius avaritiam satiare non possunt*.

356. De *au commencement d'une phrase.*

De au commencement d'une phrase, lorsqu'il peut se tourner par *entre*, s'exprime par *è* ou *ex* avec l'ablatif ou par *inter* avec l'accusatif. Ex. :

De tous les vices, il n'en est pas de plus grand que l'ingratitude, *ex omnibus vitiis* ou *inter omnia vitia nullum est majus superbiâ*.

357. De *suivi d'un infinitif.*

Quand *de* suivi d'un infinitif peut se tourner par *de ce que* ou *puisque*, on l'exprime par *qui, quæ, quod* avec le subjonctif. Le pronom relatif tient lieu de *cùm* ou de *quòd* et d'un pronom. Ex. :

Que vous êtes malheureux d'avoir couru de vous-même à la mort ! tournez, de ce que vous avez couru... *O te infelicem qui ultrò ad necem cucurreris!* Præd. (*Qui* tient lieu de *quòd tu.*)

Quand *de* suivi d'un infinitif peut se tourner par *si*, on l'exprime en latin par *si*. Ex. :

Vous me ferez plaisir de lui écrire ; tournez, si vous lui écrivez, *pergratum mihi feceris si ad eum scripseris*.

358. Pour *devant un nom.*

Pour, signifiant *envers*, s'exprime par *in* ou *erga* avec l'accusatif. Ex. :

Mon zèle pour vous ; tournez, envers vous, *meum in te* ou *erga te studium*.

Pour, signifiant *au lieu de*, s'exprime par *pro* avec l'ablatif, ou par *loco* avec le génitif. Ex. :

Pour une épée, il prit un bâton, *pro gladio* ou *loco gladii fustem sumpsit*.

Pour, marquant l'intention, le but, se rend par *in* avec l'accusatif. Ex. :

Employez tous vos soins pour votre santé, *omnem curam in valetudinem confer.*

Remarque. *Pour* signifiant *en faveur de*, *pour l'amour de*, se rend par *causâ* ou *gratiâ.* Voy. 23.

Pour signifiant *à cause de*, s'exprime par *ob* ou *propter* avec l'accusatif. Ex. :

Je l'aime à cause de sa modestie, *illum propter modestiam amo.*

Quand *pour* peut se tourner par *de*, il ne s'exprime pas, et son complément se met au génitif. Ex. :

L'amour pour la liberté nous est naturel; tournez, l'amour de la liberté, *amor libertatis nobis est innatus.*

Quand *pour* signifie qu'une action se fait à l'avantage ou au désavantage de quelqu'un, on ne l'exprime pas, et son complément se met au datif. Ex. :

Je craignais pour votre vie, *vitæ tuæ metuebam.*

Demander grâce pour quelqu'un, *veniam alicui petere.*

Pour, au commencement d'une phrase et suivi des pronoms *moi*, *vous*, etc., ou d'un substantif, se tourne par *mais* et s'exprime par *verò*, *autem*, qu'on place après le pronom ou le substantif. Ex. :

Pour moi je suis prêt; tournez, mais moi je suis prêt, *ego verò sum paratus.*

Pour vous, il vous importe, *tua verò interest.*

Pour, signifiant *eu égard à*, se rend en latin par *ut* ou par *pro* avec l'ablatif. Ex. :

Il avait assez de littérature pour un Romain, *erant multæ ut in homine Romano litteræ.*

Il était habile pour ce temps-là, *erat ut illis temporibus eruditus.*

Il est assez savant pour son âge, *pro ætate satis est eruditus.*

359. Non pas tant pour... que pour, *suivis d'un infinitif.*

Non pas tant pour... que pour, suivis d'un infinitif, se tournent par *non pas tant pour que... que pour que*, et

s'expriment par *non tam ut... quàm ut* avec le subjonctif.
Exemple :

Je vous écris non pas tant pour vous louer que pour vous féliciter ; tournez, non pas tant pour que je vous loue, que pour que je vous félicite, *ad te scribo non tàm ut te laudem, quàm ut tibi gratuler.*

360. Pour *suivi du parfait de l'infinitif.*

Pour avant le parfait de l'infinitif et suivi de *ce n'est pas à dire pour cela que*, *il ne s'en suit pas pour cela que*, se tourne par *quoique* et s'exprime par *quamvis* ; *ce n'est pas à dire pour cela que*, *il ne s'ensuit pas pour cela que*, s'expriment par *non ideò, non idcircò, non continuò.*
Exemple :

Pour m'être trouvé avec des méchans, ce n'est pas à dire pour cela que je sois un méchant ; tournez, quoique je me sois trouvé... *quamvis in gregem improborum venerim, non continuò sum improbus.* Cic.

361. Sans *suivi d'un infinitif.*

La préposition *sans* suivie d'un infinitif, quand la phrase qui la précède n'est ni négative, ni interrogative, se tourne par *et ne... pas*, et s'exprime par *nec.* Ex. :

Il est sorti sans fermer la porte ; tournez, et il n'a pas fermé la porte, *exiit, nec fores clausit.*

Si la phrase qui précède *sans* est négative ou interrogative, cette préposition s'exprime par *quin* avec le subjonctif. Ex. :

Personne ne devient savant, qui peut devenir savant sans lire beaucoup ? *Nemo fit doctus, quis potest doctus fieri quin multa legat ?*

REMARQUES. i. Lorsque *sans* peut se tourner par *avant que*, ou l'exprime par *priusquàm.* Ex. :
Je ne partirai pas sans vous avoir dit adieu ; tournez, avant que je vous aie dit adieu, *non proficiscar priusquàm tibi vale dixerim.*

ii. Il y a beaucoup d'autres manières de rendre la préposition *sans* suivie d'un infinitif. Voici les principales :
Sans pleurer, *sine lacrymis.* — Sans craindre, *sine metu.* — Passer la nuit sans dormir, *noctem insomnem ducere.* — Sans

blesser sa conscience, *salvâ fide.* — Sans se plaindre, *æquo animo.* — Sans faire semblant de rien, *dissimulanter.* — Sans y penser, *temerè, imprudenter.* — Sans rire, *remoto joco.* — Sans tarder, *nullâ interpositâ morâ.*

362. Après *suivi d'un nom.*

Quand *après* peut se tourner par *immédiatement après*, on l'exprime par *sub* avec l'accusatif. Ex. :

Après cette lettre on lut la vôtre, *sub eas litteras recitatæ sunt tuæ.*

Quand *après* marque la seconde place, le second rang, on l'exprime par *secundùm* avec l'accusatif, ou par *ab* avec l'ablatif. Ex. :

Après Cicéron, il est, sans contredit, le premier des orateurs, *secundùm Ciceronem* ou *à Cicerone est oratorum facilè princeps.*

363. Après *suivi d'un infinitif.*

Après suivi du parfait de l'infinitif se tourne par *après que, postquàm; lorsque, quùm;* par un participe ou par la proposition adverbiale vulgairement dite ablatif absolu. Lorsqu'on emploie *postquàm*, on doit mettre le verbe de la proposition subordonnée au même mode que le verbe de la proposition principale. Ex. :

Après avoir lu, j'écris; tournez, après que j'ai lu, *postquàm legi, scribo.*

Après avoir lu, j'ai écrit; tournez, après que j'eus lu, *postquàm legi, scripsi.*

Après avoir lu, j'écrivais; tournez, après que j'avais lu, *postquàm legeram, scribebam.*

Après avoir lu, j'écrirai; tournez, après que j'aurai lu, *postquàm legero, scribam.*

Pythagore, après avoir passé vingt ans à Crotone, se retira à Métaponte, où il mourut; tournez, lorsqu'il eut passé. *Pythagoras, quùm annos viginti Crotonæ egisset, Metapontum migravit, ibique decessit.* Just.

Après avoir pris la ville, l'ennemi la pilla; tournez, L'ennemi pilla la ville prise, *urbem captam hostis diripuit.*

Après avoir fait les parts, le lion parla ainsi ; tournez
les parts étant faites..., *partibus factis, sic locutus est leo.*

364. Avant de *suivi d'un infinitif.*

Avant de suivi d'un infinitif se tourne par *avant que*,
antequàm, priusquàm, avec le subjonctif. Ex. :

Je lis, je lirai avant d'écrire ; tournez, avant que j'é-
crive, *lego, legam antequàm scribam.*

Je lisais, j'ai lu, j'avais lu avant d'écrire ; tournez,
avant que j'écrivisse, *legebam, legi, legeram antequàm
scriberem.*

REMARQUE. *Avant de* peut quelquefois se tourner par une
proposition adverbiale. Ex. :

Il est parti avant d'avoir terminé l'affaire ; tournez, l'affaire
n'étant pas terminée, *infecto negotio profectus est.*

365. Au lieu de *suivi d'un infinitif,*

Au lieu de, selon le sens de la phrase, se tourne par
lorsque je devrais.... quùm deberem, ou *lorsque je pour-
rais... quùm possem...* Ex. :

Au lieu de lire il joue ; tournez, lorsqu'il devrait lire,
quùm legere deberet, ludit.

Au lieu de jouer il lit ; tournez, lorsqu'il pourrait
jouer, *quùm posset ludere, legit.*

Au lieu de, précédé d'un impératif, se traduit par *non
autem*, et le verbe qui le suit se met aussi à l'impératif.
Exemple :

Lisez au lieu de badiner ; tournez, lisez, mais ne badinez pas, *lege, non autem nugare.*

Au lieu que se tourne par *au contraire*, et s'exprime par
verò autem que l'on met après le premier mot de la seconde proposition. Ex. :

Il lit au lieu que vous badinez ; tournez, vous, au
contraire, vous badinez, *legit ille, tu verò nugaris.*

366. Loin de, loin que, au lieu de.

Loin de, *loin que*, et *au lieu de* pris dans le même sens, se rendent par *nedùm* qui doit toujours se trouver dans la dernière partie de la phrase.

Il combattait au lieu de fuir, *pugnabat nedùm fugeret*.

Loin de m'aimer, il me regarde à peine ; tournez, il me regarde à peine loin qu'il m'aime, *vix me aspicit, nedùm amet*.

Loin que vous puissiez fournir à sa dépense, à peine un satrape le pourrait-il, *vix ejus sumptus sufferre posset satrapes, nedùm tu possis*. Ter.

367. A force de *devant un infinitif*.

A force de avant un infinitif se rend par le nom dérivé du verbe avec *multus*, *a*, *um*, que l'on fait accorder avec le nom. Ex. :

A force de travailler, il est devenu savant ; tournez, par beaucoup de travail, *multo labore doctus evasit*.

368. Malgré.

Malgré avant un nom de personne se rend par *invitus*, *a*, *um*, que l'on fait accorder avec ce nom. Ex. :

Il a fait cela malgré lui, *id invitus fecit*.

Je l'ai renvoyé malgré lui, *illum invitum dimisi*.

J'ai fait cela malgré lui, *id illo invito feci*.

Malgré avant un nom de chose se tourne par *quoique*, *quamvis*, et le nom se traduit par le verbe correspondant qu'on met au subjonctif. Ex. :

Il le tua malgré ses cris redoublés ; tournez, quoiqu'il criât beaucoup, *illum, quamvis clamitaret, interfecit*.

CHAPITRE VII. — ADVERBES.

Il a déjà été question des adverbes de quantité. Nous croyons utile néanmoins d'y revenir ici, et de présenter dans une suite d'exemples les différentes manières de rendre en latin les adverbes de quantité français, selon la différence des mots auxquels ils sont joints.

369. Que *ou* combien.

Que *ou* combien d'eau! *quantùm aquæ!*
Que *ou* combien de science! *quanta doctrina!*
Que *ou* combien de livres! *quot* ou *quàm multi libri!*
Combien sommes-nous ici? (c'est-à-dire, combien de personnes?) *quàm multi hîc adsumus?*
Que *ou* combien il est modeste! *quàm* ou *ut modestus est!*
Qu'il *ou* combien il est aimé! *quàm*, *quantùm* ou *ut amatur!*
Qu'il *ou* combien il est estimé! *quanti æstimatur!*
Qu'il *ou* combien il vous importe! *quanti* ou *quantùm tuâ refert!*
Qu'il *ou* combien il est plus savant! *quantò doctior est!*
Que *ou* combien vous l'emportez sur les autres! *quantò aliis præstas!*
Combien après! *quantò post!* combien auparavant! *quantò antè!*
Que *ou* combien ma joie est grande! *quanta est mea lætitia!*
Que *ou* combien cette classe est petite! *quantula est hæc schola!*
Combien y en a-t-il qui soient éloquents? *quotusquisque est disertus?*

370. Beaucoup *ou* bien.

Beaucoup d'eau, *multùm aquæ.*
Beaucoup de science, *magna doctrina.*
Beaucoup de livres, *multi libri.*
Bien modeste, *multùm modestus* ou *modestissimus.*
Il est beaucoup aimé, *multùm*, *valdè* ou *plurimùm amatur.*
Il est fort estimé, *magni æstimatur.*
Il m'importe beaucoup, *mea magni multùm* ou *plurimùm interest.*
Bien ou beaucoup plus savant, *multò doctior.*
Il l'emporte de beaucoup sur les autres, *multò præstat aliis.*
Beaucoup après, *multò post.* Beaucoup auparavant, *multò antè.*
Bien autrement, *longè aliter.*

371. Peu, un peu.

Peu d'eau, *parùm aquæ.*
Un peu d'eau, *tantillùm* ou *aliquantùm aquæ.*
Peu de science, *parva doctrina.*
Peu de livres, *pauci libri.*

Peu modeste, *parùm modestus.*
Un peu triste, *tristior,* sous-entendu *solito.*
Il est peu aimé, *parùm amatur.*
Un peu blessé, *leviter vulneratus.*
Il est peu estimé, *parvi æstimatur.*
Il lui importe peu, *parvi illius refert.*
Un peu plus savant, *paulò doctior.*
Il l'emporte un peu sur les autres, *paulò præstat aliis.*
Peu après, *paulò post.* Peu auparavant, *paulò antè.*

372. Plus.

Plus d'eau, *plus aquæ.*
Plus de science, *major doctrina.*
Plus de livres, *plures libri.*
Plus modeste, *magis modestus* ou *modestior.*
Il est plus aimé, *plus* ou *magis amatur.*
Je le haïssais plus, *eum pejùs oderam.*
Il est plus estimé, *pluris æstimatur.*
Il vous importe plus, *tua magis interest.*

373. Moins.

Moins d'eau, *minùs aquæ.*
Moins de science, *minor doctrina.*
Moins de livres, *pauciores libri.*
Moins modeste, *minùs modestus.*
Il est moins aimé, *minùs amatur.*
Il est moins estimé, *minoris æstimatur.*
Il importe moins, *minùs interest.*

374. Que, *après* plus, moins.

De quelque manière que se rendent *plus, moins,* le *que* suivant se traduit par *quàm. Voy.* Rég. 228, 229.

375. Plus de, moins de, *suivis d'un nom de nombre.*

Plus de, moins de, suivis d'un nom de nombre cardinal et d'un substantif, se rendent, *plus* par *plus, ampliùs; moins* par *minùs; de* se tourne par *que* et s'exprime par *quàm,* qu'on sous-entend le plus ordinairement. On met le nom suivant au cas qu'exige sa position dans la phrase, sans avoir égard à *plus, ampliùs, minùs.* Ex. :
Il possède plus de cent arpents de terre, *plus quingenta jugera agri possidet.*
Ils combattirent pendant plus de deux heures, *pugnaverunt ampliùs horas duas* ou *horis duabus.*
On perdit moins de sept cents hommes, *milites sunt minùs septingenti desiderati.*

376. Le plus.

Le plus savant de tous , *omnium doctissimus*, ou *maximè doctus.*

Il est le plus savant que je connaisse, *est omnium quos noverim doctissimus.*

Les plus honnêtes gens le favorisent, *optimus quisque illi favet.*

La plus grande partie des hommes, *major pars hominum.*

L'enfant que je chéris le plus, *puer quem maximè diligo.*

L'enfant que j'estime le plus, *puer quem plurimi facio.*

Soyez le plus indulgent que vous pourrez, *esto quàm facillimus.*

Il a employé le plus de diligence qu'il a pu , *adhibuit quàm plurimàm potuit diligentiæ* ou *quàm plurimam potuit diligentiam.*

Il a lu le plus de livres qu'il a pu , *quàm plurimos potuit libros legit.*

377. Le moins.

Le moins savant de tous , *omnium minimè doctus.*

Il est le moins savant que je connaisse , *est omnium quos noverim minimè doctus.*

- L'enfant que j'estime le moins, *puer quem minimi omnium facio.*

Soyez le moins indulgent que vous pourrez, *esto quàm minimè facilis.*

Il a employé le moins de diligence qu'il a pu , *adhibuit quàm minimùm potuit diligentiæ* ou *quàm minimam diligentiam.*

Il a lu le moins de livres qu'il a pu , *quàm paucissimos potuit libros legit.*

378. Plus... plus.

Plus il est savant, plus il est modeste, *quò doctior, eò modestior est.* (226).

Plus on est vicieux, plus on est malheureux, *quò quis vitiosior, eò miserior est.* (324.)

379. Autant, tant, aussi, si.

Tant , autant d'eau , *tantùm aquæ.*

Tant , autant de science, *tanta doctrina.*

Autant de livres , *tot libri.*

Aussi, si modeste, *tàm modestus.*

Il est aussi, autant aimé, *tantùm, tàm amatur.*

Il est aussi, autant estimé , *tanti æstimatur.*

Il importe autant, *tanti* ou *tantùm refert.*

Il l'emporte autant sur les autres, *tantò præstat aliis.*

380. Que *après* autant, aussi.

Que, après *autant, aussi*, se rend par *quantùm, quanti, quantò, quantus, quantulus, quot, quàm*, selon que *autant* ou *aussi* est rendu par *tantùm, tanti, tantò, tantus, tantulus, tot, tàm. Voy.* Règ. 230, 231, 232, 233, 234, 235.

Remarquez ces locutions :

Je l'aime autant qu'il m'aime peu, *tantùm illum amo quàm parùm me amat.*

Il vous importe autant qu'il m'importe peu, *tua tàm magni refert, quàm parvi mea.*

Il est autant estimé qu'il est aimé, *tanti fit quantùm amatur.* (On doit employer *quantùm* et non *quanti*, parce que *amatur* n'est point un verbe d'estime.)

381. Autant que *au commencement d'une phrase.*

Autant que je puis prévoir, *quantùm prospicere possum.* Autant que je pourrai, *quantùm potero, quoad potero.*

382. Autant *à la fin d'une phrase.*

Vous avez beaucoup de loisir, je n'en ai pas autant, *habes multùm otii, non habeo tantùmdem.*

J'ai beaucoup de livres, vous n'en avez pas autant, *sunt mihi libri multi, non sunt tibi totidem.*

Tu es savant, je ne le suis pas autant, *es doctus, non sum item.*

Vous l'aimez, je ne l'aime pas autant, *eum amas, non amo tantùmdem.*

J'estime la vertu, vous ne l'estimez pas autant, *æstimo virtutem, non eam æstimas tantidem.*

383. Autant qu'homme du monde, etc.

Autant qu'homme du monde, autant que qui que ce soit, autant que quoi que ce soit, autant que jamais, autant qu'en aucun lieu du monde, se tournent ainsi :

Il est aussi prudent qu'homme du monde, que qui que ce soit (que celui qui l'est le plus), *tam prudens est quàm qui maximè* (s. *est*).

Cela m'est aussi agréable que quoi que ce soit (que ce qui me l'est le plus), *id mihi tam gratum est quàm quod maximè* (s. *est*).

La vieillesse était aussi honorée à Lacédémone qu'en aucun lieu du monde (qu'où elle l'était le plus), *senectus tantùm honorabatur Lacedæmone quantùm ubi maximè* (s. *honoratur*).

12*

Il est aussi paresseux que jamais (que lorsqu'il l'est le plus), *tàm piger est quàm quùm maximè* (s. *est*).

Avec un verbe de prix ou d'estime, mettez *quanti* au lieu de *quàm*, et *plurimi* au lieu de *maximè*.

Il est autant estimé que qui que ce soit, *tanti fit quanti qui plurimi*.

384. Tant il est vrai que.

La locution *tant il est vrai que* se tourne par *tant* et s'exprime par *adeò, usque adeò*. Ex. :

Tant il est vrai qu'une amitié fidèle est rare, *tournez*, tant une amitié fidèle est rare, *adeò rara est amicitia fidelis*.

385. D'autant plus... que, d'autant moins .. que.

Il est d'autant plus modeste qu'il est plus savant, *eò modestior est, quò doctior*.

Il est d'autant moins estimé, qu'il est plus orgueilleux, *eò minoris fit, quò superbior est*.

Cela a paru d'autant plus surprenant, qu'on ne s'y attendait pas, *id eò mirabilius visum est, quòd à nemine exspectabatur*.

386. Assez.

Assez d'eau, *satis aquæ*.
Assez de science, *satis magna doctrina*.
Assez de livres, *satis multi libri*.
Assez modeste, *satis modestus*.
Il est assez aimé, *satis amatur*.
Il est assez estimé, *satis magni æstimatur*.
Il importe assez, *satis magni refert*.

387. Assez... pour.

Assez... pour se tourne par *tant* ou *si... que*. On traduit *tant* ou *si* selon les mots auquel il est joint, *que* se rend par *ut* avec le subjonctif. *Voy*. des exemples, Règ. 240.

388. Assez peu... pour.

Assez peu... pour se tourne par *si peu... que*. On exprime *si* par *tàm, peu* de différentes manières, selon les mots auxquels il est joint, et *que* par *ut* avec le subjonctif. Ex. :

J'ai assez peu d'ambition pour mépriser les honneurs, *inest in me tam parùm ambitionis, ut honores despiciam*.

389. Trop.

Trop d'eau, *nimis* ou *nimiùm aquæ*.
Trop de science, *nimia doctrina*.

Trop de livres, *nimis multi libri.*
Trop modeste, *nimis modestus* ou *modestior.*
Il est trop aimé, *nimis* ou *nimiò plùs amatur.*
Il est trop estimé, *nimiò pluris æstimatur.*
Il importe trop, *nimis refert.*

390. Trop... pour.

Trop... pour, suivi d'un infinitif, se tourne par *plus qu'il faut pour que; plus* s'exprime de différentes manières, selon le mot qu'il précède; *que* se rend par *quàm; il faut, oportet,* se sous-entend toujours; *pour que* se traduit par *ut* avec le subjonctif. (225). Ex. :

Il a avalé trop de poison pour recouvrer la santé, *plus veneni hausit, quàm ut sanitati restituatur,* ou *quàm qui sanitati restituatur.*

Il a commis trop de crimes pour que les juges aient pitié de lui, *plura admisit scelera, quàm ut illius judices misereat* ou *quàm cujus judices misereat.*

Je suis trop élevé pour que la fortune puisse me nuire, *major sum; quàm ut fortuna mihi nocere possit,* ou *quàm cui nocere possit.*

Je vous estime trop pour vous blâmer, *pluris te facio, quàm ut te vituperem.*

391. Trop peu... pour.

Trop peu... pour se tourne par *moins qu'il faut pour que; moins* s'exprime de différentes manières selon le mot qu'il précède; *que* se rend par *quàm; il faut, oportet,* se sous-entend toujours; *pour que* se traduit par *ut* avec le subjonctif.

Il a trop peu d'esprit pour conduire cette affaire, *minùs habet ingenii, quàm ut rem gerat.*

Il avait trop peu de soldats pour vaincre, *pauciores habebat milites, quàm ut vinceret.*

Il était trop peu estimé pour..., *minoris æstimabatur quàm ut...*

392. Ne... que.

Ne... que signifiant seulement, *tantummodò, solummodò, solus, a, um;* rien autre chose que, *nihil aliud quàm, ac, atque, nisi.* Ex. :

La louange n'est due qu'à la vertu (est due seulement à la vertu) *laus virtuti solummodò* ou *tantummodò debetur;* (est due à la seule vertu), *laus soli virtuti debetur.*

Il n'a pris que sa robe (rien autre chose si ce n'est), *nihil aliud nisi togam sumpsit.*

La philosophie n'est que l'amour de la sagesse (rien autre chose que), *philosophia nihil est aliud quàm studium sa-pientiæ*.

393. Que, *adverbe interrogatif*.

Que, marquant l'interrogation et pouvant se tourner par *pourquoi*, se traduit par *quid* ou *cur*, et s'il est suivi d'une négation par *cur non* ou *quin*. Ex. :

Que tardez-vous? *quid* ou *cur moraris*?

Que n'accourez-vous ici? *quin* ou *cur non huc advolas*?

CHAPITRE VIII. — Conjonctions.

394. Que *à la place de* si, quand, etc.

Que employé pour éviter la répétition de *si*, *quand*, *lorsque*, *puisque*, ne s'exprime pas en latin. Ex. :

Si vous l'aviez voulu et que vous l'eussiez pu, *si voluisses ac potuisses*.

Lorsque la république se fut accrue par ses travaux et par la justice de son gouvernement, *qu'*elle eut dompté de puissants rois, *qu'*elle eut asservi des nations coura-geuses et des peuples nombreux, etc. ; la Fortune com-mença à la maltraiter et à mettre tout en désordre. *Ubi labore atque justitiâ respublica crevit, reges magni bello domiti, nationes feræ et populi ingentes vi subacti, etc. ; Fortuna sævire ac miscere omnia cæpit*. Sall.

395. Que *pour* avant que.

Que entre deux verbes et signifiant *avant que* se traduit par *priusquàm*, *antequàm*. Ex. :

Je ne partirai pas d'ici que je ne vous aie vu, *non hinc proficiscar priusquàm te viderim*.

396. Que *précédé de mots qui expriment des rapports de temps*.

La conjonction *que* précédée des adverbes de temps *à peine*, *vix*, *vixdum*; *présentement*, *nunc*; *hier*, *heri*, etc.

et des noms de temps , *la dernière fois*, *proximè*; un jour, *quâdam die*, s'exprime par *cùm* ou *quùm*. Ex. :

A peine fut-il arrivé qu'il tomba malade, *vix advenit quùm in morbum incidit*.

Présentement que, *nunc quùm*.

Hier que, *heri quùm*.

La dernière fois que je vous vis, *proximè quùm te vidi*.

Un jour que j'étais avec vous, *quâdam die quùm tecum essem*.

Il y a long-temps que je vous attends, *diù est quùm te exspecto*.

Du temps que Rome florissait, *tùm quùm Roma floreret*.

Un jour viendra que, *tempus erit quùm*.

La conjonction *que* précédée d'un nom de temps se rend par *ex quo* quand elle peut se tourner par *depuis que*. On sous-entend *ex illo tempore*. Ex. :

Il y a deux ans qu'il est mort, *duo anni effluxere ex quo mortuus est*. (*Ex illo tempore ex quo*.)

La conjonction *que* précédée des adverbes , *aussitôt*, *ne pas plus tôt*, *statim*, se rend par *ut* avec l'indicatif. Ex. :

Aussitôt qu'il fut arrivé il tomba malade , il ne fut pas plus tôt arrivé qu'il tomba malade, *statim ut advenit, in morbum incidit*.

397. Pour peu que.

Pour peu que se traduit par *si même le moins*, et s'exprime par *si vel minimùm*. Ex. :

Pour peu que vous vouliez réfléchir, vous comprendrez la chose, tournez, si vous voulez même le moins réfléchir, *si vel minimùm cogitare volueris, rem percipies*.

398. Tout... que.

Tout... que séparé par un adjectif se tourne par *quoique* et se rend par *quantumvis, quamvis, licet*. Ex. :

Tout savant qu'il est, *quantumvis sit doctus*.

FIN DU LIVRE V.

REMARQUES SUR LES FIGURES DE CONSTRUCTION.

399. *De l'ellipse* (Voy. pag. 115.)

Nous ne ferons mention ici que des ellipses que nous n'avons point encore eu l'occasion d'expliquer.

CAMPUM est sous-entendu quand on dit *per apertum ire.*

CARO est sous-entendu avec *ferina, canina, vervecina,* etc.

CASTRA est sous-entendu avec ces mots *æstiva* et *hiberna,* quartiers d'été, d'hiver; et avec *stativa,* retranchemens.

DII est sous-entendu avec ces mots : *superi, inferi, manes.*

FESTA est sous-entendu avec les noms qui signifient les fêtes des divinités païennes, tels que *Saturnalia, Cerealia.*

LOCUS est sous-entendu avec une infinité d'adjectifs. *Castris in apertis [1] positis.* LIV. — *In invium [2], in avium [2]. — Ab humili [3], ad summum [2]. — In medio [3] situs.*

LOCA se sous-entend avec les adjectifs *averna, superna, infera,* etc.

LUDI se sous-entend avec *circenses, Megalenses.*

MANUS se sous-entend avec *dextra, læva, sinistra.*

MARE est sous-entendu avec *tranquillum, profundum, altum.*

MILLIA est sous-entendu dans cette expression : *Sestertium decem,* c'est-à-dire, *decem millia sestertiorum,* dix milliers de petits sesterces, ou dix grands sesterces.

Decies sestertium, sous-entendu *centena millia,* dix fois cent milliers de petits sesterces, un million de petits sesterces, ou mille grands sesterces.

NAVEM est sous-entendu dans ces phrases : *Solvite portu. — Appulit ad portum.*

PARS est sous-entendu dans *dextera, sinistra, quadragesima,* etc.

PARTES, accusatif pluriel, est sous-entendu avec *primas, secundas,* etc.

PECUNIA est sous-entendu dans *repetundarum[4]* et *repetundis[5].*

PASSUS, PASSUUM, est sous-entendu dans *ire duo millia ; longitudo septingentorum millium.*

TEMPUS est sous-entendu à l'ablatif dans ces expressions : *Brevi, ex quo, ex illo;* et à l'accusatif dans ces expressions : *In posterum, in perpetuum, in æternum, in longum, in longius.*

RES est sous-entendu dans cette phrase : *satin' salvæ ?* c'est-à-dire, *satisne res tuæ sunt salvæ ?*

VERBA est sous-entendu dans ces phrases si communes : *Quid multa?* c'est-à-dire, *quid dicam multa verba? ne plura,* c'est-à-dire, *ne dicam plura verba; ne multis,* c'est-à-dire, *ne utar multis verbis; paucis te volo,* c'est-à-dire, *volo te alloqui in verbis paucis.*

---

[1] Locis. [2] Locum. [3] Loco. [4] Pecuniarum. [5] Pecuniis

SPATIO est sous-entendu dans cette phrase : *ab illis aberam bidui.* Cic.

VIA ou PARTE est sous-entendu avec *eâ, quâ, quâcumque, aliâ,* etc.

ADDE se sous-entend dans l'expression *ad hoc : adde ad hoc.*

DICO. Ce verbe se sous-entend très-souvent en latin. *Quid multa ?* c'est-à-dire, *quid dicam multa verba ?*

FAC, faites, j'accorde, supposons, supposé, se sous-entend devant *ut.* Ex. : *Ut desint vires, tamen est laudanda voluntas.* OVID.

FACERE est sous-entendu dans cette phrase : *Quid non mortalia pectora cogis, auri sacra fames ?* VIRG.

PERTINET ou REFERT se sous-entend dans cette phrase : *Hoc nihil ad me.* Cic.

PROPTER se sous-entend devant *quid.* Ex. : *Quid me doces scientiam inutilem ?* SEN.

400. *Du pléonasme.*

Le *pléonasme* est une figure par laquelle on ajoute des mots qui ne sont pas nécessaires au sens de la phrase, et qui quelquefois lui donnent de la force ou de la grâce, et quelquefois le déparent par des répétitions inutiles. Quand on dit, *vidi oculis,* j'ai vu avec les yeux, on fait un pléonasme vicieux, parce que le verbe *vidi* seul signifie la même chose que *vidi oculis.* Si on dit : *his oculis vidi,* je l'ai vu de ces yeux, le pléonasme n'est pas vicieux, parce que l'adjectif *his* donne un sens plus déterminé à la phrase.

Columelle a dit : *Apis si sævit, maximè pessima ;* on voit que *maximè* n'ajoute pas à la signification du superlatif *pessima,* mais on sent que la fureur de l'abeille est exprimée avec plus d'énergie. Il en est de même de cette phrase d'Horace : *Græcorum longè doctissimus.*

Pléonasme de *hoc, illud,* de *ille* devant *quidem,* du verbe *sum* et du pronom relatif. Ex. :

Famam extendere factis, *hoc* virtutis opus. VIRG. — *Illud* natura non patitur ut aliorum spoliis nostras facultates augeamus. Cic. — Morositas senum habet aliquid excusationis, non *illius* quidem justæ, sed quæ probari posse videatur. Cic. — Justitia est, *quæ* suum cuique distribuit. Cic.

Ejus semble être un pléonasme dans ces locutions : *Quoad ejus facere potest, quoad ejus fieri potest.*

401. *De la Syllepse.*

La *syllepse* est une figure qui règle l'accord d'un mot, non avec celui auquel il se rapporte grammaticalement, mais avec le mot auquel il correspond par le sens. Ex. :

Magna pars occisi sunt. SALL. (14) — *Respublica meâ unius operâ* est liberata. Cic. (269) — Refert *mea Cæsaris.* (91) — Refert *mea qui doceo.* (166)

402. *Des hellénismes.*

On appelle *hellénismes* des tours contraires au génie de la langue latine et imités des Grecs.

On a déjà vu dans les locutions : *non mihi licet esse pigro,* (97), *animal quem vocamus leonem* (170), des exemples de l'attraction.

Les Latins ont imité des Grecs plusieurs ellipses. Voici les principales :

Templum. Ex. : *Ad Castoris.* Cic.

Filius, filia. Ex. : *Deiphobe Glauci.* Virg.

Le pronom réfléchi de la troisième personne. Ex. : *Benè habet,* Juv. (c'est-à-dire, *res benè se habet*).

Κατὰ, *secundùm.* Ex. : *Inutile ferrum cingitur.* Virg. (72)

Ἔνεκα, *causâ.* Ex. *Justitiæ ne priùs mirer, belline laborum ?* Virg.

Ἐκ, qui n'a pas de correspondant en latin. Ex. : *Et miror morbi purgatum te illius.* Hor. — *Ut (cervus)* venatorum *instantem mortem fugeret.* Phæd.

Dans une foule de circonstances, les Latins , et avant eux les Grecs , se servaient abusivement d'un cas pour un autre. On trouve :

1°. Le nominatif pour le vocatif. Ex. : *Pone metum, Proteus.* Ovid.

2°. Le génitif du substantif, après un adjectif, au lieu du cas que demande la phrase pour l'adjectif et le substantif. Ex. : *Quod* Britannorum *olim* victis *evenit.* Tac.

3°. Le génitif après certains verbes qui régissent ordinairement un autre cas. Ex. : *Desine* mollium querelarum. Hor. — *Abstineto* irarum. Id. — *Daunus* agrestium *regnavit* populorum. Id.

4°. Le datif, après *idem,* au lieu de *ac,* avec le même cas que devant. Ex. : *Invitum qui servat, idem facit* occidenti. Hor.

5°. L'ablatif après *alius* comme après un comparatif. Ex. : *Si accusator alius* Sejano *foret.* Phæd.

C'est des Grecs que les Latins ont imité ces pléonasmes : *Vivere vitam, gaudere gaudium,* etc.

Les Latins ont donné à certaines expressions le même sens que les Grecs donnaient à des expressions analogues. Ainsi ils ont pris *benè audire, malè audire* dans le sens de *avoir une bonne réputation, une mauvaise réputation;* est ut dans le sens de *il arrive, il se peut faire.* Ex. : *Est ut viro vir latiùs ordinet arbusta sulcis.* Hor. *Est ubi* dans le sens de *quelquefois.* Ex. : *Interdùm vulgus rectum videt,* est ubi *peccat.* Hor.

MÉTHODE DE L'ABBÉ GAULTIER

POUR FAIRE LA CONSTRUCTION.

Nous croirions laisser une lacune dans un ouvrage du genre de celui-ci, si nous n'y faisions mention d'une méthode à laquelle il ne manque, pour être appréciée, que d'être plus et mieux connue.

Pour mettre en pratique cette méthode, il faut avoir une planche noire ou une feuille de papier rayée de lignes horizontales, et partagée par cinq lignes verticales, avec une marge à gauche. Les cinq colonnes formées par ces cinq lignes sont destinées à recevoir les mots de la phrase à construire.

La première colonne reçoit le sujet, à quelque cas, qu'il soit, et ses modifications.

La deuxième colonne reçoit le verbe, l'attribut, l'adverbe, et l'infinitif lorsqu'il est le complément du verbe (1).

La troisième colonne reçoit le complément direct de l'attribut et ses modifications.

La quatrième colonne reçoit le complément indirect de l'attribut et ses modifications.

La cinquième colonne reçoit les termes circonstanciels de l'attribut, quand ils sont exprimés par une préposition avec son complément.

On met dans la marge les interjections, les vocatifs, les pronoms relatifs et les conjonctions.

Pour distinguer plus aisément ces différens membres de la proposition, on emploiera les questions suivantes :

---

(1) On met encore dans la colonne du verbe tout adjectif ou tout substantif qui fait sens et corps, pour ainsi dire, avec le verbe. (V. règ. 17 et 48.)

Qui? Quoi? pour le sujet.

Qu'est-il? Qu'a-t-il? Que fait-il? pour le verbe et l'attribut.

Qui? Quoi? pour le complément direct.

De qui? De quoi? A qui? A quoi? Par qui? Par quoi? Pour qui? Pour quoi? pour le complément indirect.

Quand? Où? Comment? Combien? Pourquoi? Par quel moyen? Dans quel cas? Malgré quoi? pour les termes circonstanciels. Exemple :

Dieu donna sa loi à Moïse sur le mont Sinaï. Qui? Dieu, *sujet* Que fit-il? donna, *verbe.* Quoi? sa loi, *complément direct.* A qui? à Moïse, *complément indirect.* Où? sur le mont Sinaï, *terme circonstanciel.*

Considérées sous le rapport de leur liaison dans le discours et de leur dépendance entre elles, les phrases sont ou principales ou subordonnées. (V. pag. 116.)

Considérées sous le rapport de l'arrangement, de la disposition de leurs membres, les phrases sont directes ou inverses : directes, lorsque tous les mots en sont rangés dans l'ordre de la construction logique; inverses, lorsqu'il y a transposition dans cet ordre. (V. pag. 114.)

Considérées sous le rapport des parties qui les composent, les phrases sont *simples, complexes,* ou *composées.*

La phrase *simple* est celle qui ne contient qu'un seul sujet et qu'un seul attribut. Ex. : *On doit à Jenner la découverte de la vaccine. — La parole d'un honnête homme est préférable à l'or d'un coquin.*

La phrase *complexe* offre la réunion de plusieurs sujets convenant à un seul attribut, ou de plusieurs attributs convenant à un seul sujet, ou de plusieurs complémens ou de plusieurs termes circonstanciels convenant à un seul attribut. Ex. : *Bossuet et Fénélon ont illustré l'église de France. — Astarbé était enjouée, flatteuse, insinuante. — Scipion détruisit Carthage et Numance. — Le cygne attend l'aigle sans le provoquer, sans le craindre.*

Une phrase complexe peut se décomposer en autant de propositions simples qu'elle renferme de sujets, d'attributs, de complémens ou de termes circonstanciels divers : *Bossuet a illustré l'église de France. — Fénélon a illustré l'église de France.*

La phrase *composée* est formée de deux propositions, dont l'une est principale et l'autre subordonnée. La proposition subordonnée se lie le plus ordinairement à la principale par un pronom relatif ou par une conjonction. Ex. : MARCHAND *qui perd* NE PEUT RIRE.—*Si tu achètes le superflu*, TU VENDRAS BIENTÔT LE NÉCESSAIRE. (La proposition principale est en majuscules.)

La période, sous le rapport grammatical, est l'assemblage d'une proposition principale et de plusieurs propositions subordonnées. Ex. : *Quand Brutus inspirait au peuple romain un amour immense de la liberté*, IL NE SONGEAIT, PAS *qu'il jetait dans les esprits le principe de cette licence effrénée par laquelle la tyrannie qu'il voulait détruire devait être un jour rétablie plus dure que sous les Tarquins* (1).

Pour faire la construction d'une phrase directe, il faut simplement placer chacun de ses mots dans la colonne qui le réclame. (V. pag. 276, Ex. I.)

La construction des phrases inverses offre un problème difficile à résoudre, et qu'on peut poser ainsi : « Une phrase inverse étant donnée, trouver le moyen de présenter à la fois, à l'œil et à l'esprit, la construction logique et la diction inverse de l'auteur. »

Voici l'ingénieux et facile procédé par lequel on obtient ce résultat.

Placez chacun des mots de la phrase à construire dans la colonne qui lui convient, au fur et à mesure qu'ils se présentent, et descendez d'une ligne toutes les fois que vous aurez à écrire un mot qui, dans la construction, doit précéder le dernier mot que vous venez d'écrire. Quand la phrase entière aura été transcrite sur le tableau, si vous lisez les mots verticalement, c'est-à-dire colonne par colonne, en partant du sujet, vous

----

(1) Dans son Discours sur les périodes, l'abbé Gaultier, après avoir fait sentir combien sont fausses les définitions que les plus célèbres grammairiens ont données de la période, prouve jusqu'à l'évidence que la seule définition exacte est celle d'Aristote. Il donne ensuite une triple analyse de la période considérée dans l'ordre logique, grammatical et oratoire. Nous recommandons la lecture de ce morceau, où brillent à la fois une vaste érudition et la plus saine critique.

aurez la construction logique ; si , au contraire , vous
lisez horizontalement, c'est-à-dire ligne par ligne , vous
retrouverez le texte de l'auteur. Le nombre plus ou
moins grand de lignes qu'occupera la phrase donnera la
mesure exacte de son degré d'inversion.

Lisez , pag. 276 , les exemples II , III , IV , V , colonne
par colonne , vous aurez la construction logique : *Cæsar
misit epistolam Trebonio per nuncium.*

Lisez ces exemples ligne par ligne , vous aurez le texte
de chacun :

Ex. II : Cæsar epistolam Trebonio per nuncium misit.
Ex. III : Cæsar Trebonio per nuncium epistolam misit.
Ex. IV : Cæsar per nuncium Trebonio epistolam misit.
Ex. V : Per nuncium Trebonio epistolam misit Cæsar (1).

Pour faire la construction d'une phrase simple , il ne
s'agit que de placer chacun de ses mots dans la colonne
qui lui est propre. Exemp. I.

Pour faire la construction d'une phrase complexe , il
faut séparer par un trait les différens sujets , attributs ,

---

(1) Il ne faut pas conclure de ces inversions faites ici à plaisir,
et pour mieux faire comprendre la méthode , que les mots peuvent, dans la langue latine , se placer indifféremment dans un
ordre ou dans l'autre. Les bons auteurs disposent les mots selon
que le demande l'harmonie ou l'énergie; ils commencent par ceux
qui doivent produire le plus d'effet , et construisent toujours
leurs phrases et leurs périodes de manière à soutenir l'attention
de l'auditeur jusqu'à la fin. « Une inversion, dit l'abbé Gaultier,
» dans la Préface de sa Méthode latine , produit souvent à elle
» seule plus d'impression, cause plus de suspension dans l'âme
» de celui qui écoute, lui communique plus de sentimens vifs
» ou de passions fortes que ne le ferait dans nos langues mo-
» dernes une phrase entière. Il suffit d'ouvrir un livre latin pour
» se convaincre de cette vérité. Faisons-en l'application à ce pas-
» sage de Cicéron : *Te videre toto animo cupio.* Ces mots expri-
» ment sûrement par eux-mêmes un sentiment amical ; mais ,
» par leur arrangement en latin , ils expriment un sentiment
» encore plus tendre et plus affectueux. La construction gram-
» maticale, *Ego cupio toto animo videre te*, rendrait la phrase
» insipide et froide; elle n'exprimerait plus, comme dans Cicé-
» ron , la vive impatience de l'amitié. Voir son ami était l'objet
» qui occupait son imagination, qui remplissait son âme ; c'est
» pour cela qu'il nomme d'abord cet objet, *te videre.* Ensuite il
» exprime comment il désire cet objet, *toto animo*, et il ne
» parle qu'en dernier lieu de lui et de son désir, *cupio.* »

complémens, etc., qui s'y rencontrent, et suppléer dans chaque colonne les mots sous-entendus, de manière à former autant de propositions qu'il y a de sujets, d'attributs, etc. Les mots à suppléer dans une proposition sont exprimés dans l'autre. Exem. VI. pag. 277.

Dans la construction des phrases composées et des périodes, où aura soin de séparer par un trait chacune des propositions simples que renferme la phrase composée ou la période. Exem. VII, IX et XI. pag. 277 et 278.

Séparer ainsi chacune des propositions que contient une phrase composée ou une période, et en faire isolément la construction, c'est faire ce qu'on appelle la *construction grammaticale*. Dans la *construction logique* on place chaque proposition subordonnée dans la colonne où se trouve le mot qu'elle qualifie ou détermine, et dans la colonne des termes circonstanciels toute proposition subordonnée exprimant un terme circonstanciel de l'attribut. Exem. VIII, X et XII.

Cette méthode de construction offre les avantages suivans :

1°. Elle ne fait pas perdre de vue la diction des auteurs latins, elle familiarise l'élève avec les inversions, et le met en état de goûter plus promptement le charme de la véritable latinité.

2°. Elle facilite l'intelligence d'un texte qu'on n'entendrait pas, ou dont on n'aurait qu'une idée confuse, en faisant distinguer la proposition principale de la subordonnée et en rendant sensible aux yeux la dépendance des propositions. Si un élève essayait de placer sur le tableau toutes les phrases qu'il n'entend pas bien, il s'épargnerait dans ses versions beaucoup de contre-sens.

3°. Elle fait apercevoir les constructions vicieuses (1).

4°. Elle indique les ellipses et facilite les moyens de les suppléer. Il suffit de jeter les yeux sur les tableaux qui suivent pour en avoir la preuve.

___

(1) Supposons qu'un élève ait à mettre sur le tableau ces vers de J.-B. Rousseau :

Ivre de son orgueil et de son opulence

L'éclat de sa fortune enfle sa vanité.

il ne saurait où placer le premier vers, qui ne se rapporte ni au sujet ni au complément de la proposition ; il en conclurait avec raison que cette construction est mauvaise.

5º. Elle met l'élève à portée de lire le latin d'une manière intelligible. Il distingue en lisant les propositions qu'il est accoutumé de séparer par un trait sur le tableau, et il n'associe point par la voix des mots qu'il placerait dans des colonnes différentes.

6º. Elle fait connaître mécaniquement tous les moules de phrases et de périodes, toutes les formes que revêt la pensée.

7º. Elle peut être d'un grand secours pour la mémoire. Un morceau de poésie ou de prose qu'on a mis sur le tableau s'apprend très-facilement; chaque mot, chaque membre de phrase a pris une place, et la mémoire locale vient au secours de la mémoire des mots.

Enfin, l'expérience a démontré que les élèves acquièrent par cette méthode de la rectitude dans le jugement et de la netteté dans les idées. C'est une excellente préparation à la logique.

Nous conseillons à ceux qui voudront approfondir une méthode dont nous n'avons donné qu'une imparfaite idée, de consulter les tableaux in-folio qu'a publiés l'abbé Gaultier, sur la construction des phrases et périodes latines et françaises. On les trouve chez Renouard et chez Colas, libraires, à Paris.

	SUJET.	VERBE.	COMPLÉMENT DIRECT.	COMPLÉMENT INDIRECT.	TERME CIRCONST.
Ex. I.	Cæsar	misit	epistolam. . . .	Trebonio. . .	per nuncium.
Ex. II.	Cæsar. . . . . misit.		epistolam. . . .	Trebonio. . .	per nuncium
Ex. III.	Cæsar. . . . . misit.		. . . . epistolam	Trebonio. . .	per nuncium
Ex. IV.	Cæsar. . . . . misit.		. . . . epistolam	. . . . Trebonio . .	per nuncium
Ex. V.	. . . . misit. Cæsar.		. . . . epistolam	. . . . Trebonio	Per nuncium

	SUJET.	VERBE.	COMPLÉM. DIRECT.	COMPLÉM. INDIRECT.	TERME CIRCONST.
Ex. VI.	illi	volebant	Gloriam ingentem		
	 illi	. . . . . volebant.	divitias honestas. . .		
Ex. VII.	tu	Habes	id		
quod	tu . . .	petisti.			
Ex. VIII.	tu	Habes	id quod tu petisti.		
Ex. IX.	. . . . . Tua res	. . . . agitur ,	. . . .		
cùm	paries . . . . proximus	. . . . . ardet.			
Ex. X.	. . . . . Tua res	. . . . . agitur. . . .	. . . .	. . . .	paries cùm proximus ardet.

	SUJET.	VERBE.	COMPLÉM. DIRECT.	COMPLÉM. INDIRECT.	TERME CIRCONST.
Ex. XI.	. . Præstantes viri.	. . . . nunquam . . . . conati . . . essent,	*negotia* tanta		
	quæ . . . . pertinent,	. . . . pertinent,	. . . .	ad . . . . posteritatis . . memoriam	
	illi.	vidissent	. . . .	. . . .	*in* animo
	posteritatem.	. . . . . pertinere posse.	. . . .	ad se	
Ex. XII.	. . Præstantes viri, ...	nunquam . . . . conati . . . . essent	*negotia* tanta . . . . quæ ad posteritatis. memoriam pertinent,	. . . .	. . . . ni animo vidissent posteritatem ad se pertinere posse.

TABLE ALPHABÉTIQUE

DE LA SECONDE PARTIE.

Les chiffres romains renvoient à l'introduction et les chiffres arabes aux numéros des règles.

*Méthode de l'*ABBÉ GAULTIER, *pour faire la construction, pages 271 et suivantes.*

FIN DE LA TABLE.